Humfrey Hunter

Los secretos de
los hombres solteros

Descubre lo que de verdad piensan
los hombres de la vida, del amor,
las citas y muchas cosas más

URANO

Argentina – Chile – Colombia – España
Estados Unidos – México – Perú – Uruguay – Venezuela

Título original: *The Men Files*
Editor original: Headline Publishing Group, An Hachette UK Company, Londres
Traducción: Daniel Menezo García

1.ª edición Abril 2012

ISBN: 978-84-7953-814-9
E-ISBN: 978-84-9944-239-6
Depósito legal: B - 7.573 - 2012

Fotocomposición: Moelmo, S.C.P.
Impreso por: Rodesa, S. A. – Polígono Industrial San Miguel
Parcelas E7-E8 -31132 Villatuerta (Navarra)

Impreso en España – *Printed in Spain*

LOS SECRETOS DE LOS HOMBRES SOLTEROS

Para Rachel y Sarah

Índice

Prólogo

Los secretos de los hombres solteros es un retrato sin reservas, brutalmente sincero, de cómo funcionan los solteros, cómo piensan, qué desean y por qué hacen lo que hacen. En resumen, este libro, inspirado en lo que aprendió un hombre (yo) justo cuando terminó una relación sentimental larga, es lo que estaban esperando las solteras: el que por fin descodificará esa miríada de señales confusas que los hombres, como criaturas simples que somos, emitimos tanto consciente como inconscientemente.

La presente obra le revelará la verdad sobre los hombres: que son complejos pero incoherentes, *pero* no tan misteriosos como parecen. Además, al leer las historias ocultas de las vidas de los hombres y sus mentes, aprenderá a detectar a los tipos a quienes no les interesa el compromiso, cómo hacer que un hombre le invite a salir y por qué en ocasiones los hombres no dan el primer paso, por mucho que lo deseen.

Poco después del final de mi segunda relación larga, empecé a trabajar como redactor de una columna sentimental. La columna me obligaba a analizar lo que pocos solteros consiguen hacer: el modo en que se comportan los hombres como yo. Este libro abarca mucho más material del que pude condensar en la columna, y le dirá todo lo que necesita saber sobre los hombres, todo ello desde la mirada de un tío normal: otra vez yo. Provista de esa información, usted podrá participar con confianza en el juego de los solteros, sin perder el control y, lo que es más importante, pasándoselo bien durante todo el viaje.

Y permítame que deje las cosas claras: este libro no es una guía paso a paso de cómo cazar al hombre perfecto. No existe ningún método garantizado al cien por cien, a prueba de todo, para obtener al tipo que anda buscando, porque no hay dos personas que sean iguales. Por el contrario, este libro le ofrecerá una amplia cantidad de información sobre los hombres que podrá añadir a lo que ya haya descubierto usted. Una vez que combine ambas, podrá elaborar su propio conjunto de normas y requisitos para sus citas. Después de hacerlo, usted será quien decida si piensa apostar por alguien o no. Lo único que puedo hacer es asegurarme de que esté lo bastante bien preparada e informada para comprender los riesgos que asume con los solteros que conoce, y que entienda la importancia que tiene aprovechar el conocimiento y la experiencia que *usted* ya posee.

Vale, pues ése es el propósito último de este libro: usar mi época de soltero (los dos años y medio enteritos) y todas las historias que me contaron tanto hombres como mujeres por el camino, para comprender cómo y por qué los hombres encuentran a la chica adecuada en el momento preciso.

Primero, vamos a remontarnos al principio de esos dos años y medio.

Expediente Soltero: el origen

Por lo que respecta a las rupturas, la mía no fue especialmente dramática. Después de pasar tres años bastante felices con mi ex, me di cuenta de que no era la persona con la que quería pasar el resto de mi vida, y la relación terminó.

Hasta aquí, todo normal.

Pero al día siguiente mi amigo Giles me ordenó que durante todo el año siguiente no tuviera pareja. Yo tenía 30 años, y había estado desparejado un glorioso total de seis meses durante los últimos ocho años (el lapso entre dos relaciones dilatadas). Así que Giles me dijo que necesitaba «conocer» a muchas chicas nuevas antes de meterme en otra relación.

Según Giles, esta regla del año a solas era esencial porque yo soy blando, y me enamoro con demasiada rapidez. Me dijo que si no tenía cuidado acabaría con una novia nueva antes de estar listo para ello, echando así los cimientos para otra ruptura dolorosa un par de años después.

Durante esos doce meses tendría permiso para salir con todas las chicas que me diera la gana, pero ni pensar en forjar ningún tipo de compromiso con ellas. Aquella manera de hacer las cosas era nueva para mí: hasta entonces yo nunca había *decidido* mantenerme libre. Pero cuanto más pensaba en la idea de Giles, más sensata me parecía.

A fin de cuentas, había pasado por dos relaciones sentimentales largas, y ninguna de ellas había salido bien. Ya había dejado a mis espaldas la veintena, y prácticamente todos mis amigos estaban emparejados. Brotaban por doquier bodas y bebés, que se extendían a mi alrededor, y yo me estaba quedando retrasado en la carrera hacia la vida adulta.

Aunque mis instintos podrían haberme dictado que avanzase más deprisa e intentara ponerme al día agenciándome una esposa y empezando a procrear cuanto antes mejor, decidí que Giles tenía razón. Me tomaría mi tiempo, aprendería cosas sobre mí mismo y sobre el tipo de mujer con la que era compatible, y sólo entonces, cuando estuviera listo y la chica fuera la más adecuada, daría un paso adelante.

Inmediatamente todo eso de las citas comenzó a parecerme muy diferente. Empecé a analizar de una manera nueva a las mujeres que conocía y mis reacciones ante ellas, y con más detalle del que había aplicado con anterioridad. Mi vida amorosa comenzó a parecerse a un proyecto de investigación. Era fascinante.

Entonces, gracias a un escandaloso golpe de suerte, me hice profesional. Es decir, que me pidieron que redactara una columna del corazón en un diario. El tipo que se encargaba del trabajo antes de mí había renunciado a ella porque había encontrado pareja (una vergüenza o una noticia excelente, depende del punto de vista), y querían que yo le sustituyera.

De repente, mi «proyecto de investigación» había ascendido a una cota totalmente nueva. Ahora era un profesional de las citas, y tenía la excusa perfecta para practicar todo lo que quisiera. Después de todo, no estaría tonteando porque sí: ahora todo lo que hiciera sería por amor a mis lectores. Ellos deseaban saber cómo funciona la mente del soltero, y yo tenía la responsabilidad de explicárselo.

Aquello me dio también la oportunidad perfecta para meter las narices en la faceta romántica de otras personas, y comencé a interrogar a amigos (tanto hombres como mujeres) sobre sus vidas amorosas. Escuché episodios sobre citas de todas las formas y colores. Algunas me hicieron reír, otras me sacaron los colores, y otras, simplemente, me dejaron sin saber qué decir.

Después de casi dos años de informar sobre mis propias aventuras en la primera línea del frente romántico, recopilando experiencias de incontables personas y analizándolas, casi había concluido mi investigación. El resultado fue la idea de escribir este libro.

Mi propósito era ayudar a las mujeres a meterse en la mente del soltero, a comprender todos los errores que cometemos y por qué lo hacemos, por qué tratamos a determinadas chicas como lo hacemos, cómo se comportan los hombres durante los estadios de sus propias épocas sin pareja, y cuáles son las señales a las que respondemos positivamente, frente a aquellas que nos hacen salir por pies, aterrados. Por tanto, este libro habla de lo que me sucedió y de lo que pasó a mi alrededor; las historias que escuché y de las que fui testigo; los consejos que ofrecí, recibí e ignoré; y la sabiduría y las cicatrices que fui acumulando por el camino. No pienso guardarme nada de nada.

Esas anécdotas le proporcionarán un conocimiento que usted podrá usar como si fuera una jugadora profesional de póquer que piensa en porcentajes y riesgos, aplicándolo a sus propias decisiones sentimentales para maximizar sus posibilidades de obtener el resultado (o el hombre) que usted desea.

Lo que es igual de importante, además de revelar los secretos de cómo funciona la mente de un soltero, este libro le demostrará que por mucho que piense que ha metido la pata en su vida amorosa, por mucho que se humillase con aquel tío que tanto le gustaba, siempre hay alguien (yo u otra persona) que ha metido la pata muchísimo más, porque todas las historias que cuento son ciertas. No todas me sucedieron a mí (si así hubiera sido, mi vida amorosa hubiera sido bastante atípica), pero sí a alguien. Y aunque me alegra decir que este libro no se limita a ser un relato de mis altibajos románticos y de mis «dentroyfueras» (perdón, no he podido contenerme), cuando sea necesario me meteré en el confesionario y le contaré historias sacadas de mi propia vida.

Y aquí viene lo mejor: una vez que todas ustedes, mujeres sin pareja, hayan leído todas las anécdotas y se hayan dado cuenta de que, después de todo, su vida amorosa no ha sido de las peores, que resulta que no son las ligonas más incompetentes del planeta, y que los hombres no son ni de lejos tan inexplicables como antes, su confianza en sí mismas se pondrá por las nubes... y todo el mundo sabe lo atractiva que resulta la autoestima.

Antes de que usted empiece a leer el primer capítulo, debo mencionar una cosa. Cuando escribí mi última columna sentimental, mi investigación para este libro aún no había concluido, porque seguía sin pareja. Pero ya no es así, porque no mucho después llegó a mi vida una mujer, de forma totalmente inesperada, en un momento en el que ni siquiera andaba buscando pareja. De hecho, acababa de renunciar a la idea. Pero, a pesar de todo, esa chica llegó... y se quedó. Se llama Charlotte, y en estas páginas su nombre aparecerá bastantes veces. También dirá algo por su cuenta al final del libro.

Y ahora entiendo que el hecho de conocer a Charlotte supuso la última parte de mi investigación, la última lección que aprendí: la que me hizo entender por fin cómo, por qué y cuándo un hombre (yo) conoce a alguien especial.

1

El encuentro

- Qué hacen los hombres para conocer a mujeres
- Cómo piensan los hombres cuando abordan a una mujer
- Por qué el hombre más afable no siempre es el más conveniente
- Cómo detectar a un seductor en serie

Cuando un hombre entabla conversación con una chica por primera vez, muy a menudo hay dos preguntas que le rondan por la cabeza. La primera es «¿Querrá acostarse conmigo?», y la segunda es «¿Cuándo?»

No pienso explicarlo, excusarlo o justificarlo. Eso es lo que hay, y punto.

Vale, de acuerdo, eso es lo peor que puede pasar; he querido rebajar deliberadamente sus expectativas. Prometo que, en realidad, no somos tan malos. Es cierto que hay alguno que sí lo es, pero no todos nosotros, ni mucho menos. Pero saber de dónde vienen los peores de entre nosotros resulta un punto de partida útil.

El hecho es que por ahí fuera rondan tíos que le dirán cualquier cosa para llevársela a la cama, y estoy dispuesto a apostar que casi todas las chicas de este mundo que estén sin pareja durante cierto tiempo acabarán cayendo en esta trampa al menos una vez en la vida.

Esas mujeres no tienen de qué avergonzarse. En absoluto, vamos. Lo único que han hecho es correr un riesgo, sin obtener el resultado que esperaban. No tiene sentido darle vueltas a algo que ya ha pasado, de modo que si usted ha vivido esa experiencia, siga adelante. No se preocupe por las cosas que no puede controlar, como el pasado. Limítese a meterlo en una caja con la etiqueta de «EXPERIENCIA», y haga lo posible para asegurarse de que no vuelva a sucederle. No porque haya hecho nada malo, sino porque se sintió mal después. Quiero que evite sentirse mal.

Ahora le explicaré cómo hacerlo.

La regla

Hay una sola regla sencilla que usted puede seguir y que, estadísticamente, mejorará muchísimo sus posibilidades de protegerse. No puedo garantizarle el éxito en todos los casos, pero a la larga los beneficios serán evidentes.

Esta regla puede disfrazarse de mil maneras guays (¡eh, si hasta ha habido gente que ha escrito libros sobre el tema!), pero se la voy a exponer de la manera más sencilla posible.

Dice lo siguiente: si se siente atraída por un hombre, no se acueste con él con demasiada rapidez.

Parece fácil, ¿a que sí? Sin embargo, hay un número considerable de chicas que pasan por alto el hecho (y es un *hecho*) de que, cuanto antes se vayan a la cama con un hombre, mayor es la probabilidad de que esa relación no vaya a ninguna parte.

Por supuesto, si lo único que usted quiere es sexo, lléveselo a la cama lo antes que pueda. Dicho sea de paso, no creo que sea malo que las mujeres disfruten del sexo esporádico. Pero creo que el sexo carente de emoción resulta más sencillo para los hombres que para las mujeres, de modo que los riesgos (el principal de los cuales es que se enamore de la persona con la que, supuestamente, sólo ha tenido relaciones informales) son mayores para la participante femenina. Esto no implica que yo sea sexista o antifeminista (no soy ni una cosa ni la otra); simplemente es una conclusión generalizada basada en un gran número de observaciones. Si no está de acuerdo, perfecto. Pero yo no voy a cambiar de opinión.

Como sucede con todas mis historias y mis conclusiones, hay excepciones a esta regla. Pero, como pasa con los rollos posrelacionales que acaban en boda, no son muchas.

¿Por qué?

Los hombres del siglo XXI siguen siendo hombres

Imagínese que un hombre se va a cazar alces. Se pasa semanas, quizá meses, preparando el viaje. Él y sus amigos reúnen el equipo, las prendas de vestir, las armas, los alimentos, etc. Eligen un lugar donde alojarse, deciden quién conducirá y calculan cuánto les va a costar la excursión completa. Sacrifican una hora tras otra, y el grupo experimenta una emoción indescriptible incluso antes de salir de casa.

Por fin, comienza la partida de caza. Encuentran un alce, y ¡oh, maravilla!, es un ejemplar magnífico. Grande y fuerte, con una cabeza rotunda y una cornamenta espectacular. Sí, ése es el que quieren, el alce de una vez en la vida. Así que le siguen el rastro por el bosque, moviéndose con el mayor sigilo posible para evitar que el gran animal salga huyendo. Lo siguen durante horas, hasta que uno de los cazadores ve su oportunidad. Saca en silencio su rifle, lo carga con más cuidado de lo que lo ha hecho en su vida, respira hondo y apunta lentamente. Sabe que es el alce más grande, el mejor que ha visto jamás, el gran premio de su vida cinegética. ¡Ha trabajado tanto, ha invertido tanto esfuerzo en este momento! Está nervioso, emocionado, y se siente genial.

De modo que el alce es abatido (con humanidad, por supuesto) y los cazadores lo llevan de vuelta al hotel, lo cual conlleva un trabajo agotador durante todo el camino. Durante las semanas posteriores, el hombre que abatió el alce hace que disequen la cabeza, de modo que pueda contemplar siempre aquel rostro noble y su magnífica cornamenta, y contar a todos los visitantes de su hogar aquella anécdota de cuando fue a cazarlo. La cabeza de aquel espléndido alce es muy importante para él. La *valora*.

Ahora imagine que ese mismo hombre va un día conduciendo por un bosque. Un alce igual de majestuoso cruza la carretera justo cuando pasa él, se produce un lamentable accidente y el vehículo atropella al animal, que muere de inmediato. El hombre se baja del coche y lo observa. Es cazador y conoce bien a los alces, de modo que se da cuenta de que aquél es un espécimen maravilloso. Pero ¿qué hace? ¿Se lo lleva a su casa y manda disecar la cabeza para poder admirarla el resto de sus días?

No. Menea la cabeza, y piensa: «Ha sido una lástima, pobre animal». Arrastra el alce muerto a la cuneta de la carretera y se va a su casa. Cuando se le ofreció en unas circunstancias distintas, exactamente el mismo alce careció casi de valor.

Así es como piensan los hombres, especialmente sobre el sexo.

Pregunta: ¿qué tipo de alce quiere ser usted?

Respuesta: no sea un alce atropellado.

Secretos masculinos

Los hombres quieren verla como una pieza valiosa. Queremos sentirnos especiales por haberla cobrado. Entienda esto y podrá aprovecharlo en beneficio propio.

Señales e indicadores

Entonces, ¿cómo es posible alcanzar el grado justo de flirteo, es decir, decirle a un hombre que es usted divertida, pero no en el sentido de «invítame a una copa y el resto de la noche soy tuya»?

Sencillo: mantenga el control. Decida qué piensa hacer y no se desvíe del objetivo. Elabore reglas para sí misma. No quiero decir que siga *Las Reglas* (ya hablaremos de ellas más tarde); me refiero a un conjunto de directrices que haya elaborado usted misma, sólo para usted, que le garanticen que no va a meter la pata.

Cómo no hacerlo

Una chica que conozco me contó la historia de una amiga suya. Es una fuente genuina; no es una de esas anécdotas que empiezan diciendo: «No te vas a creer lo que hizo mi amiga...», sino algo que le pasó de verdad a la amiga de la narradora. Tampoco es una de esas leyendas urbanas que se transmiten de un grupo de amigos a otro, y que con cada redistribución adquiere una pátina nueva de jugosos adornos.

No, ésta pasó de verdad. Incluso conozco el nombre de la chica a la que le sucedió. Pero no voy a mencionarlo porque no soy tan rastrero.

Vale, pues pasemos a la historia.

La chica sale en una primera cita con un chico que le gusta mogollón. Ella ya tiene un historial de ir demasiado lejos en la primera cita, sobre todo cuando ha tomado algunas copas, de modo que decide no beber demasiado para no perder el dominio de sí misma. La susodicha se asegura incluso de que no caería en el error de siempre al no depilarse las piernas o perfilarse la línea del bikini; es algo que, según piensa ella, hará que no tenga ganas de quitarse la ropa delante de él esa misma noche.

Pero la chica bebe demasiado y se pone traviesa, se lleva al hombre a su casa y pergeña un plan astuto. Lo deja sentadito en el sofá mientras se mete en el baño y se depila a toda máquina. Libre ya de vello y vestida con una minifalda, se le acerca insinuante y se apoya toda seductora en la puerta que conduce al dormitorio.

El hombre la mira de arriba abajo y, cuando su mirada acaricia sus piernas, abre los ojos como platos, espantado. La joven, confundida, baja la vista.

Resulta que a aquella chica no se le da muy bien el delicado arte de la depilación cuando ha ingerido varios cócteles, y se ha hecho algunos cortes. Ahora tiene las piernas ensangrentadas.

Chilla.

Se mete corriendo en el baño, cierra la puerta y se echa a llorar. El hombre llama a la puerta y le dice que no es para tanto, pero ella no escucha. Le dice que se vaya, y no vuelven a verse.

No es que sea una gran historia de amor, ¿no?

Entonces, ¿qué puede hacer ella? O bien permite que durante los veinte años siguientes la torture la vergüenza, o bien le da por reír y seguir adelante, diciéndose que una no puede preocuparse por las cosas que no puede cambiar. Además, apuesto mi pierna izquierda a que no volverá a cometer el mismo error.

Como seguramente imaginará, yo le aconsejaría que se decantase por la segunda opción. Pero con un último intento de tocar el cielo: debería haber telefoneado al chico afectado. Si era un buen tío y le gustaba la chica, el incidente sangriento no debería importarle. Y si las cosas salieran bien, tendrían un incidente sobre el que reírse juntos durante años.

Incluso aunque él no estuviera interesado, ella no podría hacer más el ridículo de lo que ya lo había hecho.

Las lecciones aprendidas

¿Cómo debería haber jugado sus cartas? Hay una cosa sencilla que podría haber hecho, y que le hubiera ahorrado los nervios y la humillación: no haberse llevado a casa a aquel hombre.

Acostarse con un hombre durante la primera cita no tiene, de por sí, nada de malo, pero meterse en la cama con alguien con demasiada rapidez puede generar problemas si su meta es maximizar sus oportunidades de llevar las cosas a alguna parte.

Aquella chica se equivocó en su decisión. Perdió el control de la situación y, por tanto, perdió a su chico.

Pero no tenía por qué haber sido así, porque, en realidad, incluso después de que lo echara de su piso, no estaba todo perdido. Si le hubiera telefoneado al día siguiente, se hubiese disculpado y le hubiera pedido permiso para invitarle a una copa en algún otro momento, es posible que él hubiera dicho: «Pues vale, vamos a quedar». Al hacerse de nuevo con el control, ella hubiera dispuesto de una segunda oportunidad.

Aquí voy de nuevo... a solas

Uno de los grandes desafíos que plantea la vida a un hombre sin pareja, sobre todo a uno que es relativamente novato en esas lides, es abordar a una mujer cuando uno está sobrio. ¿Qué le va a decir? Y si ella le dice que no, ¿cómo replegarse con cierta dignidad? Las dos veces que me quedé sin pareja después de unos cuantos años de dedicarme a ese juego, después de la Novia X y la Novia Y, yo no tenía ni remota idea.

Pero lo que sí tenía era un arma secreta: B.

B es un tipo que irá apareciendo de vez en cuando por estas páginas. Es un buen amigo mío, pero una mala influencia, malísima. Es ese tipo de hombres que bebe un montón y tiene un pedazo de arsenal de frases para iniciar una conversación, que emplea con las chicas dondequiera que esté, independientemente de la hora del día o de la noche. Como resultado de esto, B sale con varias mujeres cada semana, y una vez que se ha acostado con una de ellas, inmediatamente pierde el interés y pasa a la siguiente. Es un jugador estereotipado, un chico malo hasta la médula, que no siente ningún interés por sentar la cabeza.

Evidentemente, no es una *mala* persona de verdad; es mi amigo y me ha ofrecido amablemente sus experiencias y sus pensamientos para este libro, con la esperanza de que resultaran útiles. Pero B es, fundamentalmente, alguien con quien no querría que saliesen mis hermanas. Por tanto, es exactamente el tipo de hombre que usted debe aprender a reconocer, comprender y evitar.

Una cosa más: si hago algo que no le gusta, la culpa es de B, no mía.

Por favor, recuérdelo.

Sea lo que sea, fue B quien me indujo a hacerlo.

B tiene un método a prueba de bombas para conocer mujeres. Lo ha usado muchas, muchas veces, y asegura que le funciona. El método de B es sencillo: encuentras una chica que te gusta, te acercas a ella, relajado y sonriente, la miras a los ojos y le dices lentamente: «Perdona, espero que no te moleste que te lo diga, pero eres realmente preciosa». Haces una pausa para que ella sonría y se sonroje, y luego añades:

«Si no tienes pareja, me encantaría que fuéramos a tomar unas copas un día de éstos».

En un mundo ideal, ella responde: «Sí, eso sería estupendo», intercambiáis los números de teléfono y te vas. Parece ser que cuando la chica ya tiene novio esta técnica la deja como flotando entre nubes, porque un desconocido le ha dicho que es preciosa, y el halagador se queda muy contento al saber que ha sido él quien puso esa sonrisa en su rostro. Todo el mundo gana.

Así que decidí probarlo.

Bajo tierra

Mientras iba en el metro un jueves por la tarde, temprano, vi a una morenaza espectacular. Estábamos bastante cerca el uno del otro, y cuando se cruzaron nuestras miradas y ella sonrió, empecé de inmediato a ensayar la frase de B.

Unos minutos más tarde, y después de varias sonrisas más, se bajó del tren, dos paradas antes que yo. Decidí rápidamente ir tras ella: era una oportunidad demasiado buena como para desaprovecharla.

Gracias al cielo el andén estaba casi vacío, de modo que si me humillaba, al menos no habría testigos.

Le di un toquecito en el hombro, y ella se volvió y sonrió. Respiré hondo y, cuidadosamente, recité las palabras mágicas. Mi discurso fue impecable. Me sentí bien.

Entonces ella apagó su iPod, se quitó los auriculares y tuve que empezar de nuevo.

Fue una agonía: el discurso, repetido por segunda vez, no sonó tan bien, ni de cerca, como el primero, porque la presión lo había anquilosado. Cuando acabé, ella me ofreció una sonrisa preciosa (en serio, era una chica tremenda) y me dijo: «Lo siento, tengo pareja. Pero gracias».

Le dije que su pareja era un tío con suerte (no se me ocurrió otra cosa; B no me había preparado para esta eventualidad), y ella se marchó, dejándome por los suelos.

¿Fin de la partida? No, no del todo.

Cuando llegó al extremo del andén (yo tuve que esperar al próximo tren: más agonía), se dio la vuelta, me saludó con la mano y me dedicó una sonrisa amplia y encantadora. En aquel momento me di cuenta de que, incluso cuando uno se embrolla con las palabras, como me pasó a mí, un movimiento totalmente inesperado como aquél conseguirá, como mínimo, iluminarle el día a alguien.

Pero ¿volví a hacerlo?

No, hombre, no: uno tiene su orgullo.

Las frases mágicas y las señales de peligro

Aquel intento de seducción en el metro fue algo bastante desacostumbrado para mí. Aquel tipo de abordaje nunca había sido mi estilo. La cuestión es que los hombres que van de caza encajan en una u otra categoría: aquellos que temen el rechazo y aquellos que no. Y yo siempre he tenido ese miedo.

A quienes no les importa que les den calabazas no esperarán a que la chica que les interesa los mire fijamente a los ojos y sonría con picardía para dar el primer paso. No, en lugar de eso, este tipo de hombre irá directo a por ella en cuanto vea un «blanco» potencial. Si ella le rechaza, no hay problema. Simplemente pasará a la siguiente que cruce su mirada con él sin volver a pensar en la primera.

Esto es lo que hace B. Localiza a una chica que le gusta en una disco y le dice: «Hola, me encantan tus zapatos. ¿Me das tu teléfono?», y aunque ella le eche una mirada despreciativa y urticante de esas que dicen «cuando las ranas críen pelo», y le conteste que se vaya a hacer *puenting* sin cuerda, él se aleja la mar de sonriente y busca a la siguiente. No entiendo cómo consigue hacer esto una noche tras otra. Pero lo consigue. Incluso tiene un lema: «Es mejor intentarlo y fracasar que no intentarlo», frase que se recuerda cuando se le agotan las reservas de coraje. Lo cual no pasa muy a menudo, porque tiene mucho éxito.

Los hombres que le tienen miedo al rechazo (un grupo mucho más numeroso, del que formo parte) no actúan así. Necesitamos que una chica nos dé pie a actuar, captar algunas señales que nos digan que, incluso antes de decirle «hola», al menos tenemos una oportunidad de éxito. Quizás una sonrisita, una mirada sostenida; algo que podamos procesar en nuestra mente y acabar pensando: «Tal vez tenga posibilidades».

No me considero una persona especialmente tímida, pero comparado con B parezco un cagueta. No, prometo que no lo soy.

Secretos masculinos

Si un hombre desparejado ve a una chica que le gusta pero no se acerca a ella, es que tiene miedo a que le rechace. Es la única explicación posible.

No somos tímidos. De verdad que no

Le voy a contar dos anécdotas para demostrarlo. La primera, como el episodio del metro, me pasó durante aquel vacío de seis meses entre las novias X e Y. Estaba haciendo cola en un cajero automático cerca de un club nocturno en el que estaba a punto de entrar cuando vi una moneda de un penique en el suelo, justo delante de mí. La recogí y miré alrededor. Detrás de mí, en la cola, había una morena muy mona. Le di la moneda, diciéndole que iba a necesitar la suerte que pudiera darme ese acto; comenzamos a charlar y acabé saliendo con ella dos semanas. «Buena improvisación», pensé. En aquel momento iba un poco bebido, lo cual me facilitó las cosas. Pero, aun así, fue una buena improvisación.

La segunda le sucedió a B. Estaba en el gimnasio y, después de librar una batalla perdida con algunas mancuernas, decidió irse a la piscina. B estaba chapoteando en el agua, aburriéndose un poco, cuando una chica vestida con un biquini salió del vestuario. Se metió en la piscina, hizo un par de largos y luego se detuvo justo al lado de donde estaba él.

Cuando ella salió del agua, le sonrió y B se dio cuenta de que era muy bonita, y que su físico era como el de una extra de *Los vigilantes de la playa* (le cito textualmente). Mientras ella se dirigía hacia el baño de vapor, B tuvo una panorámica perfecta de su trasero.

Aguardó un par de minutos y fue tras ella. Cuando abrió la puerta, no vio nada (era un baño de vapor especialmente vaporoso), de modo que dijo: «Sé que hay alguien dentro, pero no veo nada, así que disculpa si me siento en tu regazo por accidente». Ella se echó a reír y charlaron unos cuantos minutos hasta que él empezó a cocerse como una langosta.

Entonces fueron a tomarse un café posentrenamiento y ella le dio su teléfono.

Tres días después, B llevaba media hora en su primera cita con la chica a la que había conocido en el baño de vapor. Había descubierto que era divertida, se reía mucho, y era una de esas personas con las que uno se divierte cuando está con ellas. O sea, que las señales parecían prometedoras.

Pero se avecinaban problemas.

Ella comentó que vivía cerca del gimnasio donde se conocieron, de modo que B le preguntó si trabajaba en aquella zona.

—No —repuso ella—. Sólo he vuelto por una semana.

—Ah. ¿Vuelto de dónde?

—De la universidad.

B casi se atragantó con la cerveza.

Tuvo que formularle la pregunta:

—¿Cuántos años tienes?

—Veintiuno. ¿Y tú?

—Treinta.

—Ah —contestó ella, como si no tuviera importancia.

Pero B no podía dejarlo pasar, porque nueve años es una diferencia tremenda. Cuando él acabó el colegio, ella tenía 7 años. Cuando él acabó la universidad, a ella aún le faltaban un par de años para elegir sus materias de secundaria.

De repente la cita se torció para él. B no tenía ni remota idea de que ella fuera tan joven. Me dijo que le hubiera echado más de 25 años, no porque ella pareciera mayor de lo que era, sino porque mostraba tanta confianza en sí misma que nunca se le hubiese ocurrido que sólo tenía 21.

Tomaron unas cuantas copas más y él se dio cuenta de que estaba disfrutando de la tarde, aunque no dejaba de recordarse lo joven que era ella. Al final, B decidió dejar para otro día las preocupaciones sobre la edad, y la cita se prolongó hasta la mañana siguiente.

Durante los días que siguieron, B se encontró un tanto dividido respecto a aquella chica. Le gustaba y se lo pasaban bien juntos, pero era una estudiante universitaria de 21 años. ¿Funcionaría?

Por qué los hombres y las mujeres son diferentes

Un par de noches más tarde, salí a cenar con B y unos cuantos amigos más, hombres y mujeres de nuestra edad. Les habló de aquella chica y de la dificultad potencial que suponía la edad, porque lo cierto es que no sabía qué hacer al respecto. Los tíos se rieron con aire pervertido, de «aprovecha la ocasión, tío», mientras que las mujeres que tenían pareja sonreían en silencio. Pero las que no tenían pareja no se rieron. Una de ellas arremetió contra él.

—Eres patético —escupió—. Tendrías que salir con mujeres de tu edad. Los tíos que salen con chicas mucho más jóvenes que ellos son unos perdedores, que no saben manejar a mujeres maduras.

Es posible que yo no fuera la persona más madura del mundo, pero pensé que aquello era demasiado duro. Lo mismo pensó B, quien le dijo que se metiese su amargura por donde le cupiese (mencionó cierto orificio concreto). Si le apetecía, seguiría quedando con aquella chica de 21 años, ¡a ver si no!

Pero ¿por qué aquella mujer sin pareja fue la única que se lo tomó tan mal? ¿Por qué la perspectiva de un hombre con una chica más joven suscitó una reacción tan intensa?

El porqué de la dulce venganza

Todo hombre que se haya enamorado de una mujer de su propia edad sabe lo que se siente cuando descubre que hay otro hombre *mayor* que él que se interesa también por ella.

A uno se le empieza a formar en el estómago una pelota de miedo (fruto de la indefensión y la compasión por uno mismo), cuando se da cuenta de que compite para obtener a aquella maravillosa criatura contra alguien para quien no es rival. Sí, uno es divertido, la adora y se lleva bien con los amigos de ella. Incluso es posible que tenga coche y un trabajo digno.

Pero el otro es *mayor*. Y, por lo tanto, indiscutiblemente más guay que usted.

Esa sensación es espantosa. Resulta frustrante y dolorosa, y nos hace sentir como muchachitos patéticos. Aunque conozcamos al tío mayor y seamos un palmo más altos que él y mucho más atractivos: da lo mismo. Él es *mayor*, de modo que sale ganando y no hay absolutamente nada que podamos hacer al respecto.

Seguramente la ruptura más traumática de mi vida tuvo lugar cuando yo tenía veintitantos años, y me encontré precisamente en esas circunstancias. Mi rival era ocho años mayor que yo, tenía mucho más dinero y era más mundano. Por supuesto, él no la *ponía* como yo. No *conectaba* con ella como yo. Y yo lo sabía, y sabía que ella también. Pero no importó. Él era mayor, de manera que yo me quedaba fuera de plano.

Así que cuando aquella mujer atacó a B porque salía con una chica de 21, yo pude comprender su ira, porque era la misma rabia impotente que sentíamos los chicos cuando las mujeres de nuestra edad se emparejaban con tíos mayores; el único detalle es que ella se ponía de parte de la «inocente» veinteañera que, sin poder evitarlo, había caído en las garras del hombre mayor y más astuto.

Pero al mismo tiempo no podía evitar pensar que aquella chica furiosa era el tipo de mujer que, cuando teníamos 22 o 23 años, se hubiera vuelto loca por un hombre unos años mayor que ella. Hubiera pensado que era guay estar con una persona madura. Hubiera echado a los jóvenes de su edad una mirada de suficiencia, diciendo algo así como: «Los hombres maduros son mucho mejores. Son *hombres*, ¿sabéis? No chicos. Vosotros sois chicos».

Mala suerte, cariño. Ahora las cosas han cambiado.

Por supuesto, no dije nada de esto: no soy tan valiente. No quería que nadie me echase una bebida por encima. B no fue tan tímido, y acabó luciendo media copa de Pinot Grigio el resto de la velada.

B toma una decisión

Aquella tarde no había arrojado mucha luz sobre el dilema de B, si tenía que seguir viéndose con la veinteañera o no. Días después me encontré con él, y me preguntó qué pensaba. Yo era consciente de que la chica le gustaba, de modo que le di exactamente el tipo de consejo que pensé que él me daría si yo estuviera en la misma situación.

—Te voy a dar cinco motivos por los que sería una estupidez dejar de verla —le dije—. Uno: tiene veintiún años, y a ti te gustan las chicas macizorras. Dos: todos tus amigos te envidiarán. Tres: ella es joven, así que no te va a pedir que la lleves al altar. Cuatro: si dejas de verla, habrás cedido a la presión social, lo cual te convertirá en un perdedor. Cinco: es estudiante, de modo que no esperará que te gastes mucha pasta en las salidas. Es un triunfo seguro.

Aquéllos eran los pros. Para los contras, fuimos a consultar a un par de amigas.

Primero nos señalaron que aquella chica del baño de vapor tendría que preocuparse por los préstamos concedidos para sus estudios, mientras que B tenía un trabajo propio de adultos; es decir, ¿qué tenían en común? Ellas dijeron que nada. Segundo, dijeron que seguro que los amigos de la chica eran encantadores, pero que también eran veinteañeros, lo cual suponía que tendrían que devolver sus préstamos por estudios y clases a las que asistir, mientras que los amigos de B ya tenían sus trabajos y pensaban en el matrimonio y en los hijos. ¿Cómo iban a combinarse los dos grupos? Por último, una de ellas se refirió a la chica en broma como «la nena», lo cual hizo que B se estremeciera ligeramente.

Hasta el día siguiente no tomó la decisión.

Una de sus amigas lo llamó por teléfono y, cuando B contestó, ella le dijo:

—Hola. ¿Hablo con B, el famoso pedófilo?

Aquél fue el instante en que cualquier posibilidad de que pasase algo más entre él y la chica de 21 años falleció de muerte repentina. Es posible que cediera a la presión social, según pensaron algunos, pero al menos no fue la víctima del ridículo público. Y recuerde que aquello sólo era un ligue. Ella se marchaba de la ciudad al cabo de unas semanas, así que seguramente no buscaba nada serio, y B es B, de modo que las campanas de boda no iban a sonar precisamente pronto. Pero aun así no hubiera soportado ser el blanco de las chanzas, aunque sólo la viera unas pocas semanas. Así de importante es para B su reputación.

Personalmente, creí que había cometido un error. Cuando hablaba de aquella chica, no lo hacía con la perversión estereotipada que uno esperaría de un tío como B que sale con una mujer mucho más joven. Es evidente que había salido con algunas así (B es lo que es), pero también hablaba mucho sobre cómo se reían juntos y cuánto se habían divertido. Yo llevaba mucho tiempo sin oírle hablar así de una mujer, de modo que el hecho de que dejase de verla fue, al menos desde mi punto de vista, una lástima, porque parecía existir algo potencialmente bueno entre ellos. Pero no era yo quien tenía que tomar una decisión.

Secretos masculinos

Los hombres se preocupan por lo que sus amigos (tanto hombres como mujeres) piensan de ellos y de sus decisiones. Hay pocas cosas que deseemos más que la aprobación de aquellos que tenemos cerca.

Me quito un peso de encima

Al leer mis dos historias anteriores, se habrá dado cuenta de que los hombres tratan a las mujeres de distintas maneras. Por supuesto que lo hacen: no hay dos personas iguales, hombres o mujeres. Y las mujeres distintas reaccionan de maneras diferentes a las mismas técnicas de ligue.

Por eso los libros como *Cómo conquistar marido** y *El método* me cabrean tanto.

Básicamente, *El método* aconseja a los hombres que parezcan divertidos e interesantes, y luego les da lecciones de cómo conquistar a las mujeres. Sin embargo, tal como yo lo veo, lo único que consigue es ayudar a los tíos a aprovecharse de chicas que tienen una baja autoestima y/o son lo bastante jóvenes como para no haber caído en la misma trampa antes. *Cómo conquistar marido* sugiere a las chicas que no sean demasiado fáciles ni accesibles, pero desde mi punto de vista sólo les da lecciones de cómo echarle el guante a un hombre inseguro.

Y eso es todo.

No es astrofísica, ¿eh?

No me malentienda: me encantaría vender una cuarta parte de los libros que han vendido Neil Strauss, Ellen Fein y Sherrie Schneider, pero hay algo en su forma de ver las cosas que me deja frío.

Mi problema con los dos libros mencionados es que hacen que la relación sentimental sea artificiosa, y por tanto se cargan del todo el romanticismo. Mi problema con *El método*, concretamente, es que tengo hermanas y un montón de amigas, y la idea de que se las pueda manipular tan fácilmente para irse a la cama con alguien me pone malo.

Habiendo dicho esto, leí *El método* y pensé que era un libro estupendo, muy divertido y muy bien escrito. Sin embargo, fue el único libro que me hizo sentirme avergonzado cuando me pillaron leyéndolo en público. Por lo general, eso es algo que no me da vergüenza. He leído a la

---

* Título original de la trad. al cast. del libro *The Rules [Las Reglas]*, que el autor cita en tono crítico a lo largo de la obra. Aparece en mayúsculas y cursiva. (*N. del E.*)

prolífica escritora británica Jilly Cooper en el transporte público británico y, como soy un hombre y mido un metro noventa y tres, cantaba lo suyo, pero nunca me molestó.

Pero las miradas que me echaron cuando me senté en el metro leyendo *El método* me hicieron sentir claramente incómodo. «Fíjate en ese tío —debía de pensar la gente—. O es un fracasado tan grande que necesita un libro para que le digan cómo conquistar a alguien, o es uno de esos que necesita tirarse a todas las tías del mundo para alimentar su ego.»

¿Sabe por qué pensé eso?

Porque cada vez que veía a un hombre leyendo *El método*, eso es lo que yo pensaba de él.

Así que si alguna vez ve a un tío leyendo *El método*, recuerde que es posible que lo haga sólo por distraerse.

Por eso lo leía yo.

Honradamente.

Mi anécdota con *Cómo conquistar marido*

Una noche había salido por ahí con mi amigo Charlie y sus colegas del trabajo cuando me señaló a una chica preciosa, me dijo que no tenía pareja y se ofreció a presentármela.

—Genial —dije—. ¿Algo más que necesite saber?

—Es rubia, graciosa, inteligente y tiene un cuerpazo. ¿Qué más puedes pedir?

—Vale, a por ello.

Charlie se detuvo.

—Bueno, en realidad sí que hay algo. Es una chica de *Cómo conquistar marido*.

Lo pensé durante un nanosegundo.

—Olvídalo —le dije—. Prefiero salir con una muñeca hinchable.

Una última divagación sobre libros

Y luego está mi libro sobre relaciones favorito de todos los tiempos, *Why Men Love Bitches*. ¿Que a los hombres les gustan las zorras? ¿En serio? Conozco a un verdadero montón de tíos, y no se me ocurre uno solo al que le gusten las zorras.

Ni siquiera se me ocurre uno al que le gusten *un poquito*.

En realidad, aquí estoy siendo tendencioso. Sé perfectamente que *Why Men Love Bitches* no anima a las mujeres a ser zorronas. Sólo les dice que sean fieles a sí mismas y que no permitan que nadie las haga ceder terreno en ese sentido, ni las haga sentir que no son lo bastante buenas, que es un mensaje con el que estoy totalmente de acuerdo.

Pero, por favor, nada de putear.

Por qué los hombres se hacen polvo cuando alguien les gusta

Uno de los incordios más grandes que tiene ser hombre es que nos resulta muy fácil salir con chicas que nos gustan un poco, pero con las que sabemos que es muy probable que no nos comprometamos nunca. Con ellas estamos relajados, somos guays. No nos ponemos nerviosos ni decimos estupideces que las hagan pensar que somos raros, ni las acosamos demasiado de modo que salgan por pies. Proyectamos una imagen de confianza y seguridad en nosotros mismos.

Pero pongamos exactamente al mismo hombre delante de una mujer que le guste de verdad, que haga que le tiemblen las piernas y en la que no puede dejar de pensar, y es perfectamente posible, incluso probable, que se quede hecho polvo. Será lo opuesto al hombre descrito en el párrafo anterior, a pesar de ser el mismo sujeto.

Verá, cuando un hombre conoce a una chica que según él tiene potencial, de repente hay en juego mucho más que unas pocas citas, algo de cama, diversión y pasatiempos varios. Cuando las emociones levantan la cabeza, los hombres se vuelven confusos e inseguros. Detectar a un hombre confuso, como estoy seguro de que todas saben, resulta muy fácil. Encontrar a uno atractivo es, lamentablemente, más complicado.

Supongo que la idea que intento expresar es la siguiente: si a usted le gusta un hombre y al principio lo nota un tanto nervioso, como si se estuviera empleando a fondo, no salga corriendo. Espere a que se calme un poquito y que vaya creciendo la confianza que tiene con usted.

Recuerde: la confianza masculina es frágil.

¿Qué hay en un nombre?

Cuando yo era joven, lo que afectaba a mi confianza más que cualquier otra cosa era mi nombre. No me gustaba nada. No había ningún otro chico llamado Humfrey, todo el mundo lo escribía mal (es un hecho que la «f» en mitad del nombre es mucho mejor que la «ph», como se escribe normalmente), y destacaba adondequiera que iba. Me hacía sentir tanta vergüenza, tan rarillo, que solía pensar en el nombre que elegiría cuando fuera lo bastante mayor para poder cambiarlo. Cuando tenía 9 años más o menos, recuerdo que me gustaba bastante la alternativa de llamarme Steve.

En muchos sentidos, fui un niño raro.

Cuando fui lo bastante mayorcito para empezar a salir con chicas, la cosa empeoró. Ahora que tenía que acercarme a ellas y decirles mi nombre, el potencial de avergonzarme se multiplicó de repente varios miles de millones de veces.

El peor momento llegó cuando estaba en una fiesta, cuyos asistentes rondábamos todos los 19 años, y estaba hablando con un par de chicas. Sí, es correcto, dos chicas a la vez; pensaba que ese día me estaba saliendo.

Entonces les dije mi nombre.

Una de ellas dijo:

—No, en serio. ¿Cómo te llamas?

Y se acabó, fin de la partida. Me puse tan rojo que no pude ni hablar, y tuve que pasar el resto de la noche a solas, sentado bajo un árbol, con la compañía de una botella de sidra de dos litros.

Pero a medida que crecí y adquirí más confianza en mí mismo, mi nombre empezó a gustarme. Y cuando comencé a hacer mis primeras incursiones en el terreno del periodismo y la edición, me di cuenta de que era útil: por ahí no hay muchos Humfrey Hunter, de modo que resultaba fácil destacar. Pero nunca, jamás, olvidaré lo avergonzado que me hacía sentirme cuando era más joven.

Unos pensamientos para acabar

Si a un hombre se le da *demasiado* bien ligar, con lo cual quiero decir que cuando se acercó a usted estaba claramente sosegado; si la llevó a algún sitio tremendamente *fashion* pero se comportó como si fuera a lugares así cada noche de la semana; si sabe exactamente adónde va a llevarla para tomar una copa a altas horas de la noche antes incluso de que nadie le sugiera nada (seguramente le dirá algo cursi en plan «un rinconcito a la vuelta de la esquina»); si cuando la besó al final de la velada su mirada revelaba la seguridad de que usted le devolvería el beso: entonces ese tío ha tenido tantas citas que podría competir a nivel internacional. Puede que sea bueno para una o dos noches, pero lo más probable es que usted sea tan sólo otra chica atrapada en su rutina manida, de la que él se cansará bastante pronto.

No le estoy diciendo que sea escéptica con todos los hombres a los que conoce, sólo que si el tipo con el que se ve está un poco nervioso, no piense mal de él por ese motivo. Su incertidumbre significa que o bien usted le gusta mucho, o bien que no tiene muchas citas, y ambas cosas son positivas para usted, sobre todo si, como pasa a menudo, suceden al mismo tiempo y con el mismo hombre. Si se muestra totalmente guay y no pierde el control en toda la noche, si está demasiado tranquilo, entonces usted no es especial para él.

Recuérdelo otra vez: la confianza masculina es frágil.

Secretos masculinos

1. Los mejores hombres no son siempre los más seguros de sí mismos.
2. Si le parece que un hombre se emplea a fondo, es porque usted le gusta. Discúlpelo.
3. Lea *El método*, por dos motivos: a) es divertido, y b) para ayudarle a localizar a alguien que intenta jugarle una mala pasada.
4. Haga sus propias *Reglas*.
5. Siga esas reglas, incluso cuando beba, porque eso la ayudará a mantener el control de la situación.

2

Dentro de la mente del soltero

- Cómo se comportan los hombres recién desparejados
- Por qué debería evitarlos
- Si no puede evitarlos, cómo evitar ser el segundo plato de nadie

Cómo se siente uno cuando ha perdido a su pareja

Entre los 22 y los 26 años tuve una novia, con la que salí cuatro años y medio, a la que llamaré Novia X. Seis meses después de romper con ella, la sustituyó la Novia Y, con quien estuve tres años, de los 27 a los 30 años. Esto quiere decir que durante ocho años sólo estuve seis meses sin pareja.

Cuando volví a quedarme solo al cabo de tres años de salir con la Novia Y, me dio la sensación de volver en coche a una ciudad que solía conocer como la palma de mi mano y descubrir que algún payaso del ayuntamiento había implantado un complejo sistema de carriles de sentido único, añadiendo un montón de cruces reorganizados, que conspiraban para hacer que me perdiera del todo.

Lo cual demuestra que cuando un hombre vuelve a quedarse solo después de una relación larga está hecho polvo. Puede que por fuera parezca estar bien (lleva ropa limpia, hace ejercicio, come mucha fruta y verdura, y demás), y es posible que incluso por su forma de hablar dé la impresión de que está bien.

Pero en realidad no es así.

Por dentro no es más que una masa de impulsos y deseos contradictorios y confusos, tanto si fue él quien dejó a su pareja como si fue al revés.

En el meollo de este caos se encuentra ese ancho abismo en su vida, el lugar que solía ocupar la persona que le era más cercana, su ex, en torno a la cual giraba buena parte de su persona, debido a que pasaba mucho tiempo con ella y había invertido tantas emociones en su relación. Cuando ella desaparece, queda un gran espacio en blanco que hay que llenar.

Un cuerpo femenino cálido y ocasional no llenará ese hueco durante más de una o dos noches. El sexo, por sí solo, tratará los síntomas, no la causa. El hombre necesita adaptarse a las nuevas circunstancias, y aunque existe la posibilidad de que se vea acosado por el miedo y la inseguridad de tanto en tanto, por lo general es posible que agradezca su libertad recién descubierta.

Para variar, querrá ser *él mismo*. Durante un tiempo no querrá tener que pensar en nadie que no sea él. Tiene tiempo para *hacer* lo que quiere, *ser* quien desea, y si tiene sentido común, aprovechará ese tiempo al máximo.

Pero esa libertad no siempre es estupenda. A algunos hombres les gusta ser lobos solitarios, para variar, mientras que otros sienten que han perdido el timón y están desorientados. Cada hombre reacciona de una forma distinta, y como en muchos sentidos somos tan complicados como las mujeres (y en ciertos sentidos, más que ellas), es imposible predecir cómo reaccionará cada uno.

Para las mujeres que conocen a hombres que acaban de salir de una relación, la situación es mucho más sencilla: a esos tíos hay que esquivarlos el 99,9 por cien de las veces. Por si no le ha quedado claro a la primera, se lo voy a repetir: a los hombres que acaban de salir de una relación hay que esquivarlos el 99,9 por cien de las veces.

¿Por qué? Bueno, porque para esos hombres cada día es un paso potencialmente emocionante hacia lo desconocido, y esa expectación los vuelve peligrosos. La naturaleza impredecible de sus vidas es lo que más los atrae en esas circunstancias. Pero si un hombre no sabe lo que querrá hacer a la semana siguiente, ¿cómo va a ser una apuesta segura si lo que usted busca es alguien con quien pueda salir sobre una base sólida y firme?

Esto plantea un desafío tremebundo a las chicas sin pareja a quienes aun así les interesa una de esas bombas de relojería, porque tristemente esos tipos son muy difíciles de detectar. Pero existen algunos indicios externos evidentes de su estado mental volátil que una chica puede percibir.

Por ejemplo, hay hombres que cuando acaban una relación se hacen un corte de pelo nuevo, se compran prendas nuevas y les da por ir a ver a *strippers*, mientras que otros prefieren cambiar sus hábitos televisivos (adiós a *Gossip Girl*, bienvenido *El escudo*), y punto. Algunos querrán tener una pareja nueva cuanto antes, para compartir con ella las noches del sábado, mientras que otros preferirán acostarse sin compromiso con todas las mujeres que estén dispuestas durante el futuro previsible.

Pero es posible que poco después el tío que al principio quería un rollete de una noche empiece a buscar una nueva pareja, mientras que el que pretendía empezar una nueva relación se compre un pase de temporada para el burdel local. Vale, es un poco exagerado, pero seguro que ya me entiende.

La escurridiza verdad es que resulta imposible saber en qué categoría encajará un hombre desparejado hasta que haya caído en ella, y a esas alturas es demasiado tarde como para que la chica involucrada se cuide sola. Por eso lo del 99,9 por cien que mencioné antes.

Por supuesto, ese 0,01 por cien existe. De hecho, conozco a uno: un hombre que acabó una relación sentimental de cuatro años y una semana más tarde ya se había emparejado otra vez. Se metió de cabeza, tirando por la ventana todos mis consejos y mi sabiduría. Y tuvo razón al no hacerme caso, porque ahora está felizmente casado, y su historia es estupenda y romántica.

Pero no permita que esta excepción la engañe. Antes de escribir este libro examiné las historias sentimentales de mucha gente, y entre ellas ésa fue la única en que ocurrió esto.

Una mujer a la que conozco rompió con su ex prácticamente en el mismo momento en que un hombre que le gustaba hacía un tiempo concluía su propia relación. Salieron juntos, ella se colgó de él, y durante un tiempo todo fueron conversaciones nocturnas sobre la bondad del destino y encuentros sexuales muy emotivos, mientras pasaban por sus mentes sueños del futuro como si fueran películas horteras.

Pero los sueños se hicieron trizas, porque él enseguida perdió interés. Para él, aquel conato de relación llegó demasiado pronto. Necesitaba tiempo para él, para ser quien era durante unos meses o unos años. Por eso se quedó la mar de bien cuando el rollo (para él es todo lo que fue) acabó. Pero ella no. La pobre chica había perdido por completo el control sobre la «relación», y salió malparada.

Ésta es, en pocas palabras, exactamente el tipo de situación que espero que este libro le ayudará a eludir: las circunstancias en que le duele el corazón y carece de control sobre su destino.

Éste es otro ejemplo de una chica a quien le hubiera venido bien un consejo sincero sobre los hombres que *aún* mantienen una relación, y por qué hay que evitarlos.

Dentro de la mente engañadora

La siguiente historia me sorprendió en muchos sentidos, sobre todo porque la escuché en un momento en que no llevaba mucho tiempo sin pareja, de manera que estaba viendo el mundo con una mirada nueva. Una mañana, una chica se sentó enfrente de mí en el tren que iba a Londres. La llamaré la Chica del Tren. No era fea, pero tampoco impresionante, y tenía un aspecto cuidado, arreglado, como si fuera contable o abogada. No lo digo como un insulto.

Antes de decir nada más, le ruego que recuerde que cuando pasó esto yo no llevaba mucho tiempo libre, y aunque sabía que las mujeres son capaces de tratar mal a los hombres, no imaginaba que pudieran ser tan *despiadadas* unas con otras. Sí, era un inocentón. Quizá porque nunca había sido el objetivo de una de aquellas chicas.

Bueno, da igual, volvamos a la historia.

Sonó el teléfono de la Chica del Tren, y ella empezó una conversación donde detallaba cómo había pasado la tarde anterior. Yo estaba leyendo un libro, pero, como les pasó a los otros pasajeros del tren, su historia resultaba mucho más interesante que la que narraban aquellas páginas, de manera que fingí seguir leyendo pero escuché su conversación.

La chica explicaba que se lo había pasado genial. El tío con el que había salido era impecable: divertido, inteligente y rico. No tenía ninguna duda: quería volver a salir con él. Hasta aquí, todo bien: una conversación estimulante para una mañana.

Entonces guardó silencio mientras su amiga le decía algo.

Sus siguientes palabras fueron: «Sí, ya sé que tiene novia. Pero yo ya tengo veintinueve años y sigo sin pareja. Todas las demás han pillado a alguien, así que, cuando conozco a un hombre que me gusta, intento cazarlo si puedo. Y éste me gusta».

Su voz no traslucía ninguna vacilación ni remordimiento. No, era fría como el acero. Hizo que en aquel vagón se alzaran muchas cejas.

Me quedé alucinado. Ya sabía que yo era inocente, pero no tenía ni idea de que existía ese espíritu de «perro come a perro» (¿o debería decir «zorra come a zorra»?) entre las mujeres que se mueven por el mundo de las citas.

Nunca he sido un ángel, pero me gusta pensar que nunca intentaría deliberadamente echar la red a la novia de otro hombre. Pero bien pensado, yo era un tipo de 31 años, que navegaba pacientemente por la vida del soltero, viendo pasar el tiempo, y seguro de que la chica perfecta andaba por allí fuera, y que sólo era cuestión de tiempo que la conociera.

Por lo tanto, no pensaba que a una mujer sin pareja, atractiva, de 29 años, como aquella que viajaba en el tren, tuviera que entrarle el pánico porque se le acababa el tiempo, algo que según parecía la preocupaba. Pero es evidente que ella veía las cosas de una forma distinta.

¿Qué pensaba él?

No cabe dudar lo más mínimo de que el hombre de quien hablaba la Chica del Tren la estaba incitando al flirteo. De no ser así, las cosas no habrían llegado tan lejos.

Por lo tanto, ¿qué se proponía aquel sujeto? ¿Cuál era su objetivo?

Había cuatro posibilidades. La primera, y la más inocente, era que simplemente le gustase flirtear para recordarse que aún atraía a las mujeres. Algunos hombres lo hacen. No es que sea correcto, pero sucede. Para él es casi todo lo inofensivo que puede ser, pero para ella es diferente y más arriesgado, porque es probable que sea la persona que saldrá malparada cuando descubra que todo ese tonteo no significaba nada para él (que nunca abandonará a su pareja por ella).

La segunda posibilidad es que quizás estaba trabajándose a la Chica del Tren para tener una relación oculta con ella. También esto, con casi total seguridad, acabaría mal para ella.

La tercera es que quizá la viera como una sustituta prefabricada de su pareja actual, de la que se estaba distanciando, lo cual lo convierte en un Mono Amoroso (o sea, alguien que nunca abandona a su pareja actual hasta que tiene a otra dispuesta y esperando, como un mono que jamás se suelta de una rama hasta que ya sabe cuál es la siguiente a la que se va a agarrar). Esto no es muy romántico que digamos, y no presagia nada bueno para ninguna relación que pudiera forjar con él la Chica del Tren, porque es probable que él la abandonara cuando más adelante viera otra pareja/rama tentadora.

Por último, quizás haya sentido algo intenso por la Chica del Tren, sentimientos que le cogieron por sorpresa porque cuando la conoció él era feliz con su pareja. En este caso, es posible (no probable, sólo posible) que él y la Chica del Tren sean felices para siempre.

Para ser sincero, no tengo ni idea de cuál era su intención. Pero sé que la probabilidad de que fuera la cuarta (la favorita para la Chica del Tren) era escasa. Y la probabilidad de que esta última diera como resultado que él y la Chica del Tren fueran felices para siempre era incluso más escasa.

¿Cómo podría saber la Chica del Tren qué pensaba aquel tío? No podía. Entonces, ¿qué podría haber hecho? Sencillo: evitar a un tipo que tenga pareja.

¿Qué pensaba *ella*?

Mi manera habitual de contemplar situaciones como ésta es que el hombre involucrado es el depredador y la chica es la víctima. Sé que no siempre es así, y que las mujeres no son tan inocentes, pero según mi experiencia lo más frecuente es que sea el hombre quien quiera nadar y guardar la ropa; en este caso, el agua y la ropa son su pareja, más un poquito de romanticismo, flirteo y/o relaciones con otra. Por lo tanto, este ejemplo parecía diferente, porque en mi vida nunca había oído hablar de una mujer que se comportase como semejante depredador. No digo que no pase, sólo que yo lo desconocía.

En busca de cierta información privilegiada, le conté esta historia a una amiga. Ella me dijo que la conducta de la Chica del Tren era perfectamente normal. Yo me quedé asombrado, y le contesté que nunca había sido consciente de esa actitud tan poco femenina de la caza del hombre, y menos aún había sido la presa, y que me costaba mucho entenderla.

—Eso es porque no entiendes a las mujeres —me contestó, y luego añadió, sugerentemente—: En realidad, sólo hay una cosa que tienes que entender de las mujeres.

Magnífico, pensé. Podría ser la información que había estado esperando desde mi primer contacto incómodo con una chica allá cuando tenía 14 años, el momento en que las hormonas disparadas y el más puro terror me hacían un nudo en la lengua. Por fin, todo iba a aclararse. Estaba tan emocionado que casi derramo el café.

—Es lo siguiente —dijo ella—. Lo único que tienes que entender de las mujeres es que nunca las entenderás.

A veces no sé por qué me molesto.

La Chica del Tren: conclusiones

Yo supongo que la Chica del Tren pensaba que era muy despabilada, pero en realidad estaba en un tris de meterse en unos problemas emocionales potencialmente dolorosos, porque por mucho cuidado que pensara tener, nada de lo que hiciera alteraría la posibilidad que él había puesto en marcha de entre aquellas cuatro. Sólo una sería positiva para ella, y la probabilidad de que fuera ésa era mínima. No imposible, sólo mínima.

Yo estoy a favor de que las chicas tomen la iniciativa en sus estratagemas astutas para conseguir un hombre, pero no apruebo que empleen esas tácticas con varones que ya tienen pareja. No es que tenga nada en contra de intentar hacerse con el novio o la novia de otra persona, pero sé que el resultado raras veces beneficia a todos. Ni al novio, ni a la novia actual, ni a la otra que intenta robárselo.

Esto último que he dicho en el párrafo anterior ha sonado un poco fuerte. Será mejor que lo explique.

Si un tío intentase arrebatarme a Charlotte, no me gustaría nada. Seguramente me apetecería asestarle un directo en la nariz. O peor. Pero si intentara conquistarla porque estaba perdidamente enamorado de ella, entonces yo comprendería por qué lo estaría haciendo. Si sólo pretendiera seducirla, ya podía dar un salto con impulso desde lo alto de un acantilado (y a lo mejor yo le daba un empujoncito para ayudarle en su carrera). Pero cuando hay amor por medio, la cosa cambia. No creo que nadie pueda criticar a otra persona por decirle a alguien que está enamorada de él o de ella.

También creo que ella no estaría dispuesta a irse con él (a menos que fuera Johnny Depp o, ¿será posible?, Bill Murray). Pero ya puestos a imaginar, digamos que ella quisiera dejarme; entonces seguramente sería más sano para mí y para mi bienestar a largo plazo que lo hiciera mejor antes que después.

Ésta es una manera prolija de decir que en el amor y en la guerra, todo vale.

Dejando a un lado la moralidad, recuerde que si usted persigue a alguien que ya está inmerso en una relación, la persona que es más probable que salga magullada es usted. Hace unos años aprendí una dolorosa lección sobre lo que es liarse con una chica que ya estaba saliendo con otro, porque así es como experimenté el mayor desengaño amoroso de mi vida.

Hace unos quince años, mucho antes de que conociera a la Novia X y que la Y siquiera existiese, y en un momento en que yo no estaba en la fase de posrelación, esa chica y yo tuvimos un enamoramiento; fue bastante inocente, la verdad, con mogollón de manitas, besitos y abrazos, en vez de explosiones de pasión, y al cabo de un par de semanas le pedí que dejase a su novio por mí, porque me había enamorado de ella hasta las cachas.

Pero ella me dijo que no, y me quedé destrozado. Perdí de una tacada a una de mis mejores amigas y a alguien de quien creía estar enamorado. Le puedo asegurar que para alguien joven eso es un golpe muy duro.

Pero aun así, unos años después, fui e hice algo parecido: el Gran Error.

El Gran Error. Primera parte

Tuve una amiga excelente con la que solía quedar para ir de copas de tanto en tanto. Hablábamos mucho, y nos enviábamos *e-mails* regularmente. Ella me escuchaba, era afable y, en términos generales, encantadora. En cuanto a mí, ella no tenía ni pizca de malicia en su cuerpo. Además, era muy atractiva.

Sin embargo, sólo era una amiga, y tenía un novio con quien vivía, de manera que nunca iba a haber nada entre nosotros. Durante mucho tiempo, la nuestra fue una relación totalmente platónica.

Lo repetiré: ella tenía pareja, y vivía con ella.

Y éste es uno de los mejores motivos del mundo para no liarse con nadie. De hecho, estoy pensando a ver si se me ocurre uno mejor, que no sea que ella esté casada y tenga hijos, o sea una asesina en serie primeriza que quiera hacerse famosa a base de apiolar a tíos sin pareja.

Pero yo estaba solo, y tenía un vacío en mi vida donde ponía «Afecto», y como ella era siempre tan dulce conmigo, empezamos a pasar cada vez más tiempo juntos. Y recuerde que ella era muy atractiva.

Un día la besé.

Lo cual fue, como luego me di cuenta, un gran error.

Pero tardé un tiempo en darme cuenta de que estaba haciendo el tonto, y más aún para que aquella chica se convirtiera en el Gran Error.

Estuve viéndome con el Gran Error cosa de un mes, en total, y por lo general la situación era romántica, ilícita, emocionante y apasionada. Además, durante las primeras semanas ni siquiera pensé en su pareja. En mi defensa diré que no lo conocía. Quizá, de haberlo conocido, si le hubiera puesto a su concepto un rostro y una voz, las cosas hubieran salido de otra manera. Pero no lo conocía, de modo que pasó lo que pasó.

Sé que yo era idiota al intentar forjar una relación con ella, pero póngase en mi lugar: ¿qué se esperaba que hiciera? ¿*No* probar suerte con aquella chica sexi, dulce y claramente interesada con la que ya mantenía una gran amistad? En realidad, sí, es precisamente eso lo que debería haber hecho. Pero la vida no es tan sencilla, y no siempre se pueden tomar decisiones de una forma tan objetiva. Sobre todo cuando uno es un hombre sin pareja, de sangre caliente, que siente la necesidad de besar y de abrazar.

Durante aquel mes lo pasamos muy bien, y no me importa admitir que empecé a pensar si quizá nuestra aventura podría convertirse en algo más firme.

Pero al cabo de poco tiempo comencé a darme cuenta de que estábamos organizando un lío tremendo y peligroso. Una voz en mi cabeza me dijo: «Humfrey, no hay manera de que entre vosotros pueda nacer nada serio y positivo partiendo de semejante principio. Ella está engañando a alguien a quien se supone que ama. ¿Quieres estar con alguien así? Y encima la animas a ponerle los cuernos a su pareja. ¿Quieres ser ese tipo de hombre?»

La respuesta a ambas preguntas era no. Pero pasé de aquella voz.

Entonces, una noche, salí por ahí y conocí a otra chica. No había salido con intención de ligar, pero acabé pasando la noche con ella, y lentamente mi punto de vista sobre el Gran Error empezó a cambiar.

Por qué los tíos tienen suerte

Todo hombre sabe muy bien que hay noches en que tiene suerte y se le puede atribuir todo el mérito por su éxito. Quizá fue un chiste que contó, o la manera en que bailaba, lo que le volvió irresistible. O incluso su camisa. Podrían ser cien cosas distintas.

Pero aquella noche no fue así.

Hay otras veces en las que un tío tiene suerte, y el único motivo de que así sea es que la chica involucrada decidió, incluso antes de traspasar el umbral de su casa, que aquella noche iba a pillar algo de acción, y dio la casualidad de que uno fue el afortunado.

Yo ya sabía desde el principio que aquélla iba a ser una de esas noches. Además, me daba igual, porque sólo podía beneficiarme, de la misma manera que le pasó a un chico que conozco, al que llamaremos Jon.

El Efecto Afecto

Unos meses después de que Jon rompiera con su pareja, con quien llevaba mucho tiempo, pasó la noche con una ex compañera de trabajo, una mujer alta y rubia. En aquel momento, él seguía viendo a otras chicas en plan de prueba, porque había salido de aquella relación sintiéndose fatal. Había estado hundido durante mucho tiempo, y dado que su ex le había hecho sentir que su vida y sus sentimientos eran insignificantes comparados con los de ella, su autoestima estaba en algún punto entre el cero y el menos uno.

De manera que cuando empezó a besar a aquella mujer alta y rubia, y abrió los ojos y vio que ella le sonreía, se sintió algo más que un poco confuso.

Interrumpió el beso y le preguntó:

—¿Por qué sonríes? —(No son las palabras más impresionantes que se le hayan ocurrido a un hombre en mitad de un beso).

—¿Las chicas no suelen sonreír cuando las besas? —le dijo ella, sonriente.

Y entonces ella le besó de nuevo.

Vaya, pensó él. Sólo vaya.

Después de aquella noche no volvió a pasar nada entre ellos, pero si Jon tuviera que identificar un solo instante en aquellos pocos meses como el momento más crucial para la recuperación de su bienestar general tras la gran ruptura, sería ése. Aquella noche sintió más calidez física de la que había experimentado los dos años anteriores, y su entusiasmo por las mujeres y por la vida en general volvió a él como un torrente.

En parte eso se debió al hecho de que una chica espectacular estaba interesada en él, y su ego necesitaba ese empujón como agua de mayo; pero, lo que es más importante, le recordaba lo absolutamente maravillosos que son el afecto y la intimidad. Pero no sólo el sexo. Jon se refería a las sonrisas, los besos y los abrazos como algo igual de importante, si no más.

El Gran Error. Segunda parte

No sentí remordimientos por haberme liado con esa otra chica a espaldas del Gran Error, porque ella se iba a su casa cada noche y se acostaba en la misma cama con su pareja. Me dijo que *aún* no tenían relaciones, y yo al principio me lo creí. Pero enseguida me di cuenta de que eso es precisamente lo que ella me habría dicho si *aún* estuvieran teniendo relaciones. Dada la red de mentiras y de engaños que estábamos tejiendo, supe que no podía creerle con total certidumbre, de modo que no me preocupé mucho del tema. Adopté lo que mi amigo Charlie llama el «enfoque del avestruz»: metí la cabeza en la arena.

Entonces ella se enteró de lo de la otra chica y se puso histérica. Gritó, vociferó, lloró, todo el *pack*. Luego vinieron unas cuantas horas en las que no quiso hablar conmigo. Literalmente: ni una sílaba. Ése fue el momento en que me di cuenta de que el Gran Error era el Gran Error. Una chica que tenía pareja me estaba gritando a mí (un tío sin pareja) por pasar la noche con una mujer sin pareja. Era todo demasiado ridículo y complicado, y en aquel momento supe que la cosa sólo podía empeorar. Nuestra relación clandestina tenía que acabar.

Aún lamento haberme liado con ella, porque perdí a una buena amiga (las cosas nunca podrían volver a ser como antes), y aquel episodio la hizo sufrir mucho (ciertamente, más de lo que me hizo padecer a mí, quien no tenía que bregar con la culpabilidad), motivo por el cual fue un gran error.

¿Cómo puede evitar una mujer convertirse en una pieza de repuesto?

Después de lo que usted puede pensar tras haber leído las últimas páginas, existen un par de pasos que puede dar para protegerse. Son éstos:

1. Si un hombre le cuenta que ha roto hace poco con su ex y parece vulnerable, y usted comienza a tener la sensación de que quiere cuidar de él, huya. Es probable que le ayude a recuperar la salud emocional, aumentar su autoestima durante un tiempo, y luego él la mirará y pensará: «Gracias por todo, pero ya me siento mejor. Voy a ir a probar suerte con algunas supermodelos. Adiós». Hay un 99,9 por cien de probabilidades. Sólo conozco un ejemplo en el que este tipo de «ligue de rebote» se ha convertido en algo más sustancioso. Sólo uno.

2. Si un hombre le cuenta que ha roto hace poco y parece la mar de tranquilo al respecto, huya. Se engaña a sí mismo y, por consiguiente, también a usted. Para conocer las estadísticas pertinentes, véase el punto uno anterior.

Sé que al menos unas pocas de ustedes no harán caso de las dos perlas de sabiduría precedentes, de modo que si realmente le resulta imposible alejarse de él, hay otra manera de asegurar su apuesta. Se llama *hablar*. Pregúntele directamente si está preparado para una relación nueva. Si le convence de que lo está (o sea, si le convence *de verdad*, no sólo diciéndole lo necesario para llevarla a la cama), adelante. Recuerde que, a veces, tendrá que jugársela.

Pero si luego no sale bien, no me diga que no se lo advertí.

Aquí va otro consejito para tener suerte: sea cual fuere el punto de los dos anteriores al que usted hace caso o ignora o, de hecho, sea cual fuere la situación en la que se encuentre, no se apresure a acostarse con ese hombre si alberga cualquier duda sobre su estado mental o su grado de interés en usted. A un hombre, la relación «de rebote» le ofrece una tremenda catarsis: borra su pasado y aumenta su confianza en sí mismo para el futuro. Ser la mujer con la que se ha acostado como sustituta no es muy divertido, porque usted será tan sólo una chica con quien tuvo relaciones. La relación se centrará en él, en su pasado y en su futuro, no en usted. Por tanto, déjele que la busque en otra parte.

Y si después de hablar con él se da cuenta de que no será su pareja, conténtese con ser su amiga.

La lección

Cuando rompí con la Novia X, pasé varios meses sin querer acercarme a otra chica, pero cuando rompí con la Novia Y, me moría de ganas de volver a salir con mujeres. En ambos casos yo era la misma persona, y sin embargo me comporté de formas totalmente distintas. Por eso hay que evitar a los hombres que acaban de salir de una relación. Son totalmente impredecibles, y por tanto cien por cien indignos de confianza. Me incluyo en esta categoría: no soy diferente a los demás hombres.

Aparte de esto, nunca es buena idea involucrarse emocionalmente con nadie que ya tenga pareja, o engañar a su pareja si es usted quien la tiene. Cuanto más mayor me hago, y más cosas de este estilo he visto y oído, más convencido estoy de que la infidelidad nunca acaba bien.

¿He aprendido del Gran Error?

Sí. Y no he cometido el mismo error de nuevo.
(Pero he cometido otros.)

Secretos masculinos

El ego masculino es frágil, y nos gusta sentirnos atractivos para otras mujeres.

Ya está, ya lo he dicho. Mis amigos me van a matar.

Secretos masculinos

En ocasiones, los hombres no pueden evitar hacer cosas raras impulsados por sus emociones. Verá, somos hombres, y a los hombres los confunden fácilmente las emociones, de modo que nuestra conducta puede volverse imprevisible. Incluso extraña. Debe echarle la culpa a nuestras emociones. No somos siempre igual.

Aforismos sobre los hombres

1. Manténgase alejada de los hombres que acaban de terminar una relación.
2. Si su sexto sentido le dice que alguien busca una sustituta, es porque probablemente es así.
3. Si siente el impulso de arriesgarse con un tipo que acaba de romper con su ex, dedíquese a conocerlo antes de que haya contacto físico.

4. Sea consciente de que, con casi total seguridad, los tíos se comportan de forma imprevisible. Pueden cambiar de opinión, y lo harán, en cualquier momento dado y sin motivos aparentes. ESO NO TIENE NADA QUE VER CON USTED.

5. No engañe a su pareja, y no tolere el engaño.

6. Si las cosas salen mal, no se eche la culpa. Los tíos son tontos. Fue culpa de él.

3

Cómo conseguir una cita

- Cómo sentirse superbien incluso cuando se es un manojo de nervios
- Por qué hay que incitar a los hombres a que le pidan una cita
- Cómo mostrarse atractiva cuando toma la iniciativa: hágale pensar que es él quien lanza el anzuelo
- Cómo encontrar el equilibrio entre ser demasiado atrevida y demasiado pacata

Imagine la escena: está en un lugar público con uno o dos amigos. Da igual la hora del día o el lugar donde se encuentre: podría ser una fiesta, un parque o incluso un Todo a Cien. Lo importante es que se encuentra en un sitio donde está rodeada de personas a las que usted no conoce.

Ve a un hombre y le gusta su aspecto. El hombre la ve, y también le gusta. Hasta ahora, todo bien.

¿Y entonces qué?

Suponiendo que no haya nada en el entorno que le impida acercarse a usted (por ejemplo, que usted solía salir con el mejor amigo de él o que uno de los dos ya tenga pareja), sólo hay un motivo, uno y no más, por el que ese tipo no se atreverá a hablar con usted o a pedirle una cita: el miedo a que le rechace. ¿Sabe? Ése es el mayor obstáculo entre los hombres sin pareja y las mujeres que les gustan.

El problema (y realmente lo es) es que, en ocasiones, no expresamos bien nuestros sentimientos.

No creo que haya un motivo concreto por el que existe este problema. Mi hipótesis, como psicólogo aficionado, es que se trata del resultado del convencimiento innato de los hombres de que todas las emociones son un poco ridículas, un punto de vista que nace, en parte, de una falta de entendimiento. Es decir, las emociones no se ven, no se huelen y, por supuesto, no se pueden tocar, ¿no? Entonces, ¿qué *son* realmente? ¿Qué aspecto tienen? ¿Cómo sé que tengo una?

¿Sabe lo que quiero decir? Para la mente masculina, todo esto resulta muy confuso. Añadamos cierta posible inclinación genética para no manifestar debilidad (en el mundo de los hombres, a menudo las emociones se consideran debilidades), y las cosas todavía se complican más.

Cómo hacer que un hombre le pida una cita

Me temo que este punto de vista es bastante típico de los hombres. Pero esto no debe constituir un problema importante para usted, dado que con unos pocos movimientos puede conseguir que las inseguridades y los impulsos defensivos entroncados en el hombre de las cavernas no tengan nada que hacer. La manera de conseguirlo es controlar todos los encuentros y el proceso de citas (el ritual de emparejamiento glorificado) de un modo que él no se dé cuenta. El objetivo es hacerle sentir que *él* es quien salió y la consiguió a *usted*, como si fuera ese primitivo cazador-recolector que todos queremos ser en lo más hondo, aunque fuera *usted* quien hizo todo el trabajo.

Para hacer esto, no tiene que preocuparse por cómo aumenta un hombre su autoestima (todo eso ya se lo explicaré luego), ni se preocupe por las cosas raras que se dice a sí mismo frente al espejo antes de salir a las calles. («Tú eres la miel, ellas las abejas» es un ejemplo sacado de un amigo al que no pienso nombrar, porque no quiero arruinarle la vida.) Ni siquiera se plantee cómo es posible que él haya ensayado mentalmente la primera frase incluso antes de salir de su casa. Y eso no quiere decir que usted no deba seguir *Las reglas* (si necesita que vuelva a decirle por qué, consulte la página 32).

Concéntrese en lo que *usted* puede hacer.

Y eso es lo que hay.

La ciencia del flirteo femenino

Tengo una teoría sobre cómo los hombres y las mujeres nos tiramos los tejos. Fíjese en la frase «tirarse los tejos», porque aunque los hombres son casi siempre los primeros que se lanzan a por ese primer beso o sugieren la primera cita, creo que son las mujeres las que los llevan de la mano poniéndolos en la tesitura mental propicia para hacerlo.

¿Cómo?

Vamos a ir paso a paso por este proceso, el ritual de apareamiento moderno.

Un hombre ve a una mujer que le gusta. Siente un cosquilleo por dentro que le dice que quiere proponerle algo. A este momento lo llamaremos Punto A. Piense que se trata del principio de un viaje. Para la mujer involucrada, si le gusta aquel tipo, su objetivo será que él llegue al Punto B, ese momento en que él reúne el valor para dar el paso; en otras palabras, el final del viaje. (Parto de la base de que no se trata de uno de esos hombres que se pasan toda la vida en el Punto B: como ya he dicho, debe protegerse de ellos.) Por tanto, se trata de un viaje sencillo: del Punto A al Punto B.

Los tipos normales, los que tienen un grado sano de autoestima, necesitan un poquito de ayuda para pasar del Punto A al Punto B. Da igual que los dos puntos estén cercanos o distantes entre sí; todo depende del hombre y de la mujer en cuestión. El punto crucial (ahora hablamos de otro tipo de punto) es que existe una distancia entre ambos puntos (éstos sí son los de antes), y que es el chico quien tiene que pasar del A al B.

Si la chica es lista y sabia, puede ayudarle a recorrer ese trecho con sólo un poquito de esfuerzo por su parte.

Por ejemplo, ella puede sostener la mirada durante algo más que un instante (un paso del trayecto). Incluso puede sonreírle (dos pasos), y si se siente atrevida, incluso puede hacerle un gesto invitándole a acercarse (un atajo al Punto B). Entonces, quizás él se le acerque y la salude, y ella le responda amistosamente (tres pasos) con más sonrisas. Pocos minutos después quizás ella se ría al oír algo que le ha contado él (cuatro pasos). Ella puede juguetear con su propio cabello (cinco pasos). Puede que a ella le complazca el modo en que él le formula preguntas y escucha sus respuestas, antes de que se burle de ella cariñosamente, con afecto pero sin pasarse, lo cual la induce a sonrojarse mientras sonríe (seis pasos). A estas alturas es posible que estén uno frente al otro y que él se dé cuenta de repente de que ella no parece ni remotamente interesada en hablar con otra persona que no sea él (siete pasos). Quizás incluso se aperciba de que cuando ella le mira mientras él dice algo, inclina ligeramente la cabeza y parece que le escucha *de verdad* (ocho pasos).

Y la cosa sigue así hasta que han recorrido los pasos suficientes como para que él sienta que ha alcanzado el Punto B, donde será lo bastante osado como para hacer algo más que dedicarse a un flirteo esperanzador. Si usted le ha hecho sentirse bien (es decir, si le ha hecho creer que es divertido e interesante), él recorrerá con mayor rapidez ese trayecto, y por tanto será más probable que dé el primer paso.

Secretos masculinos

Hacerle sentir bien es el principio en el que se fundamentan todos los consejos que le daré sobre cómo conseguir que un hombre la invite a salir.

Obviamente, existe un límite, porque nunca es buena idea abalanzarse sobre un hombre (a menos que usted quiera un revolcón en la paja y nada más, en cuyo caso es muy buena idea), y más adelante le ofreceré unos cuantos ejemplos de cómo evitarlo. Pero por el momento aquí van unos pocos métodos sencillos que pueden usarse en todas partes: un bar, una fiesta, una biblioteca, una tienda de bricolaje, en *cualquier* parte:

1. **Una sonrisa llega muy lejos**. ¿Cuántas chicas que no sonríen invitan a que se les acerquen los chicos que les gustan? Venga, adivine. ¿Alguna idea? Eso es: ninguna.

2. **Dé la sensación de pasárselo bien**. Esto va unido a mi punto anterior. No se limite a sonreír como el Joker sin motivos aparentes (parecería un poco rara), pero asegúrese de dar la impresión de estar alegre, aunque en ese momento esté haciendo algo tan poco motivador como comprar clavos para colgar un cuadro.

3. **Si alguien la mira, devuélvale la mirada y sonría** (ahí está otra vez). No mantenga el contacto visual demasiado tiempo (no le beneficia en nada parecer ida), pero no aparte la vista de inmediato como si la hubieran pillado haciendo algo indebido. Aquí tenemos de nuevo el poder de la sonrisa: si da la impresión de ser una persona feliz y divertida, otras personas (incluso los hombres) querrán estar con usted. ¿A usted le apetece hablar con alguien de aspecto tristón? No, ni a mí.

4. **No dude jamás de que es atractiva**. Nunca. Ésta es otra perla que tiene que recordar en todo momento. No me hace falta verla para saber que es usted mucho más atractiva de lo que piensa. Como cualquier otra mujer del mundo, habrá cosas de su cara o de su cuerpo que no le gustan. Si mi experiencia sirve de algo, usted pensará que esas cosas menoscaban drásticamente su atractivo general. No es así. Fíese de mi palabra.

5. **Tenga confianza en sí misma**. La confianza es algo curioso. Hasta hace poco, yo no comprendía qué era o de dónde venía. Pero ahora sí. La confianza sale de dos sitios: del modo en que usted se ve a sí misma y de la manera en que la ven otros. Y yo he llegado a la siguiente conclusión: si alguien parece tener confianza en sí mismo (sólo parece, no hace falta que sea verdad), los demás le tratan como si la tuviera. Si otras personas la tratan como si tu-

viera confianza en sí misma, eso le inspirará confianza (esta vez, en serio). Por lo tanto, el truco consiste en empezar a *parecer* segura de sí misma, y el resto ya vendrá; otros detectarán esa confianza que tiene en sí misma, y a su vez usted comenzará a verse con otros ojos. Entonces, ¿cómo parecer segura de sí? En pocas palabras: tenga aspecto de estar feliz en el mundo, feliz de ser quien es y de dónde se encuentra. Más tarde, cuando hablemos de las citas, ya diré más cosas al respecto, pero éste es el fundamento: parezca feliz y segura de sí. A los hombres les gusta tratar a las mujeres que se muestran así; los hace sentirse bien. Y si usted los hace sentirse bien, les resulta atractiva.

Pero no le haga sentir *demasiado* bien

Si se esfuerza demasiado en hacerle sentir bien (es decir, si empieza a tratarle como si fuera la respuesta a las oraciones de todas las mujeres), dará la impresión de estar desesperada o de ser fácil. O ambas cosas. A menos que no quiera más que un rollete, de esos que duran una noche o un poco más, no le conviene dar esa impresión. Hágale sentir demasiado bien, y él pensará que es demasiado bueno para usted.

La imagen que quiere dar es como la que imaginó Oscar Wilde cuando dijo: «No digo que debamos portarnos mal, pero sí dar la impresión de que podríamos hacerlo».

Cómo hacerle sentir bien, pero no demasiado

Muéstrese interesada por él pero un poco distante, lo cual quiere decir que no debe iniciar el contacto físico, aparte, quizá, de tocarle el brazo una vez mientras habla con usted. Déjele hacerlo a él. Hable y ría todo lo que quiera, pero reduzca al mínimo el contacto físico.

No tenga miedo de pincharle. Nos encantan las mujeres que bromean con nosotros. Son inteligentes, divertidas y seguras de sí. Y lo que es más importante, la mayoría de los hombres (al menos los que tienen sentido del humor y no se toman demasiado en serio) comprende, intrínsecamente, el valor de las pullas como indicio de afecto. Así es como nos comunicamos con nuestros amigos y les manifestamos que nos importan. Pero no sea desagradable ni cruel, y hable siempre con una sonrisa en la cara.

Si es usted una persona alegre y segura (como debería), puede conseguir gustarle haciendo algo sencillo: sea usted misma. No lo olvide.

Cómo no hacerlo - I

Si ve a un hombre en un bar, traba conversación con él y él la invita a una copa, no le diga: «No quiero una copa, quiero que me beses». Al menos, no si quiere que él la vea como algo más que un ligue temporal.

Esto le pasó a B, y ella resultó ser precisamente un ligue temporal.

Cómo no hacerlo - II

Si ve a un hombre en un bar, traba conversación con él y él la invita a una copa, no le diga: «No te oigo bien, vámonos a mi piso». Al menos, si no quiere que él la vea como algo más que un ligue temporal.

Esto le pasó a B, y sí, era verdad: ella resultó ser un rollete nocturno.

Cómo no hacerlo - III

Si ve a un hombre en un bar, traba conversación con él y él la invita a una copa, no le diga: «No me apetece tomar nada. Me apetece irme a casa contigo». Al menos, si no quiere que él la vea como algo más que un ligue temporal.

Esto le pasó a B, y ¿se imagina lo que viene ahora? Pues eso: ella resultó ser un rollete nocturno.

DESCARGO DE RESPONSABILIDAD:
Es posible que esas tres mujeres no quisieran nada más que un rollo rá-
pido, en cuyo caso ¡bien por ellas! Sus tácticas funcionaron a la perfec-
ción, y respeto su actitud arrojada. Simplemente uso sus palabras como
ilustraciones de lo que no hay que decir a un hombre si quiere algo más
que un amorío pasajero.

Cuándo, cómo y por qué debe pedirle salir a un hombre

Es posible que, aunque siga todos mis consejos sobre los hombres y el flirteo, el tipo que le gusta no le pida para salir. En este caso, y suponiendo que él no tenga esposa o pareja, su reticencia se debe, casi con total seguridad, a una timidez crónica o a una falta transitoria de confianza. En estas circunstancias, usted no debería tener miedo de dar un primer paso poco sutil.

Sí, eso es: debería pedírselo *usted*.

Ya la oigo decir: «Es que a los hombres no les gusta eso». Ser la presa en vez del cazador lastima sus diminutos y frágiles egos.

Craso error.

De hecho, son pocos los hombres a quienes no les gusta que les pidan para salir, e incluso en esos casos es cierto sólo en ocasiones.

Y cuando se hace bien, pedirle relaciones a un tío a quien usted le gusta pero que no ha dado el primer paso nunca es mala idea.

Entonces, ¿cómo se hace bien? Antes que nada, debe tener en cuenta que ver a una chica persiguiendo desesperada a un hombre no resulta atractivo, de modo que debe hacerlo con la mayor sutileza que pueda, sin intimidarle. El paso más básico en la escala destinada a generar presión para la primera cita consiste, sencillamente, en sugerirle ir a tomar algo. Eso es todo, echar un trago. Ni cenas, ni teatros, ni el circo, ni una escapada de un día a París. Tomar algo.

Es mejor sugerirlo de la forma más neutra que pueda. Basta con un *e-mail* o un SMS que diga: «¿Qué tal si tomamos algo el [insertar día de la semana]?» Por cierto, debe especificar siempre un día y un lugar, incluso aunque acaben yendo a otro, porque a estas alturas quiere dejar en manos de él cuantas menos decisiones, mejor. Y, después de todo, a los hombres en realidad no les importa adónde van en una primera cita.

Una vez que él haya aceptado, considere la fecha como cualquier otra, pero teniendo en mente una cosa: si tiene una cita con un tipo a quien se lo ha pedido, tenga un cuidado especial en no acostarse con él con demasiada rapidez. Al pedirle para salir ya le ha dicho que le interesa, de modo que no se apresure a llevar las cosas más lejos: no tiene por qué ponérselo demasiado fácil.

Una cosa más: aunque hayan conversado, por ejemplo, sobre una película nueva que los dos quieren ver o algún otro acontecimiento/actividad cultural que les llama la atención, y eso los haya llevado a pensar que un viajecito al cine/la galería de arte/el teatro/el espectáculo canino podría ser una alternativa útil a mi escenario «sólo una copa», no lo sugiera. Esos otros tipos de excursión tienen la palabra «amigos» sobreimpresa. Sin duda mi plan de «tomemos algo» es modesto, pero también es, clarísimamente, una cita. Recuerde que quiere enviar un mensaje, y ser sutil con los hombres no es buena idea.

Los hombres a quienes no les gusta que les pidan para salir

Por lo general, los hombres a quienes no les gusta esto son inmaduros, inseguros. Como yo cuando tenía 16 años, por ejemplo, y una chica a la que apenas conocía me telefoneó y me preguntó si quería ir al cine con ella. Con esa edad me entró el pánico, porque eso no era lo que se *suponía* que hacían las chicas, y le dije que no. Si me hubiera hecho la misma invitación diez años después, en lugar de sentirme confuso la hubiera respetado y, casi con total seguridad, hubiera dicho que sí, ya que creo que el hecho de que una chica le proponga algo así a un tío es estupendo.

Resumiendo: cuando tenía 16 años yo era inmaduro e inseguro, pero diez años después, no. Por tanto, esto significa que pedirle a un hombre una cita le ayudará a separar a los chicos inmaduros e inseguros de los tipos creciditos.

Los riesgos

Para explicarle los riesgos asociados con pedir una cita a un hombre, la pongo en manos de B, que le dirá lo siguiente: «Me encanta cuando una chica me pide una cita, porque me lo pone en bandeja. Nunca le faltaría al respeto a una mujer que me pidiera salir, pero me inclinaría más por pensar que no le interesa nada serio. Lógicamente, eso me conviene».

Así que éste es el riesgo: algunos hombres (no todos) pensarán que es usted un blanco seguro. La respuesta a esto es, como ya dije antes, que si quiere que la cita se convierta en algo más que un rollete tenga un cuidado especial con la rapidez con la que sucedan las cosas.

Cómo tener un aspecto imponente aunque se la coman los nervios

Volvamos a hablar de la confianza en una misma. Consulte el punto 4 de la página 59. Las palabras que dicen: «No dude jamás de que es atractiva. Nunca».

Ésta es la clave. Lamentablemente, no puedo obligarla a hacerlo.

La confianza y el hombre que acaba de quedarse sin pareja

Mientras estaba con la Novia Y, me invitaron a una fiesta de entrega de premios de la moda (la invitación vino gracias a un compañero de trabajo; en aquella época, como ahora, yo no tenía ni idea de moda). La que entonces era mi pareja no podía venir, de modo que invité a un amigo que hacía poco había roto con su novia. Su relación fue malísima en muchos aspectos desagradables, y tuvo el resultado de que mi amigo, un buen tipo, honrado, acabó sintiéndose emocionalmente vapuleado y herido; así que pensé que llevarlo a aquella fiesta le levantaría el ánimo. Como poco, pasaríamos la noche tomando copas que pagarían otros.

La velada consistía en una ceremonia de entrega de premios seguida de horas y horas de bebida y música en un enorme almacén reconvertido: un local muy de moda. Llegamos unos minutos antes de que empezaran a dar los premios, y de inmediato nos enfrentamos a la decisión de ver cómo un montón de personas de las que nunca habíamos oído hablar recibían premios por cosas que no entendíamos ni nos importaban (mi amigo tampoco conocía el mundillo de la moda), o ponernos cómodos en la barra libre de la sala principal de la fiesta, que estaba al lado.

No fue una decisión complicada.

Pasamos la hora siguiente tomando copas y esperando a que acabase la ceremonia. Al final los demás invitados comenzaron a entrar en la sala en grupitos. Como era una fiesta de la moda, había muchísimas mujeres atractivas por allí, de modo que nos sentíamos bien charlando y admirando la panorámica femenina que nos rodeaba, todas ellas con un aspecto cuidadísimo y bien perfumadas.

Pero después de unos cuantos minutos de mirar a nuestro alrededor, acudió a mi mente una idea desagradable: éramos los hombres menos a la moda de toda la fiesta. Empecé a sentirme un poco avergonzado. Poco después nos dimos cuenta de que la gente nos miraba de reojo, y empecé a sentirme realmente molesto.

Pensé que quizá, después de todo, no había sido una idea tan brillante, porque en medio de una multitud de varios cientos de personas nos sentíamos como peces fuera del agua. Nos resultó imposible mezclarnos con los tipos que iban a la moda que, además de ir vestidos de una forma distinta a nosotros, parecían todos delgadísimos y más bajos; a diferencia de nosotros dos, que somos muy altos y físicamente más sólidos que elegantes. Temí que haber llevado a mi amigo a esa fiesta iba a hacerle más mal que bien.

Entonces comenzaron a pasar cosas raras. Primero, un par de chicas nos pidieron que bailásemos con ellas. Lo dejamos pasar como una ocurrencia extravagante.

Poco después, llegaron otras dos a decirnos «hola» y empezaron a charlar con nosotros. Después de que se fueran al bar, aparecieron otras tres. Luego, otra que iba por su cuenta.

Hizo falta que viniera una mujer y nos pidiera que dejásemos de torturar a todas las chicas de la fiesta y bailáramos con alguna para que nos diésemos cuenta de lo que pasaba: éramos los únicos tíos normales, no víctimas de la moda, en aquel lugar, y destacábamos a rabiar. En aquel entorno, una fiesta donde todo el mundo había hecho el esfuerzo de estar guapo y quería pasárselo bien, el efecto fue espectacular. Durante las horas siguientes disfrutamos del nivel más extraordinario imaginable de atención femenina que he visto en mi vida, y que, me imagino, veré jamás. Perdí la cuenta del número de mujeres que se acercaron a nosotros. Hubo una que incluso se me aproximó y me dijo: «Me voy a casa dentro de diez minutos, y quiero que te vengas conmigo», mientras mi amigo recibía todo tipo de proposiciones indecentes (más que yo, siento decirlo).

Mi amigo decidió pronto no aceptar ninguna de aquellas ofertas (su primera invitación «Vente a casa conmigo» llegó a las once de la noche, cuando sólo llevábamos una hora en la fiesta), porque parecía vergonzoso terminar rápido con aquella experiencia única. Esto nos llevó a disfrutar de una noche que ninguno de los dos olvidará.

La hora de cierre eran las cinco de la mañana, y nos quedamos hasta el amargo final; pasamos la última hora bailando en medio de un grupo de mujeres variopinto. Soy un bailarín espantoso (en serio, lo soy, no voy de modesto), pero aquellas mujeres reaccionaron como si acabaran de soltarlas de un penal femenino y, de repente, tuvieran a un par de Justin Timberlake moviéndose entre ellas.

A las cinco de la mañana nos dirigimos, dando tumbos, al chiringuito de los *bagels* de Brick Lane, riéndonos a carcajadas y bastante incapaces de creernos lo que acababa de pasarnos. ¡Vaya noche! ¡Vaya noche brillante, mágica!

Por lo que respecta a mi intención de animar a mi amigo, funcionó a las mil maravillas. Después de la fiesta él iba como pisando nubes, en especial porque llevaba en la cartera unas quince tarjetas personales de diversas mujeres. No creo que jamás llamase a ninguna de ellas, pero eso daba igual. La noche había cumplido su propósito: volvía a sentirse atractivo.

Después de varios años, seguimos riéndonos al recordar aquella noche. Y teníamos razón en algo: desde entonces no ha vuelto a sucedernos nada igual. Aquella noche fue irrepetible, una en la que las estrellas se alinearon a nuestro favor durante una velada única, de esas que no volveremos a ver.

¿Y sabe una cosa? Me da igual que fuera una ocasión única. Aquellos días en que iba «de caza» no me importan, y mientras disponga de mis recuerdos, soy feliz. A diferencia de B, que casi explota de rabia cuando le dije lo que se había perdido.

Los momentos de calma: la temporada de sequía

¡Ay, sí, la confianza! Éste es el principio de uno de los periodos de mi vida en que más malparado quedó mi ego. Aquel en el que mi confianza en mí mismo desapareció casi por completo.

Unos nueve meses después de quedarme sin pareja, pasé una temporada lenta en lo tocante a las citas. Digo lenta y no inexistente, porque en aquel momento no me importaba no salir con chicas, de modo que la ausencia de acción no me preocupaba. Estar solo estaba bien: era mi elección.

Al menos lo era en aquel momento. Poco imaginaba que estaba siendo testigo del preludio de la peor pesadilla de un desparejado: una época de sequía. Un mes después la situación seguía empeorando. Durante semanas y semanas no recibí ni siquiera un beso en la mejilla. Pero había una luz al final del túnel: iba a asistir a una boda.

Las bodas se supone que son un terreno fértil de caza para los solteros. Todas esas emociones, ese alcohol y aquellos invitados vestidos tan elegantes debían combinarse, al menos en teoría, para elaborar un cóctel poderoso de impulsos románticos.

Así que esperaba grandes cosas de aquella ocasión. Era una preciosa boda invernal, y el día era magnífico; un lugar encantador a las afueras de Londres, una pareja realmente feliz, montones de amigos, y el tono quedó establecido por el baile inaugural más divertido que he visto en mi vida: un número de baile deliberadamente hortera y perfectamente coreografiado con la música de «All Night Long», de Lionel Richie: realmente mágico. Además, el alcohol empezó a fluir sobre las tres de la tarde, de modo que hubo mucho tiempo para que la gente se animase.

Pero había un problema: no había chicas sin pareja, de modo que todo el romanticismo que flotaba en el aire se echó a perder. Al menos, para mí.

Durante el almuerzo, las dos mujeres que yo tenía al lado tenían a sus parejas al otro lado de la mesa, un marido a mi izquierda y una novia a mi derecha. La pareja prometida acababa de reunirse después de varias semanas de estar alejados, de modo que, como es lógico, poco les interesaba más que darse besos, lo cual no me resultaba deprimente. Ni lo más mínimo. De verdad que no.

Vale, cierto, quería tirarles una bebida por encima. Pero conseguí controlarme.

Afortunadamente, la mujer que tenía a mi izquierda era una compañía estupenda, y charlamos sobre montones de cosas distintas, incluso del hecho de que su marido había ido al mismo colegio que yo. O al menos hablamos hasta que mis amigos, sentados a la mesa de al lado (una mesa de cinco parejas, por cierto), me vieron charlando con ella y llegaron a la conclusión tremendamente errónea de que ella estaba sin pareja y era la destinataria de una ofensiva de encanto por mi parte.

Entonces hicieron lo que debería hacer cualquier grupo de amigos comprensivos, amables y serviciales (y seguramente lo que yo habría hecho en sus circunstancias): empezaron a interrumpirnos con comentarios impertinentes.

—Humf, ¿vas ganando? —gritó varias veces mi amigo Josh.

No, Josh, pensé para mí. No voy ganando. De hecho, ni siquiera participo en el juego. Y aún quedaba lo peor por venir.

—¿Ya ha empezado a hablarte en francés? —aulló Nick.

No, tampoco había hecho eso, en especial porque resultaba que ella era francesa (hablo francés, pero no como un nativo, de modo que no la hubiera impresionado). Y no olvidemos que, después de todo, ella estaba casada. Al final le pedí que levantase la mano izquierda para hacerlos callar.

Aunque mis amigos fueron un incordio, fue un día estupendo. Y descubrí algo positivo en la irritación de estar sin pareja en aquella boda: era mucho más feliz solo que como parte de una de esas parejas que no oyen otra cosa durante todo el día que «Y vosotros, ¿cuándo os animáis?»

En aquella boda mi punto de vista era sencillo: no me presionéis a cada segundo.

Pero en aquella boda no conocí a nadie con quien quisiera casarme.

Secretos masculinos

En la fase del «encuentro», los hombres sin pareja no somos complicados, porque nuestra confianza no es siempre sólida al cien por cien. Si consiguen que nos sintamos bien, tendrán ganada la mitad de la batalla.

El arte del (mal) flirteo femenino

Hemos dejado claro que las mujeres pueden flirtear tanto que desaniman a los hombres. También pueden quedarse cortas, lo cual significa no hacer lo suficiente para que el hombre pase del Punto A al Punto B.

Por ejemplo, conocí a una chica en la universidad en la que pensaba mucho. Era divertida, nos reíamos mucho y éramos grandes amigos. Estudiábamos juntos y salíamos por ahí, a pesar de que teníamos muy pocos amigos en común (al ser una chica londinense, ella era mucho, mucho más guay que yo, un chaval de la tranquila y pequeña Cambridge).

También era atractiva, pero nunca me planteé pensar en ella de esa manera, porque no sólo era mucho más guay que yo, sino que sabía que sólo salía con chicos negros. Poco después de conocernos descubrí que su gusto por los hombres era inamovible, y pensé: «Una lástima para mí»; pero desde aquel momento para mí sólo fue una amiga. En mi cabeza, la idea de estar con ella en el plano romántico era inviable, de modo que nunca pensé en el tema, ni tampoco me molestaba, porque sabía prácticamente desde el primer día que no iba a pasar nada. Pensé que ni Brad Pitt hubiera tenido oportunidades con ella.

Al final empezamos a pasar menos tiempo juntos, y cuando salimos de la universidad, perdimos el contacto. Unos años después me encontré con una amiga suya a la que hacía muchísimo tiempo que no veía. Le pregunté por mi vieja amiga, y la chica me contó las noticias. Entonces dijo:

—Es una pena que nunca salierais los dos.

Me eché a reír y le dije algo así como que no había ninguna opción, dado que yo no era su tipo.

La chica se me quedó mirando.

—¿Qué quieres decir con que no eras su tipo? A ella le gustabas un montón. ¿Por qué piensas que no dejaba de ir a verte?

Aquello fue toda una sorpresa. Sinceramente, no tenía ni idea de que ella estuviera ni remotamente interesada en mí como algo más que un colega. Ni idea. Después de todo, yo no era ni guay ni negro.

Hay dos maneras de ver esto: o bien a) es una pena que no pasara nada porque nos llevábamos tan bien y, por tanto, una relación podría haber sido estupenda; o b) da lo mismo que ella se interesara por mí, porque es evidente que yo no sentía lo mismo. Independientemente de cuál fuera su «tipo», yo hubiera sabido si sentía algo por ella (que hubiera actuado basándome en ese conocimiento ya es otra historia).

Por la ley de las probabilidades y sabiendo cómo era yo en aquel entonces (aún era un crío en muchos sentidos), seguramente la opción correcta es la *b)*, y yo no estaba lo bastante interesado en ella. Pero la lección es la siguiente: si realmente a ella yo le gustaba como algo más que un amigo, ¿no hubiera sido mejor para todos los involucrados que yo lo hubiera sabido? Si realmente yo le interesaba, ella habría descubierto sin lugar a dudas si a mí también me gustaba. Si era así, magnífico, y si no, ya podía olvidarse de mí.

¿Recuerda que antes dije que las mujeres deben llevar de la mano a los hombres que les gustan hasta un estado mental en el que tengan la confianza suficiente como para dar un paso? Vale, pues éste es un ejemplo de cómo no hacerlo. ¿Fui muy duro con la chica a la que conocí en la universidad? Quizá. La cuestión es que, suponiendo que ella estuviera interesada de verdad en mí, sospecho que padecía la misma dolencia que impide a los hombres pedir una cita a una chica: el miedo al rechazo.

Por fuera, esto es algo que tienen en común hombres y mujeres: yo también me he reprimido para no decir a una chica que me gustaba.

Después de todo, no somos tan distintos.

Cómo un tipo perdió su oportunidad (se quedó atascado en el Punto A)

Tengo una amiga a quien le gustó un hombre durante cosa de un año. Le conocía por motivos laborales, y se veían frecuentemente. Ella pensaba que entre ellos iba creciendo algo, pero él no le decía ni hacía nada.

Una noche él asistió con su nueva novia a una fiesta en la que estaba mi amiga. Como era buena persona, mi amiga le dijo que aquella chica parecía maja, y que había hecho bien. Él le dio las gracias, pero luego hizo una pausa y le dijo algo del estilo de: «Empecé a salir con ella sólo porque me pareció que a ti yo no te interesaba».

Al oír aquello, mi amiga pensó: «¿Y por qué no tuvo un par de pelotas y me lo dijo? ¡Tuvo todo un año! Hasta aquel momento me gustaba. Pero después pensé que era débil y patético, y pasé de él de inmediato».

Seguramente usted piensa: duro, pero justo. Bueno, quizá. Pero a pesar de ello voy a defender al pobre hombre.

Es evidente que mi amiga le gustaba de verdad. Se relacionaba con ella y pasaban mucho tiempo juntos. Seguro que pensó en ella más de lo que ella se imaginaba. Cada vez que estaba con ella, seguro que la imaginaba como su pareja. No quiero decir que se la imaginase desnuda todo el tiempo (sólo parte de éste). Probablemente le pasaban por la cabeza imágenes de los dos haciendo cosas típicas de novios, como pasear por el parque un día soleado o acurrucarse en un sofá. Puede que ella le gustase tanto que él preveía que entre ellos podía desarrollarse algo serio, y en cuanto un hombre empieza a sentir eso transita por territorio peligroso, porque de repente hay mucho en juego. Entonces es cuando puede asaltarle el miedo. Y es ese temor el que, a veces, hace que un tipo se encalle en el Punto A.

Vale, como defensa no es muy buena. He explicado su conducta, pero no puedo defenderla, ni siquiera ante mí mismo. Lo admito: tendría que haber tenido pelotas para expresarle a ella sus sentimientos.

A veces los hombres somos unos inútiles.

Pero ella también lo fue, porque si le hubiera dicho lo que sentía por él, es posible que las cosas hubieran sido diferentes.

Y recuerde: usted está mejor con un hombre encallado en el Punto A y que necesita un empujoncito para dar el paso, que con otro que se pasa la vida en el Punto B, como B.

Cómo B se convirtió en alguien que vive en el Punto B

Cuando B tenía unos 12 años, fue a una discoteca en su escuela. Era una de esas a las que asisten también los padres, y el hermano de B, mucho mayor que él (al menos doce años mayor y que ya ganaba un sueldo), decidió que aquella noche sería decisiva para el desarrollo de su hermanito. B tenía la edad idónea para aprender una lección que nunca olvidaría.

Y así fue, porque aquella noche el hermano de B le contó que cada vez que le pidiera un baile a una chica, él le daría cinco libras. Daba igual que ella le dijese que sí o que no, sólo tenía que pedírselo. Tenga en cuenta que en aquel entonces B tenía 12 años, y eso pasó hará unos veinte años, así que cinco libras era *mucho* dinero. Como era un chaval relativamente listo, B se imaginó muy rápidamente que la vergüenza que supondría que una chica le dijera que no era un precio que valía la pena pagar a cambio de las cinco libras, de modo que se pasó toda la velada pidiendo bailes a una chica tras otra. Por supuesto, algunas dijeron que no. Pero otras accedieron, y al final de la tarde había bailado con un montón de ellas, y se había embolsado una cantidad de dinero casi inimaginable.

La lección era ésta: que te rechacen no es importante. Y el temor de B a que una chica le rechazara se desvaneció para siempre.

Un tío con suerte, vaya que sí.

Las consecuencias, o la cosecha de tempestades

Así B se convirtió en el típico hombre que se pasa toda la vida en el Punto B (por cierto, B se refiere a «Punto B» y a «Bribón»). Es ese tipo de hombre que ve a una chica atractiva, se acerca a ella y le dice: «Bonitos zapatos. ¿Cómo te llamas?» O «Eres guapísima. ¿Quieres tomar algo?»; y si ella no le demuestra el más mínimo interés, le va a dar igual y empezará a buscar a la siguiente fémina desprevenida.

Se lo advierto otra vez: si a un tipo se le ve demasiado suelto y parece tan confiado en sí mismo que roza lo ridículo, es que usted no es especial para él. Usted no es más que otra chica en su punto de mira.

Dónde se encuentran esos hombres

Por todas partes.

Aforismos sobre los hombres

1. Nunca dude de que los hombres la encuentran atractiva.
2. Si quiere que le propongan algo, dé la impresión de ser accesible. Eso significa que sonría.
3. Cuidado con los tipos que parecen demasiado relajados y confiados cuando se acercan a usted.
4. No descarte a aquellos que parecen un poco tímidos y no tan sueltos.
5. Si le gusta alguien, dígaselo. Le irá mucho mejor sabiendo que a él no le interesa que torturándose al ignorar si es así o no.

4

El campo de minas
de la primera cita

- Cómo preparar una primera cita
- Cómo llegar a una primera cita
- De qué hablar en una primera cita
- Cómo acabar una primera cita
- Las citas a ciegas
- Las citas por Internet

Volver a salir con alguien después de romper con la Novia Y era un proyecto inquietante. Habían pasado años desde la última vez que estuve inmerso en unas circunstancias potencialmente románticas con una chica a la que apenas conocía. Por eso las primeras citas que tuve inmediatamente después de quedarme sin pareja fueron con chicas que no eran desconocidas. Aquellos flirteos no acabaron precisamente bien, de modo que durante un tiempo dejé de salir con nadie.

¿Por qué? ¿De qué tenía miedo?

El miedo del hombre sin pareja

Lo que me preocupaba no era la idea de estar con una mujer en un entorno social. Pero la perspectiva de estar a solas con una chica *nueva* en una situación en la que tendríamos que conversar no me llenaba de alegría.

En aquel momento me sentía confuso, y me refugié un poco en mi concha. Al mirar atrás entiendo mucho mejor qué me pasaba por la cabeza. Estaba en aquel periodo de ajuste posterior a una ruptura, ese momento en que uno reconstruye su persona y su vida, y aún no me sentía seguro de si lo estaba haciendo bien ni cuál sería el grado de éxito que tendría mi reconstrucción.

En aquella fase, la idea de que estar sometido al examen de una chica que me contemplase como pareja potencial me daba más miedo que cualquier entrevista de trabajo que recordase. Imaginé cómo se veía mi vida (mi trabajo, mis amigos, incluso mi dormitorio) a través de sus ojos, y en mi mente sólo veía los puntos débiles (poco dinero; bebedores de cerveza con un sentido del humor infantil; un caos absoluto). Eso no me llenaba precisamente de confianza.

Las primeras citas empezaron a parecer una especie de examen o de entrevista laboral. Tenía la cabeza llena de preguntas. ¿Y si no le gustaba? ¿Y si pensaba que mis chistes eran estúpidos e inmaduros en lugar de divertidos y juguetones? ¿Y si consideraba que mi determinación de seguir la carrera de mis sueños en vez de meterme en una empresa y ganar dinero era el resultado de mi negativa empecinada a crecer, en vez de un rasgo de personalidad positivo?

¿Y (aquí viene la buena) si no me encontraba atractivo?

Eso sería un *desastre*.

Por tanto, mi Primera Cita era un momento importante. No habría dónde esconderse. Tendría que enfrentarme a mis miedos. Tendría que empujar hasta lo más hondo mis inseguridades, lejos de los ojos escrutadores de una mujer. Y cuando llegase ese momento, incluso tendría que convencerme de que ella no salía conmigo sólo para reírse un rato.

Vale, ahora ya estoy exagerando. No estaba tan nervioso. Sólo un poco. Y los nervios se debían a que aquella primera cita significaba algo. Si durante los dos meses anteriores hubiera conseguido tres primeras citas semanales, todo hubiera sido genial. Pero aquella cita era un hito, mi *primera* Primera Cita durante años.

¿Y cómo fue?

La verdad es que bien. No hace falta que la aburra con los detalles (fue totalmente anodino: conocí a una chica una noche, acepté su teléfono, y unas semanas después fuimos a tomar unas copas; fin de la historia). Lo único que debe saber es que conseguí no meter la pata, mediante dos técnicas sencillas: formular preguntas y escuchar las respuestas. Habilidades sociales básicas, en realidad. Es curioso cómo, a veces, resultan útiles. Tanto como unas copas de vino.

Pero ésta no es la parte interesante. Lo interesante vino después.

Y es que mi suerte tenía que cambiar tarde o temprano. Y al final (un par de meses después) conseguí que una chica saliera conmigo.

Primero, deje que le cuente el trasfondo.

Sobre gustos no hay nada escrito (en especial sobre el mío)

Cuanto más se prolongaba mi etapa de sequía (no quiero hablar de esos meses, pero sin duda alguna eran una sequía con todas las letras), más se interesaban mis amigos por mi vida amorosa. A esas alturas la pregunta que me hacían con mayor frecuencia era: «¿Qué andas buscando exactamente?» Y yo nunca podía dar una respuesta coherente.

Verá, hay chicos que, una vez tras otra, van a por el mismo tipo de mujer. Da igual que sea el color del pelo, la estatura, la personalidad o incluso el trabajo: a menudo los historiales de citas masculinos siguen un patrón sólido. Y, por supuesto, lo mismo puede decirse de muchas chicas que, repetidamente, se sienten atraídas por el mismo tipo de hombre.

Pero no es mi caso, ni por asomo. No tengo un tipo concreto, y nunca lo he tenido. En teoría, esto es genial, dado que amplía tremendamente la gama de mis posibles objetivos: puedo ir a por cualquier mujer. Sin embargo, la verdad es que causa problemas, porque nunca supe lo que andaba buscando en una novia, exceptuando las cualidades evidentes como: que fuera atractiva, divertida, amable, apasionada (que, dicho sea de paso, es un eufemismo educado por «le gusta el sexo», da igual quién lo diga), inteligente, alegre, que no se tomase demasiado en serio, le encantara la comida y pudiese comprender que mi falta de orden es algo peculiar y no molesta.

Aparte de eso, me costaría concretar algún otro aspecto. ¿Color del pelo? Me da igual. ¿Trabajo? Me es indiferente. ¿Edad? Dentro de lo razonable (es decir, no tan joven como para caer en la inmoralidad ni tan mayor que sus años como madre potencial sean historia), no me preocupa. Entonces, ¿dónde me colocaba eso? ¿Como alguien que tenía mucho donde elegir? No, más bien como un tipo confuso.

La atracción de las alturas

Tengo un amigo, Rob, que mide un metro noventa y seis y que cuando ve una mujer que mide más que él no se puede controlar. De hecho, en cierta ocasión se sintió tan arrebatado de lujuria al ver en un *pub* a una chica que sólo medía dos centímetros menos que él, que la primera frase que le espetó (con el tono con el que un tío diría «Eres la chica más guapa que he visto en mi vida» cuando se dice *de verdad*) fue: «¡Mi madre, eres *inmensa*!»

Como es lógico, ella no se lo tomó como un cumplido, aunque iba destinado a serlo, y lo único que obtuvo él fue un bofetón.

Pero mis gustos son diferentes. Mido un metro noventa y tres, un poco menos que Rob, pero me gusta bastante la sensación que me producen las mujeres que son más bajitas que yo. Me hacen sentir todo un hombre.

Evidentemente, cuando uno puede ponerse recto y aun así estar cara a cara con una mujer, esa sensación desaparece. Como resultado, la mujer más alta con la que he salido jamás medía un metro setenta y ocho (no era alta comparada conmigo), y es posible que mi temporada de sequía hubiera acabado mucho antes si no hubiese estado tan decidido a apegarme a mi forma de hacer las cosas.

El cuasi accidente

Estaba en un club cuando una mujer muy mona de altura media (aunque como yo estaba algo cargado me pareció Holly Willoughby) se me acercó y me dijo: «Hola. Me llamo Annie».

Durante una décima de segundo pensé que me había tocado la lotería: una chica despampanante había dado el primer paso. Pero entonces llegó el revés. «Y ésta es mi amiga, Jo», añadió, volviéndose para presentarme a una segunda chica que tenía detrás, cerniéndose sobre ella al más puro estilo «Mi amiga te ha saludado sólo para presentarnos».

Jo era, en palabras del propio Rob, *inmensa*. Esbelta y guapa también, pero altísima. Debía medir un metro ochenta y ocho centímetros, y con tacones (llevaba tacones, lo comprobé) sus ojos estaban a la misma altura que los míos. Jo podría haber cumplido todas las otras exigencias que se me pudieran ocurrir (divertida, lista, agradable, considera que mi falta de orden es entrañable, etc.), pero hubiera dado lo mismo. Era demasiado alta, y que me hagan sentir pequeño no me resulta sexi.

Y aparte, su amiga también era espectacular y, por muy cruel que suene, fue en ella donde centré todos mis esfuerzos.

Al final dio resultado. En realidad, yo sólo conversaba con Annie, y pronto Jo empezó a hablar con otro. Annie era muy graciosa y dulce, y cuando Jo vino a buscarla porque su grupo ya se iba, le pedí su teléfono. Annie se aseguró de que Jo no estuviera a la vista y entonces me lo dio.

¿Me sentí mal por no haber dado una oportunidad a Jo la Alta? No, entonces no. Pero al final de mi primera y única cita con Annie me di cuenta de que me había equivocado en mi elección.

NOTA 1

Conté esta historia en mi columna, y el efecto fue extraordinario. Me llamaron todo tipo de cosas por cometer el pecado de rechazar a Jo Demasiado Alta. Débil, poca cosa, chauvinista, sexista fueron sólo algunos de los apelativos. Pero ¿es cachondeo o qué? No me gustan las chicas altas, ¿qué problema hay? ¿Eso me convierte en mala persona? No. ¿Alguien me lo puede explicar?

NOTA 2

Sí, resulta que alguien me lo puede explicar. Le enseñé la Nota 1 a mi amiga Lucy, y ella me dijo: «Permite que te ilumine sobre la respuesta tan virulenta a tu rechazo de Jo Demasiado Alta. El sector de hombres para mujeres que pasan de un metro ochenta centímetros es muy reducido. De la misma manera que a ti te hace sentir machote ser más alto que tu chica, las mujeres altas aspiran a estar con alguien más alto que ellas, para sentirse femeninas (lo cual no es fácil si supera en estatura a la mayoría de personas). Las cartas que recibiste eran de mujeres que se frustraron al descubrir que, incluso aunque encuentren a un hombre muy alto y atractivo (infrecuentes), seguirán sin tener casi ninguna posibilidad frente a las mujeres "normales". Lo que estás diciendo, en la práctica, es que esas mujeres están jodidas del todo. Lo sé porque tengo una amiga que mide más de un metro ochenta, y "alto" es el adjetivo que encabeza su lista de requisitos, y porque incluso a mí, que mido un miserable metro setenta y tres, me cuesta encontrar a hombres que me gusten y que sean bastante más altos que yo. Ahora mismo salgo con alguien que mide dos centímetros más que yo, pero si hubiera algo que pudiera cambiar de él... sí, lo has adivinado».

Ahora todas esas respuestas tienen sentido. Si yo fuera una chica alta, tampoco me hubiera gustado, así que ya he aprendido la lección. Y, por si sirve de algo, conozco a un tío que mide un metro ochenta y ocho, y está casado con una mujer que mide uno ochenta y seis, sólo dos centímetros más baja (o menos alta) que él. Así que, Lucy, no todo está perdido. El mero hecho de que a mí no me vayan las altas no quiere decir que muchos otros hombres no las encuentren irresistibles.

Annie, la Vigilante de Facebook, o por qué debe usted tomárselo con calma

Llamé a Annie un par de días después y le pregunté si quería que nos viéramos para tomar algo. Dijo que sí. Un par de días más tarde estábamos sentados en un bar de Covent Garden trasegando cócteles.

No era tan mona como yo recordaba (en realidad, la única que se parece a Holly Willoughby es Holly Willoughby), pero era graciosa, y todas las señales eran positivas. Entonces empezamos a hablar de Facebook, y ahí es cuando se abrió la caja de Pandora.

Rebobinemos a un par de días después de que le pidiera una cita, pero antes de nuestra primera cita, y Annie me siguió la pista en la Red y me mandó un zumbido. Fue un gesto de puro flirteo que me hizo sonreír. Unas cuantas horas después le devolví el zumbido, y eso fue todo.

O, al menos, yo pensé que era todo.

Cuando mencioné Facebook, me espetó una crítica alarmantemente detallada de lo que decía mi perfil sobre mi persona, incluyendo sus pensamientos sobre todas las fotos que están en mi página y, lo peor de todo, un análisis de cómo era que teníamos conocidos en común. «¿Cómo le conociste? —farfulló—. A ella la conocí aquí. ¿Y a él? Solía salir con mi mejor amiga. Ese otro es amigo de mi primo. ¡Qué curioso!»

Eeeh... no tanto.

En realidad, cuando uno trabaja en los medios de comunicación y es mayor de 21 años (Annie tenía 28), Londres no es un lugar tan grande, así que aquellos comentarios resultaban un poco inquietantes.

Antes yo había salido con chicas a las que conocía por medio de amigos comunes, y en aquellas circunstancias uno acepta que existe un tejido social común entre los dos. Pero cuando se trató de alguien que yo pensaba que era una perfecta desconocida, de repente descubrir que sabía mucho más de mí de lo que imaginaba me hizo sentir como si me estuviera invadiendo. Perdí rápidamente el interés por ella. En un par de minutos, más o menos. Hablando con franqueza, pensé que era un poco rara.

Ahora que ha llegado Facebook, su vida privada realmente ya no lo es tanto si alguien puede saber tanto de usted tan fácilmente. Tenga en cuenta que esto sucedió hace un par de años, durante la primera fase de Facebook, cuando nadie reflexionaba mucho sobre qué significaba o cómo utilizarlo dentro del contexto de las citas. Para mí, ése fue un momento decisivo, y a partir de entonces tuve otro concepto de Facebook.

El rey de los locos

Hay dos cosas que debe recordar sobre la conducta alocada, que son ciertas tanto si quien la manifiesta es hombre como si es mujer. Primero, si uno está borracho no cuenta; y segundo, por extrema que sea la locura más gorda que haya hecho en su vida, siempre habrá alguien que haya hecho otra todavía peor.

Por ejemplo, una chica con la que salió un amigo mío anónimo. Esto fue lo que pasó:

«Durante unas semanas estuve saliendo con una chica muy nerviosa. Era lo que yo llamaría extravagante o bohemia, y eso me gustaba. Entonces me di cuenta de que iba más allá de ser extravagante o bohemia: estaba mal de la cabeza.

»¿Cuándo me di cuenta? Pudo ser cuando a ella se le metió en la cabeza la idea de que yo estaba perdiendo interés por ella (no lo había hecho hasta...), y empezó a robar pequeños objetos esenciales de mi piso cada vez que venía. Cuando se iba, me daba cuenta de que había desaparecido mi bono de temporada del tren. Luego fue mi pasaporte. La vez siguiente, todos los cuchillos y tenedores. Luego mis zapatos del trabajo. La cámara de fotos, el libro que estaba leyendo en ese momento, los calcetines, la tetera.

»Cada vez que pasaba algo así la llamaba por teléfono y le preguntaba: "Oye, ¿tú... te has llevado todos mis cuchillos/mi pasaporte/lo que sea cuando has estado antes?", y ella profería una risotada forzada, y lo negaba todo. Le dije que ya sabía que lo tenía ella. Entonces ella (sí, hacía siempre lo mismo) soltaba una carcajada forzada, y decía: "¡Madre mía, se me debe haber caído en el bolso!" o "Lo siento, pensaba que era el mío".

»Un día la pillé escondiendo la tetera en el bolso, y ella se vino abajo y me dijo que ya sabía que yo planeaba dejarla, y que robar aquellos objetos tan esenciales era la única manera de estar segura de que volvería a llamarla.

»Entonces sí que me enfrié, ¡vaya si no! Unas semanas después, salí de casa por la mañana y vi que había un papel que se agitaba pegado a la puerta de mi vecino. Y a la del vecino de mi vecino. Y a la del vecino del vecino de mi vecino. De hecho, había carteles en todas las puertas de mi calle, hablo de sesenta casas o más, folios escritos a mano que me acusaban de ser un mal nacido. Con la letra de ella. Cubiertos de estrellas y lunas dibujadas con rotulador plateado.

»Al día siguiente me llamó para preguntarme si quería irme de vacaciones con ella.»

Este tipo de locura supera todo lo imaginable. Lo sé porque consulté con varios amigos para ver si alguien podía superar esa historia. No pudieron, pero sí me dieron ejemplos de locura más que tolerables. Éstas son las cinco finalistas ligeramente piradas:

1. La chica que acusó a su novio de mantener una relación incestuosa con su hermana porque ésta le llamaba «cariñito». El hecho de que la hermana llamase así a todo el mundo, *incluso a la novia*, no importaba.

2. La chica que telefoneó a los padres del chico con el que salía hacía dos semanas para decirles que pensaba que su hijo había fallecido en un accidente de coche porque no había sabido nada de él desde que se fue a jugar al golf... dos horas antes.

3. La chica que insistía en que el chico que salía con ella inclinara hacia abajo la cabeza al hablarle porque ella no quería verle las ventanillas de la nariz... tenía fobia a las narinas.

4. La chica que, en la primera cita con un chaval al que apenas conocía, le dijo que había tenido una premonición: ellos dos juntos a los ochenta años.

5. La chica con la que su pareja rompió al cabo de un mes (no se engañaban ni pasaba nada malo, sólo es que no funcionaba), e intentó reconquistarlo dejándole diez latas de sopa de zanahoria en el umbral de su puerta. Él había mencionado que le gustaba la sopa de zanahoria. Una sola vez.

Por último, aquí va un episodio para compensar las cosas: una historia en la que el chico y la chica involucrados acabaron majaras. Reproduzco este relato extraordinario exactamente como me lo contó un amigo, que me habló sobre un amigo suyo:

Mi amigo, llamémosle Joe, es un tío razonable. Es reservado, es una persona normal. Excepto cuando hablamos de mujeres. Toma malas decisiones monumentales en el calor del momento, y la peor de ellas fue la de irse en avión a Canadá, a cinco mil kilómetros, para reunirse con una mujer a la que había conocido dos semanas antes. En Facebook. Y con quien habló por teléfono. Una vez. Doce minutos.

Estaba previsto que pasara dos semanas con ella, en Vancouver. Sin embargo, cuando sólo llevaba tres días, Joe se dio cuenta de que ella no era precisamente la mujer de sus sueños. Cuando se iba a trabajar cada día, lo dejaba encerrado en casa, poniendo el pestillo incluso en las ventanas, no fuera que él intentase «escapar» (en palabras de ella). Entonces le preguntaba cuándo le iba a pedir su mano.

Como no pudo conseguir un vuelo de regreso anticipado, Joe se dispuso a soportar la quincena. Sin embargo, tres días antes de que volviera a su casa, ella se volvió completamente loca cuando él le dijo que no la quería. Después de gritarle como una posesa, literalmente cogió su equipaje y se lo tiró a la calle, negándose a dejarle entrar en casa de nuevo. Ahora, Joe estaba en una situación delicada. Había apurado el crédito de su tarjeta para el viaje de vuelta, de última hora, y había dejado el dinero que le quedaba en su cartera, que seguía dentro de la casa de aquella mujer. Como ella se negaba a cogerle el teléfono, Joe se vio obligado a pagar un taxi que le llevara al aeropuerto y dejarle el móvil como aval. Una vez en el aeropuerto, volvió a intentar hablar con ella. Ella respondió y acudió al aeropuerto. Joe se tranquilizó, pensando que ella habría recuperado la cordura y le dejaría dormir en su casa.

En lugar de eso, llevaba una bolsa en la mano. «Tu ropa sucia», le dijo. Luego se fue.

A pesar de sus ruegos reiterados, la mujer se negó a escuchar a Joe y a ayudarle. Tenía tres dólares para vivir durante tres días, y se compró dos barritas Mars para comer y un paquete de toallitas de bebé, para asearse en los lavabos.

Tres espantosos días después, estaba de vuelta en Londres.

«Es la última vez que cruzo medio mundo por una primera cita», me dijo.

«Lección aprendida».

Caray.

«No es acoso, es investigación»

¿Recuerda que he insistido en que los hombres, en idénticas circunstancias, se portan de maneras diferentes con chicas distintas? Bueno, pues avancemos dos años más en el tiempo y veamos otro ejemplo.

Después de haber salido un tiempo, no mucho, sólo unas pocas semanas, Charlotte me dijo que justo después de conocernos me buscó en Google y metió mi nombre en Facebook y, a diferencia de cómo me sentí con Annie, eso no me molestó en absoluto. Para nada. De hecho, me halagó que quisiera saber más cosas de mí.

Como es natural, le saqué punta al asunto y, en broma, la llamé acosadora (no mencioné que yo había hecho exactamente lo mismo con su nombre), a lo que me respondió: «No es acoso, es investigación». Es un comentario que me parece muy sabio. Por supuesto que uno quiere saber más sobre la persona con la que se cita. Es totalmente natural. Por tanto, lo que ella y yo hicimos fue investigación, no acoso. Eso me vale.

La lección, pues, es que mantenga la investigación encubierta, al menos hasta que haya salido lo suficiente con la persona como para que las revelaciones de este tipo no sean importantes. Haga lo que haga, *ni se le ocurra* hacer lo mismo que Annie, y mencionarlo en la primera cita.

Es entonces cuando una investigación simple e inocente da la impresión de ser acoso.

No sea acosadora. No es de sabios.

Vale, volvamos a mis años de soltero.

Lo interesante del caso

La parte interesante es lo que sucedió después de aquella Primera Cita. Verá, los hombres no siempre están nerviosos antes de una primera cita. En aquella ocasión yo lo estuve, pero a medida que fui practicando, me resultó más fácil. No quiero decir que saliera con cientos de mujeres antes de encontrar la mía. No, después de unas cuantas me di cuenta de lo que era necesario para garantizar que lo pasaría bien. Y era esto: considere la cita como la oportunidad de pasar una tarde divertida, y punto. Nada más.

Esto supone bloquear las dos preguntas básicas en la mente de un hombre durante una primera cita agradable, a saber, si al final la cosa acabará en la cama y si es posible que haya una segunda cita. Yo fui consciente de que, si me gustaba una chica lo bastante como para pasar una tarde con ella (fíjese que he dicho *tarde*, no noche), entonces debería considerarlo justo eso, una tarde con ella, e intentar pasarlo bien sobre ese fundamento limitado.

Todas las experiencias pasadas, buenas y malas, no sirvieron de nada, igual que lo fueron las esperanzas para el futuro. Así, la Primera Cita se convierte en una burbuja autónoma que hay que disfrutar por lo que es, y absolutamente por nada más. No por lo que podría ser o no en un momento ignoto del futuro, sino por lo que es.

Una tarde entretenida.

Si todo fuera bien, entonces podría empezar a pensar en qué podría pasar esa noche, más tarde, o durante la segunda cita. Hasta entonces, concéntrese en lo primero. Obrando así, la presión desapareció, y tuve la libertad de disfrutar de la tarde como un acontecimiento simplemente divertido. No como un proceso o como el principio de algo, sino sólo como un episodio.

El ciclo de emparejamiento masculino

El enfoque que acabo de describir no es el que adoptan todos los hombres que carecen de pareja. Sólo es aplicable a aquellos a quienes no les interesa el compromiso (algo que es posible que ellos mismos no vean). En mi caso, al tratar las citas como episodios aislados en lugar de introducciones a una relación potencial, me aparté de la posibilidad de involucrarme de verdad con nadie. Ahora que disfruto del beneficio de mirar atrás, es evidente que, subconscientemente, estaba levantando barreras. Comparo esas citas con la primera vez que salí con la mujer con la que vivo, y veo que mi forma de pensar era totalmente distinta. En aquel entonces era: «Podría ser divertido durante una tarde o incluso dos». Pero cuando conocí a Charlotte, incluso antes de nuestra primera cita me sentí emocionado y pensé: «Esto puede ser el comienzo de algo serio». No impuse un límite preconcebido a lo que podría suceder entre nosotros.

Hasta que un hombre llega al estadio en que está listo para tener pareja (al que yo llegué con Charlotte), pasa por lo que yo llamo «el Ciclo de Emparejamiento Masculino».

¿Qué es el Ciclo de Emparejamiento Masculino?

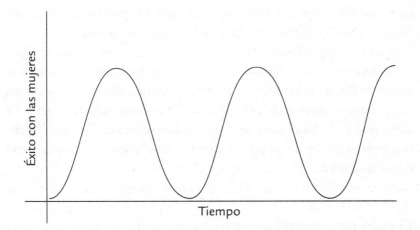

Esta ilustración muestra los altibajos de la vida amorosa de un hombre sin pareja. Los altos es cuando está a tope, atrayendo a las mujeres con facilidad y, por lo general, sintiéndose imparable (esto no quiere decir necesariamente que salga con muchas mujeres, porque eso depende del tío; lo importante es cómo se siente). La abscisa de la gráfica indica los meses que pasa sin tener una cita, ya no digamos relaciones. La vida de un hombre sin pareja sigue más o menos esta pauta, este patrón de subidas y bajadas seguidas de más subidas y bajadas; de ahí que lo llame el Ciclo de Emparejamiento Masculino (supongo que existe otro en versión femenina, que tiene un aspecto notablemente parecido).

Es importante tener en cuenta que cuando un hombre se queda sin pareja, puede unirse a la línea en cualquier punto entre la parte superior y la inferior. El punto exacto depende de cada hombre. Digamos, por ejemplo, que se sube a la línea justo en el centro. No siente mucha confianza en sí mismo, porque ha pasado un tiempo desde la última vez que estuvo sin pareja, pero poco a poco va cogiendo el tranquillo. Recuerda cómo funciona, y se da cuenta de que, ahora que es un poco mayor, jugar es más fácil que antes. Lento pero seguro, cada vez mejora más en las citas, hasta llegar a lo más alto.

Pero al cabo de un tiempo lo más alto aburre. Ya es demasiado fácil. Se da cuenta de que no va buscando nada serio, y se interesa menos en salir con mujeres por el mero hecho de salir, de modo que deja de hacerlo. Se retira y deja de salir con nadie. Durante un tiempo, eso le va bien. Sabe por qué no se relaciona con ninguna mujer (no lo intenta), y se siente un tanto virtuoso porque no se lía con nadie ni se comporta como un chico malo. Se siente civilizado y dueño de la situación.

Esta sensación puede durar unas semanas o unos meses. La primera señal de que se está deteriorando es cuando se dice a sí mismo: «Hace tiempo que...» Al principio pensar en eso le hace reír. Después de todo, dejar de salir con chicas fue decisión suya. Pero a medida que esa vocecita repite el mensaje, sus dudas van aumentando. Los recuerdos de las últimas mujeres con las que se vio se difuminan, y tarde o temprano ya no se siente como el hombre que tenía a las mujeres comiendo de su mano.

Deja de pensar: «No quiero quedar con nadie» y empieza a pensar: «Hace tiempo que no salgo con nadie», antes de graduarse con la frase

«Espero que aún me acuerde de cómo se hace». Al final acaba en el punto más bajo de la curva, un lugar triste y solitario donde un hombre sin pareja se convence de que ya no resulta atractivo, y que probablemente nunca volverá a ligar. En la vida de un hombre, esto no es divertido.

En el caso de algunos hombres, esta sequía no dura mucho tiempo. En el de otros, este periodo tenebroso puede durar para siempre, o unos años, al menos hasta que una mujer muestre interés por ellos (en cuyo caso el individuo se sentirá tan agradecido de que una mujer —cualquier mujer— quiera estar con él que seguramente le propondrá matrimonio a los seis meses de salir, por miedo a que cambie de opinión y le abandone).

Pero para aquellos tíos que consiguen alejarse del punto inferior del ciclo, el impacto es dramático. En cuanto el soltero escapa de esa zona, llega hasta la cumbre. Recupera la confianza con gran rapidez, y allá que se va, saliendo con unas y otras hasta que, unas semanas o unos meses después, decide que se aburre y que mejor lo deja durante un tiempo. Ya se imagina qué pasa luego: la cosa sigue igual hasta que está listo por fin para una Novia Seria, momento que también puede llegar en cualquier punto del ciclo.

Ya le he hablado de mi época en la parte inferior del ciclo, así que volvamos al tema de las primeras citas.

El ritual anterior a la primera cita

El periodo que media entre conocer a un tipo y que él le pida para salir es espantoso. Es una combinación de tierra de nadie, limbo y purgatorio; no es un sitio donde quiera estar nadie. Y usted piensa que un hombre no siente lo mismo, ¿eh? Craso error.

Cuando un hombre conoce a una mujer que le gusta de verdad, quiere saber lo antes posible cuándo volverá a verla. Quiere una cita fijada en la agenda de ella, de modo que sepa que tendrá la oportunidad de hacerse con esa chica antes de que lo haga otro.

Los mensajes previos a la cita y su interpretación

En este punto hablaré brevemente de este tema, porque en el capítulo siguiente ya entraremos en más detalles. Básicamente, así es como funciona: si él le envía un mensaje, contéstele una hora más tarde, y luego más rápido, dependiendo de lo que tarde él en responderle. La regla de oro es no responder nunca con más celeridad que él, pero tampoco pasarse esperando. (¡Odio estos jueguecitos!)

Si no tiene noticias de él y se pregunta si realmente le interesa quedar con usted, o bien concluye que a él no le interesa y sigue con su vida, o le envía un mensaje y si él no le contesta en un par de horas, pase de él. La regla general es que si él no le envía un mensaje, es que usted no le interesa. Si no hace nada por verla, no le interesa.

Cuando conocí a Charlotte, le envié un mensaje al día siguiente, y ni siquiera intenté meterme en ese juego. Mi teoría era que si dos personas se gustan, lo que quieren es saber del otro y verse. Mientras se alcance ese objetivo, da lo mismo quién envíe mensajes a quién. Pero no tarde dos siglos deliberadamente, porque es una estupidez. Dedicarse a ese jueguecito de la demora (a menos que él también lo haga) no es bueno para nadie.

Y recuerde que algunos hombres (sólo unos pocos) se dedicarán también a eso de «no la llames durante tres días después de conocerla», porque no quieren parecer demasiado interesados. Ésta es una situación ligeramente distinta a la de un hombre que no contesta a uno de sus mensajes porque usted no le gusta; pero la conclusión a la que debe llegar sobre él (que usted no le interesa) es la misma. ¿Por qué? El tío de los tres días sigue un conjunto de reglas planificadas de antemano, y los hombres a quienes les gusta una mujer no hacen eso, como ya he explicado. El hombre a quien una chica le gusta de verdad *no puede* hacer eso. Por tanto, si un tipo hace eso, no permita que la afecte. No deje que el plazo de tiempo que tarda en contestarle la haga desearle más (sé que le pasará, pero vale la pena advertirlo). Por lo general, los hombres practican tácticas muy arteras de envío de mensajes con la mujer que es sólo una entre aquellas con las que se cita y/o intenta ligar, y con la mujer en la que no está muy interesado. No lo hacen con las mujeres a quienes quieren ver desesperadamente.

B, el primer ligón

Esto es lo que dice sobre las primeras citas B, ese tipo al que tiene que vigilar: «Cuando uno ha pasado unas cuantas primeras citas y sabe perfectamente que no busca una pareja, la vida se simplifica. Uno entiende cómo comportarse, qué decir, qué callar, qué historias contar, cómo contarlas, dónde ir y demás. Básicamente, desarrolla una estrategia confiable, una rutina. Sí, es cierto que a veces se vuelve aburrido, pero cuando eso sucede, sólo hace falta dejar de salir una o dos semanas. Pero nunca olvidaría mi estrategia».

Los hombres hablan sobre las primeras citas

Mi punto de vista sobre las primeras citas es que nunca deben ser muy complicadas. Por «complicadas» me refiero a que sean difíciles de organizar, caras o muy elaboradas.

¿Por qué?

Sencillo: cuanto más elaborada sea la preparación, más dinero se invierta en la ocasión o cuanto más tiempo se dedique a organizar una serie intrincada de gestos supuestamente «románticos», menos oportunidades tendrán las dos personas que han quedado para comprobar lo bien que se llevan. Y éste es, no lo olvidemos, el objetivo de una primera cita.

Por tanto, desde mi punto de vista, menos es más. Es decir, que las primeras citas no deben ser complicadas.

El problema con los hombres y las primeras citas es que cuando dudamos qué hacer (básicamente, cuando no estamos seguros de si limitarnos a ir a un *pub* o una cafetería la impresionará), optamos por la alternativa más sencilla, que es invertir pasta en el tema. Reservamos mesa en un restaurante caro o hacemos otra cosa que requiera una buena inversión, y que supuestamente impresiona.

Los hombres pueden considerar las primeras citas como, más o menos, una entrevista de trabajo. Como generalmente depende del hombre decidir dónde tendrá lugar esa primera cita, sentimos que nos van a juzgar en función del lugar que elijamos, de la misma manera que durante una entrevista laboral podrían juzgarnos, al menos en parte, por el modo en que nos hayamos vestido.

Pero, en realidad, no es lo mismo.

Yo durante mucho tiempo me gasté bastante dinero en citas (no un montón, porque recuerde que no soy rico). Fue divertido, pero cuando ahora lo pienso, veo que mis prioridades no eran las correctas. La velada debe centrarse en las dos personas que participan en ella, no en el escenario. Los restaurantes caros y los *pubs* de moda no son buenos lugares donde citarse con la chica adecuada. Al cabo de un tiempo me di cuenta de que, mientras vayan a un sitio que no resulte ofensivo para nadie, uno no se puede equivocar. Y si una mujer no está de acuerdo y monta un cirio, pues que lo haga y que se busque a otro pringado con quien salir.

Pregunté a unas cuantas chicas su opinión sobre los tipos que se gastan mucho dinero en las citas. Me contaron varias historias sobre tipos cutres que piensan que, cuanto más dinero se gasten, más derecho tienen de esperar cierto tipo de recompensa sexual al final de la velada. Lo cierto es que, en su mayor parte, a las mujeres con las que hablé no las impresionan los hombres que presumen de dinero. Resulta impersonal, presuntuoso, y parece que inducía a las chicas a pensar qué intentaba ocultar aquel hombre, y eso suponiendo que no pretendiera quitarle la ropa interior a base de dinero o de halagos, en lugar de impresionarla. Querían hombres que tuvieran más cosas para impresionarlas que una simple tarjeta de crédito. ¡Bien por ellas!

En cuanto a pagar a escote, yo no lo hago, al menos en una primera cita. Si un hombre ha invitado a salir a una mujer, debería pagar él. Punto. Unas cuantas citas después es posible que quiera pagar ella, lo cual es estupendo. Y cuando ya haya pasado más tiempo, cuando ya estén metidos en una relación, incluso a veces pueden pagar cada uno lo suyo. Pero ¿en una primera cita? Ni de casualidad.

Sin embargo, eso no quiere decir que no tengan que discutirlo. *Siempre* hay que discutirlo, pero asegúrese de que la discusión sea flojita, porque su propósito es hacerle pensar que usted no esperaba ni daba por hecho que pagase él. Eso no resulta atractivo.

La prueba de que gastar dinero no significa nada

Mi primera cita con Charlotte fue un domingo por la tarde. Era verano, de modo que quedamos en vernos en el parque. Eso fue todo. Un paseo por el parque. Caminamos bajo la luz del sol, nos sentamos a charlar y, cuando el sol empezó a declinar, fuimos a comer una *pizza*. No fue complicado, caro ni difícil, pero sí increíble. Siete meses después vivíamos juntos.

Las primeras citas: conceptos básicos

Hay muchos tipos de primeras citas. Por ejemplo:

a. La cita a ciegas.
b. La cita con una amiga.
c. Una cita tras un primer encuentro, pero antes del primer beso.
d. Una cita después del encuentro, pero después del primer beso (y, seguramente, otras cosas).

Cada una de ellas suscita ciertas preguntas en la mente masculina. Son éstas:

a. Cita a ciegas:
   ¿Ella me gustará?

¿Le gustaré?
¿Se acostará conmigo?

b. Cita con una amiga:
¿Decidirá que podemos ser algo más que amigos?
¿Se acostará conmigo?

c. Una cita tras un primer encuentro, pero antes del primer beso:
¿Le gustaré?
¿Se acostará conmigo?

d. Una cita después del encuentro, pero después del primer beso (y, seguramente, otras cosas):
¿Le gustaré?
¿Se acostará conmigo? (añádase «otra vez» al final, si es pertinente).

Todas estas cosas se pueden gestionar de un modo parecido. Antes que nada, su prioridad debe ser disfrutar de la velada. Intente con todas sus fuerzas no pensar más allá de esa primera velada. Sé que esto le resultará especialmente difícil si se encuadra en la categoría A o la D, pero aun así inténtelo. Es la única manera de librarse de la presión.

No le estoy diciendo que rebaje sus expectativas sobre la cita, sólo que, para pasarlo lo mejor posible, necesita colocar los límites en lugares realistas, es decir, uno en el momento en que se encuentren y otro en el instante en que se vuelva a casa.

Por ejemplo, no empiece a planificar cómo llegar desde su trabajo a casa de él la primera vez que le diga dónde vive (si es que usted aún no lo sabía). Eso supone buscarse problemas. Sé que lo hará de todos modos, pero aun así tengo que decirlo.

Pero hay una sorpresa: los hombres también lo hacen.

Sí, lo ha leído bien. Durante la primera cita, o incluso antes, nosotros también soñamos en cómo podría funcionar una relación potencial. Imaginamos que la chica conoce a nuestros amigos, a nuestra familia, que pasamos fines de semanas juntos. Evidentemente, también pensamos en el aspecto que tendrá desnuda, pero una manera segura de saber si realmente nos gusta esa mujer es no pensar sólo en eso. Y sucede mucho más de lo que nos gusta admitir.

La fecha y la hora

No llegue con antelación, ni tampoco a la hora. Diez minutos de retraso es ideal. Cuando yo estaba solo, solía llegar a las citas con antelación, para sentirme cómodo, saber que dispondríamos de un lugar donde sentarnos y relajarnos.

Pero en mi primera cita con Charlotte llegué tarde. No fue culpa mía, porque los trenes iban con retraso, pero fuera cual fuese la causa, mis normas habituales volvieron a irse al traste. Odio llegar tarde. Lo aborrezco. Así que me sentí fatal y furioso conmigo mismo. Sobre todo cuando ella llegó cinco minutos antes de la hora. Pero al final todo fue bien, lo cual sirve para demostrar que las reglas están hechas para romperlas. Al menos algunas.

La comida durante la primera cita

Durante una primera cita coma lo que quiera. Punto. Verá, a los hombres no nos importa si come en un restaurante. De hecho, nos gusta. Las mujeres que disfrutan de la comida tienden a disfrutar de los otros placeres sensoriales de la vida. Como el sexo.

Nos sentimos incómodos con chicas que piden platos mini. Escuchar a una mujer decir eso de «sin entrantes», «sólo una ensalada», no es atractivo. A los tíos que son normales (por tanto, el tipo de hombres con los que debería salir usted) les resulta un poco raro. No lo entendemos. Así que no lo haga.

Y por favor, *por favor*, POR FAVOR, no sea de esas mujeres que no piden patatas fritas cuando tienen ocasión y luego se las quitan del plato a su acompañante cuando las traen a la mesa. Preferiríamos con mucho PAGARLE OTRO PLATO DE PATATAS FRITAS, AUNQUE LUEGO NO SE LAS COMA. ¿Entendido?

¿De qué hablar?

Voy a ser breve, porque en realidad sólo hay dos cosas en las que debe concentrarse: ser usted misma y pasarlo bien. Desde este punto de vista, a él le gusta que usted sea una compañía agradable, lo cual significa que flirtee un poquito, le tome el pelo amistosamente y sea agradable con él (por ejemplo, dígale que el bar/*pub*/cafetería de cucharas grasientas al que la ha llevado fue una buena elección). La última le hará feliz, y las primeras conseguirán que usted le guste. Y usted quiere gustarle por usted misma, ¿no? Por supuesto que sí. Así que sea usted misma.

Ah, y no use el tema del entorno como excusa para jugar con él, fingiendo que no le gusta el sitio para ver cómo reacciona. No le facilito esta información para que la use mal.

¿Trato hecho?

Vale. Sigamos.

Los hombres y sus amigos

Ahora voy a dejar el tema de las primeras citas para proporcionarle un breve trasfondo sobre cómo interactúan los hombres entre sí. Esta información le ayudará a entender cómo hacer que un hombre se sienta a gusto con usted.

Una de mis veladas favoritas de estos últimos años la pasé con cinco de mis amigos de toda la vida. Son cinco tíos con los que fui al colegio y a los que conozco desde los 13 años: Charlie, Pally, Tom, Ross y Brad. Nos encontramos en un *pub* en el centro de Londres sobre las seis de la tarde, justo después del trabajo, y nos sentamos en círculo, bromeando unos con otros y trasegando cerveza hasta que perdimos la capacidad de mantenernos derechos. Creo que me fui sobre la una de la mañana, pero no puedo estar seguro. Los detalles son intrascendentes.

Las bromas amables se basaron en un montón de cosas distintas: las prendas de vestir absurdas que llegamos a ponernos, nuestra forma de hablar, las chicas a las que hemos conocido (o que no logramos conocer), las noches que salimos y metimos la pata, los días que salimos y también la liamos, el tamaño de nuestras cabezas (grandes o pequeñas, da igual, así tenemos las dos bases cubiertas), el tamaño de nuestras barrigas (que suele ir en aumento), la estatura, la pérdida de cabello..., lo que quiera, todo lo aprovechamos. Esto no tiene nada de brillante o de especial, porque las veladas como la nuestra tienen lugar constantemente por todo el mundo. Los hombres son iguales estén donde estén.

Se supone que los amigos son las personas a las que usted conoce mejor, aquellos que conocen sus lacras y las aceptan. Y los tíos hacen eso, lo que pasa es que también las señalamos repetida e implacablemente durante el resto de nuestras vidas. Visto desde fuera, eso puede parecer desagradable y, posiblemente, aburrido. Pero cuando uno forma parte del círculo mágico, es un lugar cómodo y alegre por una sencilla razón: sólo nos comportamos así con los hombres que conocemos y a los que apreciamos.

Hacer lo mismo con alguien a quien no conocemos no queda bien. Por ejemplo, estaba en un *pub* con dos amigos del colegio y el compañero de trabajo de uno de ellos. Uno de mis amigos se refirió a mí usando un apodo antiguo, como tenía por costumbre. Pocos minutos después, su compañero de trabajo se dirigió a mí usando el mismo apodo. Mis dos amigos le dirigieron lo que hasta el osito Paddington definiría como «una mirada áspera». *Ellos* tenían derecho a usar el apodo porque me conocían de años. Pero ¿aquel tipo? ¿Un tío que me había conocido una hora antes? Ni de coña. El mensaje era: «Un pasito *patrás*, te has pasado de la raya». Y él lo entendió rápido. Era hombre, así que lo pilló.

Como ve, puede que parezcamos desagradables con nuestros amigos, pero somos tan leales como pueda imaginarse.

Pero aun así creo que nuestras amistades son un misterio para las mujeres.

Un ejemplo: hace unos años viví con un viejo amigo de la universidad, Oli. Nos llevábamos bien. De vez en cuando se enfadaba conmigo por lo desordenado que estaba todo, pero nunca llegó la sangre al río, y hoy seguimos siendo grandes amigos. Éramos felices viviendo juntos.

Menciono a Oli porque recuerdo una tarde cuando su novia Nicola vino a casa, y quedaron clarísimas las diferencias entre los dos sexos. Oli y yo habíamos ido a casa cada uno por su cuenta, y estábamos trajinando en la cocina, haciendo la comida y viendo la tele. Es posible que admitiésemos la presencia del otro con algún que otro gruñido o un movimiento de la cabeza cuando encontrábamos un canal que nos gustaba a los dos, pero aparte de esto no abríamos la boca. Nicola no lo entendía. La conmocionó que estuviésemos dispuestos a sentarnos en silencio durante toda la tarde. «¿Por qué no os habláis?», preguntó.

Oli y yo nos miramos y estoy seguro de que, durante un instante, pensamos exactamente lo mismo: lo conozco desde hace más de diez años, de modo que ya hemos hablado muchísimo; ninguno de los dos tiene nada importante o urgente que decir; estoy cansado y en la tele echan algo bueno, de modo que me interesa mucho más verla que preguntarle cómo le ha ido el día, porque si hubiera sucedido algo inusualmente bueno o malo, ya me lo habría dicho.

En pocas palabras, que no teníamos nada que decirnos, de modo que no dijimos nada. Y los dos estábamos la mar de contentos. Creo que Nicola fue dándose cuenta paulatinamente de que, a diferencia de las amistades femeninas, las masculinas no se basan en conocer los detalles ínfimos de la vida de los demás.

¿Son capaces las chicas de pasar tardes así? En función de lo que he visto y oído con el paso de los años, no, no pueden.

La idea es que entiendo que la interacción entre los hombres que son amigos puede parecer extraña. Pero, en realidad, no tiene nada de raro. Nos pinchamos unos a otros porque es divertido, y porque significa que conocemos a nuestros amigos lo suficiente como para fiarnos de que, por su lealtad, aceptarán las bromas como lo que son. Y no sentimos la necesidad de llenar los silencios, porque, bueno, porque en ocasiones nos gusta el silencio. Y eso es todo. No somos extraterrestres.

Dos citas sobre la amistad

Me encantan las citas al azar sobre muchos temas. Lea estas dos citas sobre la amistad, que hicieron dos hombres, y lo entenderá:

> Si me presionas para que te diga por qué lo quería, lo único que puedo decirte es que era porque él era él y yo era yo.
>
> MICHEL DE MONTAIGNE

> Un verdadero amigo te apuñala por delante.
>
> OSCAR WILDE

Una reflexión final sobre la amistad entre los hombres

Hace unos años leí un artículo de una escritora lesbiana estadounidense que durante unos meses se hizo pasar por hombre a modo de investigación para escribir un libro sobre los hombres. Hizo pesas, se cortó el pelo, se añadió vello facial, se comprimió los pechos y se vistió con trajes. Aquella mujer esperaba confirmar sus ideas preconcebidas sobre cómo son los hombres cuando no hay mujeres cerca, a saber: lascivos, groseros, desagradables y no tan amables como las mujeres, ni de lejos.

Pero la cosa no salió del todo así. Los hombres la sorprendieron. De entrada, los hombres a los que conoció (estadounidenses normales, trabajadores) eran muy sinceros los unos con los otros sobre las prendas de vestir. Aparentemente (y sé que esto es así), si una mujer se reúne con sus amigas y lleva un *top* nuevo, muy a menudo aquéllas le dirán que está genial y que el color le sienta de maravilla, por muy hortera que les parezca la prenda y aunque piensen que le sienta como un tiro. Esto es mentir, claramente. Sin embargo, los hombres se comportan de otro modo.

Imagínese la velada que he descrito antes, aquella en la que seis amigos nos sentamos en círculo bebiendo cerveza durante unas horas. Si uno de nosotros se hubiera presentado vestido de una forma insólita (una camisa nueva estrambótica o unos zapatos cantones), que a alguien del grupo le desagradase o, simplemente, detectara como algo nuevo o fuera de lo habitual, de inmediato señalaría la nueva prenda y diría algo como: «¿Qué narices es eso?» Inevitablemente, nos pasaríamos buena parte de la siguiente hora comentando qué decisión tan espantosa fue la de gastarse dinero en algo así. Y lo bueno del caso es que al tío que cometió el «error» de vestirse así no le importaría. De hecho, seguramente en la próxima reunión volvería a ponerse la misma ropa.

A la escritora lesbiana esto le pareció fascinante y bastante agradable. Le gustó la honestidad de los hombres comparada con la seudoaprobación pasivo/agresiva de las mujeres.

Además (y ésta es la parte que realmente la sorprendió), descubrió que los hombres hablaban muy bien de sus esposas o novias. De hecho, eran leales, cariñosos y agradecidos. Encima, eran agradables los unos con los otros. Les interesaba de verdad saber cómo le iba la vida al otro y, ¡oh, sorpresa!, incluso hablaban de sus *sentimientos.*

Cuando acabó su investigación soterrada, los hombres le caían mejor de lo que había esperado.

Así que ahí lo tiene. A una lesbiana le gustaban los hombres que no tienen mujeres cerca, de modo que a usted también deberían gustarle.

Ahora, volvamos a las primeras citas.

Los protocolos de la primera cita

Muy bien, recapitulemos: ¿cómo se prepara una primera cita? Que lo haga el hombre. ¿Por qué? Porque a los hombres les gusta sentir que persiguen algo valioso, y necesitan sentir que hacen un esfuerzo por conseguirlo (recuerde el alce atropellado). Y según lo que he aprendido con el paso de los años, a las mujeres les gusta que las conquisten, de modo que dejar que sea el hombre quien haga los preparativos beneficia a todos.

¿Cómo se llega a una primera cita? Sonriendo.

¿Cuándo llegar? Procure llegar entre cinco y diez minutos tarde.

¿De qué debe hablar en una primera cita? De todo menos de sus ex.

¿Qué debe comer? Lo que le apetezca.

¿Cuánto debe beber? Lo bastante para pasarlo bien, pero sin perder el control.

¿Cómo hay que concluir una primera cita? Eso depende por completo de cómo fuera, pero la opción más sensata es irse cada uno a su casa. Sin embargo, como todos sabemos, eso no pasa siempre, por muy buenas que sean sus intenciones.

Una primera cita fallida

Durante una primera cita es perfectamente natural formular muchas preguntas a la persona con la que está. Lo entiendo. Por supuesto que sí. Sé que por naturaleza las mujeres son criaturas curiosas, y eso me encanta. De hecho, me gusta que me hagan preguntas durante una cita, porque eso demuestra que le intereso a la persona que las formula.

Pero existen límites para lo curiosa que puede ser una chica. Los temas que son claramente explosivos incluyen: cómo rompió su cita con su ex o con cuántas mujeres se ha acostado. Estos temas mejor dejarlos hasta que se conozcan mejor el uno al otro. O, mejor aún, no tocarlos.

Hay otros temas que pueden arruinar una velada aunque a primera vista parezcan inocuos, como descubrí en una primera cita. Me fui de copas con una chica llamada Sam a la que conocí en un bar, después de que un amigo mío se pusiera a charlar con una amiga suya. Desde el principio de la cita me estuvo formulando incontables preguntas. Pasó por algunas bastante inofensivas (comida favorita, de dónde soy, tendencia política, etc.) que eran fáciles de responder, antes de descolocarme con un «¿Cuándo fue la última vez que lloraste?»

A ver: soy un tipo moderno y no me importa mostrar mis emociones, pero aquello me resultó extraño, porque apenas conocía a la chica. Pero seguí el hilo y pensé en las dos veces que había llorado recientemente, que me acordase. La más lejana, y por tanto no era la respuesta sincera para la pregunta de Sam, fue cuando a *Herbie*, nuestro querido

perro, tuvieron que dormirlo para siempre mientras lo tenía en mis brazos. Esa vez vaya si lloré.

A pesar de las ventajas evidentes de contar ese episodio (seguro que
a ella le hubiera inundado el deseo después de haberle revelado mi lado
sensible), conté la verdad a Sam, es decir, que fue durante un partido
de fútbol, dos semanas antes, cuando el Cambridge United, el equipo al
que he apoyado desde que medía medio metro, perdió un partido indescriptiblemente importante frente al Exeter City (no entraré en detalles; sé que no le interesan). Al ser un fan de toda la vida del Cambridge,
aquel partido significó mucho para mí. Sin embargo, para Sam no significaba nada.

En realidad, menos que nada. Porque después de contestar a su pregunta, se me quedó mirando un segundo antes de echarse a reír.

—¡Qué lamentable! —dijo, cuando dejó de reír—. ¡Es patético! —Al
principio pensé que bromeaba, pero luego añadió—: ¿Lo dices en serio? ¡Si es sólo el Cambridge United!

¿Sólo el Cambridge United? ¿En qué puñetas estaba pensando? Las
lesiones emocionales que me causó aquel partido estaban demasiado
recientes como para responderle con educación, de modo que guardé
silencio. Eché un trago largo de cerveza e intenté no perder los nervios.
No funcionó, y la cita fue cuesta abajo desde ese momento. De hecho,
cosa de media hora más tarde yo ya estaba en casa, solo, tras decidir que
no quería volver a verla.

Sé perfectamente que, desde un punto de vista racional, es ridículo
llorar por el fútbol, pero ¿por qué tuvo que reaccionar así? Es evidente
que Sam quería que yo fuese un hombre sensible Nueva Era, en contacto con mis emociones y todo eso, lo cual es estupendo. Pero no tenía
derecho a quejarse si yo me ponía emotivo sobre algo que a ella no le
parecía bien. Si no me avergüenza derramar lágrimas por mi equipo de
fútbol, ella tampoco debería avergonzarse. Un respeto.

Si una chica no entiende de fútbol (sé que algunas no lo entienden,
como mi hermana pequeña), y con «fútbol» me refiero al compromiso
emocional que supone respaldar a un equipo, y no sólo las reglas exter-
nas, ella debería aceptarlo. Eso es todo: simplemente aceptarlo.

No juzgue, acepte.

No critique, acepte.

No cuestione, acepte.

Y se le permite burlarse de vez en cuando, pero sólo con la condición de que primero haya aceptado.

¿Lo ha pillado? Estupendo. Sigamos adelante.

Las citas *online*

Esta sección será breve, porque no he practicado mucho este sistema. En realidad, no lo he hecho nunca. Pero mis amigos sí, y en consecuencia creo que lo entiendo bien.

Entre conocer a un hombre *online* o en persona, aparte de no saber el aspecto que tiene, creo que sólo existe una diferencia importante: el hecho de que *online* usted se comunica con desconocidos y carece de todo contexto.

¿Qué significa esto exactamente?

Bueno, si usted conoce a un tipo en un bar, imaginará ciertas cosas sobre él, incluso aunque no sea consciente de hacerlo. Su subconsciente habrá tenido en cuenta su estatura, si es atractivo o no, si tiene aspecto de sano, cómo la abordó (si es que lo hizo), su ropa, su edad, cómo son sus amigos (si está con alguno) e incluso dónde está usted. Hará hipótesis sobre él sin ni siquiera darse cuenta, y estas hipótesis la inducirán a que le guste o no. Quizás incluso él sea el amigo de un amigo. Su subconsciente hará cálculos a una velocidad tremenda, deduciendo en menos de un abrir y cerrar de ojos qué tipo de persona es probable que sea, basándose en todas las evidencias disponibles, que es mucho más de lo que percibirá su consciencia. Lo único que usted sabe de este proceso es esa corazonada que le dice, casi de inmediato, «¡Oooh! ¡Qué majo!» o «¡Apártate de ese *friki* ya mismo!»

En Internet no hay nada de esto, de modo que toda la información ofrecida o recibida adquiere una importancia desproporcionada, porque eso es literalmente *todo* lo que usted sabe de la persona con quien está en contacto. Por lo tanto, esas cosas pueden sacarse de su contexto.

Esto es algo que mi amigo Greg no logró entender. Greg es muy inteligente. Lo que quiero decir es que tiene un cerebro del tamaño de Rusia. Greg es un tío muy, muy listo. Además, es divertido e interesante. Pero no tiene pareja, motivo por el cual se metió en una web de citas *online* hablando con una mujer sobre un libro que les gustaba a los dos, *Chesil Beach*, de Ian McEwan (una novela sobre los desastrosos intentos de una pareja recién casada por tener relaciones durante su luna de miel). Mientras proseguían con su conversación literaria, Greg dijo que pensaba que en realidad el libro hablaba del abuso infantil, y que el personaje femenino principal reaccionaba ante su marido como lo hacía debido a alguna experiencia traumática que tuvo durante su infancia (es decir, que abusaron de ella). Da la casualidad de que estoy de acuerdo con Greg, y charlamos largo y tendido sobre esto mientras me contaba la historia de su cita *online*.

A él no le costó hablarme de esto, porque me conoce y yo le conozco. Sin embargo, la chica que conversaba con él *online* nunca le había visto en persona, y no sabía nada sobre él. Excepto que lee libros sobre pedofilia.

Un elemento que no es precisamente ideal en un escenario de citas potenciales.

Después de eso su conversación no duró mucho. Pobre Greg, pensé. No llegó ni a la primera cita. Aun así, la lección aprendida fue: no mencione la pederastia cuando charle con una mujer. Usted pensará que esto es evidente para muchos. Pero no para Greg, a pesar de su tremebunda capacidad intelectual. Curioso.

Cuando las primeras citas salen mal (dígase con una voz en *off* de tintes sombríos, como en la tele de Estados Unidos)

Aquí va otra de mis historias sobre primeras citas. Ésta es útil porque demuestra cómo no deben comportarse las mujeres si quieren pasarlo bien y gustar a los hombres, porque para que una primera cita sea un éxito, debe ser divertida. Todo el mundo lo sabe, ¿no?

Pues no. Y así es como lo descubrí:

Cuando el invierno es especialmente frío, febrero es un mes espantoso. Por tanto, haciendo un esfuerzo por disipar la melancolía invernal, empecé a leer un libro magnífico sobre todas las cosas buenas de la vida. Se titulaba *It Is Just You, Everything's Not Shit*, y estaba repleto de cosas sencillas que nos hacen felices, desde tomar el desayuno en la cama hasta la serie *Bagpuss* y la belleza de las nubes blancas sobre un cielo azul. Yo soy de los que ven el vaso medio lleno, y me gusta este tipo de cosas.

El libro me puso de buen humor para una cita invernal con una chica a la que había conocido justo antes de Navidad. Nos conocimos en una fiesta, y parecía divertida.

Pero descubrí que también era un poco quejica.

En cuanto nos sentamos, suspiró y empezó a descargar sobre mí sus cuitas. Hablaba y hablaba, y después de escucharla quejarse por quincuagésima vez sobre el frío que hacía, le mencioné aquel libro para oxigenar un poco la atmósfera. Empecé a hablarle de las nubes, y de cómo apreciar las cosas sencillas puede animarnos.

—Pero si sólo son nubes —me dijo, mirándome como si yo fuera un simplón.

—Ya lo sé —respondí, paciente—. Pero la idea es que, aunque sólo son nubes, son bonitas, y lo único que hay que hacer para disfrutarlas es mirar al cielo. No hay que esforzarse, y son gratis.

Se me quedó mirando con cara de no entenderlo.

—No lo pillo. Sólo son nubes. ¿Qué tienen de especial?

«Si tengo que explicártelo, es que nunca lo entenderás», pensé, y a esas alturas tuve ganas de pedir la cuenta antes de que me arrastrase al abismo con ella.

Pero tenía hambre, y aún no habíamos llegado al primer plato, de modo que seguí insistiendo, esforzándome al máximo para animar la velada. No llegué a ninguna parte.

Ella se lamentaba de todo: del trabajo (demasiadas horas, poco sueldo), la familia (le exigían demasiado tiempo, no le daban el suficiente) y los amigos (muy distantes cuando los necesita, muy exigentes cuando la necesitan; aquí se detecta cierto patrón). A las diez de la noche yo tenía que huir como fuera.

Sabía que, si bebía demasiado, empezaría a ser ofensivo de forma gratuita, de modo que mas   rrr, a la mañana siguiente, una mentira evidente que estoy seguro que ella reconoció como tal, y pagué la cuenta (recuerde que la había invitado yo a salir, de modo que era mi responsabilidad). Una vez fuera, le pedí un taxi y me fui caminando en dirección opuesta.

Lo único que podía pensar era que había desperdiciado una noche. La chica estaba tan lejos de mi frecuencia que era absurdo insistir. No soy precisamente un *hippy* que abraza los árboles, pero si uno no logra apreciar la belleza sencilla del mundo que nos rodea, entonces bajo mi punto de vista es que ha adoptado un enfoque malísimo frente a la vida.

Pero parece que el estado de ánimo quejoso se contagia. Estuve lamentándome de todo durante la vuelta a casa. Estaba demasiado oscuro como para ver ni una sola nube.

Una primera cita patética, deprimente.

Lección: en las primeras citas, sea positiva.

Mi primera cita a ciegas

Unos dos meses después de haber roto con la Novia Y, una amiga me preguntó si quería apuntarme a una cita a ciegas. Mi primera reacción fue decir rotundamente que no. Nunca había ido a una cita a ciegas, y me parecían un mal trago. Además, en aquella época yo era feliz y disfrutaba de mi libertad recién estrenada, quedaba con chicas aquí y allá y, por decirlo de alguna manera, metía el dedito en la zona que no cubre la piscina de las citas.

Lo único que no buscaba en ese momento era una pareja, porque aún tenía frescas en la mente las palabras de Giles, que me dijo que estuviera solo al menos un año.

Así que cuando mi amiga me dijo que quería que yo fuera a esa cita a ciegas con una amiga «realmente guay», le ofrecí una reacción sincera.

—No es una buena idea —le dije—. No quiero ir a una cita a ciegas, y además no quiero novia, porque no llevo mucho tiempo sin pareja, de modo que no tiene sentido que la conozca. No quiero ningún tipo de compromiso. Y a ti no te interesa mandarme a una cita con tu amiga. En estos momentos no soy un caballo ganador.

—Pues eso —me dijo, sin apenas escucharme—. Os lo pasaréis bien.

—Ése es el problema —protesté—. Lo único que quiero es pasarlo bien. No quiero nada serio. No debería enviarse a una chica a una cita a ciegas con un tío que piensa como yo.

Pero ella insistió.

—Ella también acaba de romper con alguien, de modo que estáis en el mismo barco. Pasaron diez años juntos, y no quiere pareja.

—¿Qué? —dije—. Eso significa que es vulnerable. ¿Qué tipo de amiga eres?

—A callar. Tienes que conocerla y punto.

Hice que mi amiga me prometiera que repetiría todas y cada una de las palabras de esa conversación a mi cita a ciegas antes de que ella aceptase quedar conmigo. Mi conciencia no me permitía hacerlo de otra manera. Aparentemente, eso no era un problema, de modo que me puse en contacto con su amiga y quedamos en vernos.

Una breve digresión antes del episodio de la cita

Llegué a la cita con veinte minutos de antelación. Entré en el *pub*, pedí una cerveza y me senté en una mesa con el *Evening Standard* londinense del día. Muy pronto empecé a sentirme de lo más feliz. A ver, ¿con qué frecuencia va un hombre a un *pub* por su cuenta a tomar una caña y a leer tranquilamente un diario o un libro? Nunca. Y es una vergüenza, porque es una manera estupenda de pasar el tiempo.

Tenía la esperanza de que la Chica de la Cita a Ciegas llegase tarde. Lamentablemente, no fue así.

De vuelta a la historia

En cuanto llegó, lo primero que me vino a la cabeza fue ir corriendo a la barra a pedirle una bebida. Bajo el astuto disfraz de la buena educación (pagar la primera ronda), salí corriendo a esconderme.

Y reflexioné sobre si me decepcionaba o no lo que vi.

No finja que eso le sorprende. O que yo le decepciono. Por supuesto que eso fue en lo primero que pensé. En cuanto una cita a ciegas deja de ser invisible, lo primero que un hombre detecta es el aspecto físico. Por cierto, me sorprendería mucho que esto no fuera así con las chicas.

Así que ¿qué pensé?

Lo que quieren decir las chicas cuando dicen «guapa»

Con el paso de los años, ya fuera en una conversación sobre una cita organizada para mí como si no, me he dado cuenta de que las mujeres siempre sobreestiman lo atractivas que son sus amigas. Las chicas consideran «guapa» a otra mujer sólo si ésta carece de defectos físicos destacables. O «guapa de verdad» si está situada en lo que los hombres consideran el escalafón más bajo de la escala del atractivo físico. Cuando evalúan a otras chicas, parece que son incapaces de definir su grado de atractivo. Uso «atractiva» como adjetivo distinto a «guapa».

Aquella chica era atractiva, pero alta y esbelta, lo cual ya he dejado claro que no era mi tipo preferido de mujer. Y no, eso no quiere decir que me gusten las chicas bajas y gordas, sólo que prefiero a las mujeres con curvas. ¿Entendido?

Bueno, el caso es que empezamos a charlar y las cosas, para ser sincero, fueron un poquito tensas. Unas cuantas bebidas mejoraron la situación. No mucho, pero la mejoraron. Al final de la velada nos despedimos con un beso (gracias, alcohol) y cada uno se fue por su lado.

Pero la noche no había acabado, porque a la una de la madrugada recibí un mensaje de la chica donde me decía: «Estoy tan excitada que no puedo dormir».

Mi amiga tenía razón, pensé. La Chica de la Cita a Ciegas sólo quería pasarlo bien un rato. Si pretendiera algo serio, es imposible que me hubiera enviado un mensaje de este tipo, sobre todo si la habían informado sobre mi persona antes de la cita.

Así que ¿cómo fue nuestro rato de diversión?

No fue.

El apagón

En realidad, no volví a verla, porque dos días más tarde me hizo el vacío más absoluto. No entendí por qué hasta que, unos meses después, nuestra amiga común me dijo que, después de nuestra cita, un viejo amigo de la Chica de la Cita a Ciegas le declaró su amor inmortal por ella. Ella le manifestó el suyo y eso fue todo: llevan juntos desde entonces. Y me gusta que así sea, porque me encanta que la gente acabe siendo feliz.

Pero me hizo preguntarme si mi amiga tenía razón cuando dijo que la Chica de la Cita a Ciegas sólo buscaba una relación informal. Quizá llevaba años anhelando en secreto a aquel tío, y a menos que se juntase con él, no quería nada serio. ¿Quién sabe?

Yo, desde luego, no: ¡no volvió a hablarme!

Por último, aquí están mis mejores veinticinco aforismos para las citas

1. No se presente cansada, con resaca o quejumbrosa. Tanto usted como él quieren pasarlo bien.
2. Siéntase con libertad para sugerir un lugar donde quedar; *debería* hacerlo él, pero no es una regla de oro, y si es un tipo no muy seguro de sí mismo agradecerá la sugerencia. La forma de hacerlo es decir algo del estilo de: «Me gustaría ir a ese sitio nuevo...» o «¿Conoces el bar/restaurante xx? Me encanta...» Su entusiasmo ayudará a su amigo a relajarse, porque ya no tendrá

que preocuparse del sitio adonde ir, y usted podrá relajarse también sabiendo que irán a un sitio que le gusta.

3. Antes de acudir a la cita, imagínese pasando un buen rato con él, sintiéndose segura de sí misma y feliz. Los deportistas hacen algo parecido antes de un partido importante: se visualizan haciendo grandes cosas y ganando, lo cual aumenta su confianza en sí mismos. Es un truco útil si es usted nerviosa, y también funciona para las entrevistas de trabajo, etc.

4. Haga el esfuerzo de tener buen aspecto. Esto incluye un maquillaje natural. Demasiado no es bueno.

5. Vístase bien, pero que sean prendas con las que se sienta cómoda. Los *tops* muy escotados no son buena idea. Usted quiere que la mire a la cara, no a su delantera. Y si a él le gusta, es probable que luego no se acuerde de lo que llevaba puesto en su primera cita (lo siento, pero es así), de modo que no importará.

6. Lleve un poco de perfume. Lo suficiente para oler sugerentemente, pero no hasta el punto de que a él le cueste respirar.

7. El momento adecuado para llegar va desde justo a la hora y cinco o diez minutos tarde, pero no se preocupe si llega pronto o tarde. A menos que llegue tarde hasta el ridículo (o sea, media hora o más), no será crucial para su cita.

8. No mastique chicle. No es una adolescente estadounidense.

9. Cuando le vea, dele un beso en la mejilla. Sonría y muéstrese abierta.

10. La forma de decir «hola» debe ser un beso en la mejilla. El principio de una cita es demasiado pronto para un abrazo. Que sea él quien dé ese paso.

11. Si a usted le gusta, mírelo a los ojos al principio de la cita. Esto establece una conexión entre los dos, y echa los cimientos para un poco de flirteo.

12. Si a usted le gusta de verdad, que la mirada a los ojos sea prolongada.

13. Si se pone nerviosa en cualquier momento, céntrese en respirar lenta y profundamente. Eso la calmará sin duda alguna. Pero

asegúrese de ser sutil: que no parezca que padece un ataque de asma.

14. Formule preguntas, pero no muchas (no es un interrogatorio), y hágalas sobre temas que crea que a él no le incomodan. Haga que se sienta relajado y cómodo, y a medida que avance la cita verá cómo sale lo mejor de él.

15. Escuche lo que le diga. A usted le gusta que la escuchen, ¿no? Haga lo mismo por él.

16. No tenga miedo de hacer bromas. No estoy hablando de coquetear (excepto para citas posteriores). No, quiero decir que le tome el pelo con cariño. A los hombres eso nos divierte, y nos gustan las mujeres que lo hacen. Una vez dicho esto, los temas que hay que eludir incluyen el cabello de él (si lo está perdiendo), su peso (si está aumentando), su cuenta bancaria (a menos que él hable del tema) y su madre (evítelo *siempre*).

17. Sea positiva y feliz respecto a la vida. No tiene que insistir en que todo lo que hay en su mundo es perfecto (nadie tiene una vida así), pero no se pase todo el rato quejándose del trabajo, del transporte público, del clima, etc.

18. No se jacte de lo increíble que es usted ni sea muy agresiva. Es una cita, no una competición.

19. Beber alcohol para infundirse valor antes de la cita no es una buena idea. En general, los hombres aguantan mejor el alcohol que las mujeres, de modo que si ya se ha tomado algo, puede encontrarse con algún problema a lo largo de la cita. Lo cual nos lleva a...

20. No beba demasiado durante la cita. Los motivos son evidentes.

21. Coma. Y no sólo por lo que decíamos en el consejo anterior. Comer es bueno. No comer es malo, perjudica tanto a su salud como la impresión que intenta dar. Las chicas que no comen no son sexis.

22. No hable de sus ex ni pregunte por las de él. En la primera cita usted empieza a preparar la hoguera del romance entre los dos, y en este momento (cuando comienzan a prender las primeras

chispas), hablar de los y las ex aniquilará esa llama como un cubo de agua fría.

23. Si le gusta y le apetece, bésele para despedirse. Pero si le gusta, no vaya más lejos. No se vaya a casa con él. Repito: SI LE GUSTA ESE HOMBRE, NO SE VAYA A CASA CON ÉL DESPUÉS DE LA PRIMERA CITA.

24. Déjele con ganas de más. Si es tarde y se lo están pasando muy bien, no tenga miedo de acabar la cita justo ahora. Es hora de irse a casa, por muy bien que lo estén pasando, y si usted quiere verlo de nuevo, dejarle con ganas de más aumenta las probabilidades de que la llame.

25. No piense en la segunda cita hasta que haya vuelto a casa después de la primera. Siga mis consejos y tendrá las mayores oportunidades de obtener una segunda cita. Preocuparse por ella cuando aún no ha acabado la primera la hace estar tensa y evita que lo pase bien, de modo que no ofrece su mejor imagen.

NOTA

La mayoría de estos consejos pueden usarlos tanto los hombres como las mujeres.

5

Cómo hacer que le llame

- Cómo saber si está o no interesado
- Por qué los hombres llaman o no
- Si él tiene dudas, cómo incitarle a decidirse
- Cuándo devolver una llamada o un SMS y qué decir

¿Alguna vez ha conocido a un hombre que diga sobre una sola chica: «Al principio no me gustaba mucho, pero al final me conquistó»?

No, seguro que no (si uno de los dos no es soltero, no cuenta).

Esto se debe a que, si a un hombre no le gusta una chica la primera vez que la conoce, es extremadamente improbable que luego cambie de opinión. Verá, es que los hombres funcionamos distinto a las mujeres. Para nosotros las primeras impresiones duran mucho más, y si no sentimos una atracción inmediata cuando vemos o conocemos a una chica por primera vez, es probable que nunca pase nada entre nosotros. Por supuesto, podría pasar, pero las probabilidades son tan exiguas que, por lo que a usted respecta, se reducen a cero. Por lo tanto, recuerde esto: si un hombre no se siente atraído por una mujer en cuanto la conoce, no cambiará de opinión.

Este punto se relaciona con mi teoría generalizada de que los hombres se cuelgan extremadamente de las mujeres con mucha mayor rapidez que éstas de ellos. Un hombre puede enamorarse de verdad de una mujer en pocos días o meses, mientras que no creo que las chicas se enamoren de los tíos durante meses. Pueden sentirse atraídas, sí, pero ¿enamoradas de verdad? Eso requiere más tiempo, incluso meses. Está claro que los hombres son más rápidos, aunque no lo demuestren.

La idea es ésta: mientras que *usted* mira a un hombre y piensa que no le hace sentir mariposillas en el corazón ahora, pero que claramente tiene el potencial necesario para conseguirlo con el tiempo, los hombres no piensan así. Si una mujer no nos enciende desde el primer día, no nos interesamos. Pero si una chica nos enciende, queremos estar cerca de ella todo el tiempo posible y cuanto antes.

Cuando conocí a Charlotte, no podía dejar de pensar en ella, ansiaba verla de nuevo y aborrecía despedirme al final de nuestras citas, porque si aún no habíamos concertado otro encuentro, me preocupaba no volver a verla. Ya sé que esto suena un tanto melodramático, pero es una descripción sincera de cómo me sentí. Me enamoré de ella perdidamente en cuestión de horas.

Así son los hombres cuando alguien les gusta de verdad.

El contacto y la comunicación

Una de las consecuencias que tuvo escribir mi columna periodística fue que la gente empezó a pedirme consejo sobre sus propias vidas sentimentales. Durante los primeros días en que la escribí, no me parecía que tuviera mucho que ofrecer en cuanto experiencia propia, de modo que intenté eludir sus peticiones. Pero a medida que pasaban los meses, me di cuenta de que estaba acumulando el grado suficiente de conocimiento como para poder ofrecerles algo útil, porque pensaba y analizaba mucho más de lo que lo había hecho en mi vida.

Y había una pregunta que las mujeres me formulaban mucho más que cualquier otra. Era una pregunta que se expresaba de diversas maneras, pero siempre se reducía a lo mismo: «¿Por qué no me ha llamado?» Al principio, intentar contestarla parecía muy complicado, porque debía navegar por la psicología no sólo de la chica que formulaba la pregunta, sino también por la del hombre. Así que le preguntaba cosas sobre ella y sobre él, cómo se conocieron, cuántas veces habían salido, qué dijo él, etc.

Lo peor de todo es que me metí en el análisis de los textos que se habían enviado mutuamente antes de que se hiciera el silencio (casi siempre las conversaciones empezaban porque el hombre no contestaba a la chica). Eran sesiones interminables de «¿Qué crees que significa esto?» y «¿Por qué me dijo eso?», «¿Debería habérselo dicho de otra manera?» y «¿Qué puedo contestarle?», donde se analiza cada interpretación posible del diálogo. Quiero decir *cada* interpretación posible: los matices de las palabras, la posición de las comas, el momento del día e incluso el tono del tipo en cuestión.

Después de debates así, pensaba y pensaba sin cesar en el mejor consejo que podría dar. Creía que cada situación era distinta, de modo que exigía un consejo diferente, y yo lo proporcionaba sin rechistar.

Era un trabajo duro, pero sentía que estaba haciendo lo que debía por aquellas mujeres. Pero entonces, después de que cinco o seis jóvenes se hubieran visto bendecidas por las ventajas de mis consejos, cuidadosamente meditados, me di cuenta de que, aunque al principio todas las circunstancias parecen distintas a primera vista, cuando uno profundiza un poco más, son todas iguales. Lo descubrí cuando me di cuenta de que el consejo que daba era el mismo en todos los casos.

Después de eso, las conversaciones se volvieron mucho, mucho más cortas. Iban así:

Chica: «Hace tiempo que no sé nada de él, y quiero enviarle un SMS o llamarle, pero no sé qué decirle, porque no sé lo que piensa».

Yo: «No le digas nada. No le envíes un mensaje ni le llames. Sigue con tu vida».

Chica: «¿Qué? Pero ¿cómo sé si aún le gusto?»

Yo: «Ya lo sabes, porque no ha contactado contigo. Si realmente le gustases, querría verte, y si quisiera verte, habría contactado contigo. Sigue adelante y encuentra a alguien a quien le gustes lo bastante como para que te llame».

Chica: «Pero...»

Yo: «Hasta luego».

De verdad que me preocupo

Al leerlo ahora puede que suene un poquito áspero, pero la idea que quería dejar clara es que uno puede analizar y analizar todo lo que quiera lo que pasa o no pasa, lo que podría pasar o no, en la mente de un hombre (que será muchísimo o casi nada, al menos si podemos fiarnos de mi experiencia), pero nunca pasará de las hipótesis. No habrá nada seguro.

Lo único que usted puede saber seguro cuando un tío no la ha llamado es que *no la ha llamado*.

¿Y qué significa eso?

Bueno, pues si no la ha llamado, no puede estar muy interesado, ¿no? A ver, ¿usted *no llama* a las personas que aprecia? Ya sean amigos o novios potenciales, ¿demostraría su afecto por ellos si no mantiene el contacto? ¿Si no les envía SMS, no los llama, no les envía *e-mails*, no contacta con ellos por Tweeter o Facebook ni les envía mensajes instantáneos una semana tras otra? ¿Qué? ¿Obraría así? Piense en ello un segundo.

No. Por supuesto que no actuaría así.

En realidad, en este sentido los hombres son como las mujeres (al menos después de salir del colegio de primaria). Queremos comunicarnos con las personas que nos gustan, e incluso verlas (parece normal, ¿no?). Sobre todo, si son mujeres.

Por lo tanto, aquí va lo que tiene que decirle a un hombre que no la llama: nada.

No quiero decir que lo telefonee y no diga nada (no es usted una acosadora), sino sencillamente que si él no hace el esfuerzo, usted tampoco debería hacerlo.

¿Qué decir si le envía un mensaje de texto a un tío que no la ha llamado?

Para bien o para mal, dedicarse a la caza es cosa de hombres, no de usted. Échele la culpa a la genética, a la política sexual del siglo XXI, a la tiranía masculina, al movimiento feminista de los años sesenta o a quien o a lo que le apetezca. Me da igual. Lo único que me interesa es lo que sucede de verdad hoy en día entre adultos sin pareja o que salen con otras personas, no la antropología social subyacente en el proceso, aunque no dudo que es fascinante.

Dejando a un lado la evolución, la cuestión es que, conscientemente o no, los hombres esperan ser ellos quienes persigan a las mujeres. Como el cazador de alces del capítulo 1, valoramos las cosas por las que hemos de trabajar, y si usted envía un SMS o llama a un tío del que no sabe nada, se lo pone fácil. Demasiado fácil. Porque no valoramos las cosas que obtenemos sin esfuerzo. De hecho, usted sería como un alce atropellado. Se estaría sirviendo en bandeja.

Usted busca a un hombre a quien le resulte atractiva

Esto es una hipótesis mía, pero no creo que le apetezca salir con un hombre que no se sienta inevitablemente atraído por usted desde el mismo momento en que se encuentran.

¿Tengo razón?

Claro que sí.

No debería tener que enviarle un SMS ni llamarle para recordarle que usted le gusta, ni hacer que sienta el interés suficiente como para quedar con usted. No deberían hacer falta recordatorios de que usted existe y es encantadora.

Si tiene que recordárselo, la cosa va mal.

Así que mantenga intacta su dignidad, deje de irle detrás y recuerde que si deja de llamarla al cabo de un par de citas, o simplemente no la llama después de que usted le diera su número, lo único que saldrá herido será su confianza y su orgullo. Las emociones (ese terreno en el que realmente pueden hacerle daño) no se activan con un tipo nuevo hasta mucho más tarde.

Por qué no llaman los hombres

Hay muchos motivos por los que un hombre no llama. Tiene mucho trabajo, no tiene noches disponibles para quedar con usted, se va de vacaciones, tiene una cita con el médico, lo que sea. Hay montones.

Pero en el fondo todo se reduce a lo mismo. Como dijo el famoso libro (y su película) de los tíos que son un poco raros: no está por usted. Y el 99 por ciento de las veces esto es absolutamente cierto.

En realidad, puede que sí esté por usted (perdón)

¿Recuerda que le dije que todas las normas que le doy sobre la mejor manera de tratar a los hombres tienen una excepción, que una entre cien no sigue el mismo patrón? Bueno, pues esta afirmación también tiene sus excepciones. Debo decir, a favor de la especie masculina, que ahí fuera hay hombres que no llamarán a las mujeres que les gustan. Hoy día, cuando uno puede comunicarse con una mujer mediante todo tipo de maneras que resultan menos intimidatorias que llamarla por teléfono (SMS, *e-mail*, Facebook, etc.), en realidad no hay excusa para esta conducta. Pero hay hombres así.

Esto se lo digo sólo porque le prometí ser totalmente sincero.

Vale, pues ya sabe que hay hombres así. ¿Qué debería hacer al respecto?

Nada. Aquí está de nuevo: a menudo, *no hacer nada es lo más correcto*.

¿Cómo puede saber que ese hombre que le gusta es uno de ellos?

Si no la llama, podría ser uno de esos tipos muy tímidos. La probabilidad es minúscula, pero podría serlo. Pero la probabilidad aplastante es que no sea uno de ellos, y que simplemente no le interese llamarla. Tiene que suponer que ésa es la norma, no la excepción.

E incluso aunque sea la excepción, ¿de verdad quiere salir con un tío que no tiene pelotas para llamarla? No, ya pensaba que no. Un *poquito* tímido, nervioso o incómodo está bien. Pero no alguien que ni siquiera la llama por teléfono.

Por qué los hombres a veces llaman cuando las cosas van bien, pero luego se esfuman...

Digamos que ha quedado con un hombre unas cuantas veces, pongamos que siete u ocho. Cuando está con él, las cosas son estupendas, intensas, divertidas y apasionadas. Pero cuando no está con él (entre una cita y otra), no hay nada de nada. Esto puede significar dos cosas: o que él está disfrutando de las primeras fases de su relación con usted y espera que ésta florezca convirtiéndose en algo más serio, o que sólo quiere una noche de diversión con usted de vez en cuando, y que cuando no están juntos no piensa en usted porque no le interesa para nada la relación a largo plazo.

¿Cómo saber cuál es el caso? No podrá estar segura hasta que su conducta lo demuestre. Esto quiere decir que, en determinado momento, o bien desaparecerá del todo, o bien empezará a quedar con usted los domingos por las tardes y a pedirle que conozca a sus padres. ¿Qué puede hacer hasta entonces? Confíe en sus instintos y tenga cuidado, porque si me diera por ser superprudente, diría que las probabilidades son que el tipo «esporádico» no se convertirá en el «definitivo». Podría ser, pero no es probable.

Por qué un hombre nunca la llama

Usted no le interesa.

Por qué un hombre no llama durante unos días/semanas

Porque está quedando con otra mujer y quiere ver cómo van las cosas con ella antes de juntarse con usted. O porque está ocupado y piensa esperar hasta que se aburra antes de llamarla.

Ninguna de las dos opciones parece prometedora, ¿no?

¿Es posible que un mensaje mal expresado fastidie las cosas?

Si a él le gusta usted (y con «gustar» quiero decir que quiere verla de nuevo y/o llevársela a la cama), entonces es prácticamente imposible que usted fastidie nada al enviarle SMS o *e-mails* mal redactados. Si le envía un mensaje que, según le parece, quizás haya transmitido una señal errónea, da lo mismo. Si a él le gusta usted, le gusta, y si no, pues nada. Su texto ligeramente ambiguo no supondrá ninguna diferencia. La decisión ya está tomada. De hecho, si le envía un mensaje ligeramente torpe y vergonzante, seguramente eso conseguirá que usted le guste más, porque sabrá que él le gusta y que usted se siente un poco nerviosa. Eso nos encanta.

Lamento decir que lo que significa esto es que la inmensa mayoría de esas conversaciones «¿Habré dicho lo correcto?»/«¿Me llamará?»/«¿Le gusto?» son una pérdida de tiempo. No estoy diciendo que las mujeres deban dejar de hacerlo o que esté mal que las disfruten, sólo que no consiguen apenas nada en relación con el hombre de marras.

Un ejemplo: yo otra vez

Cuando conocí a Charlotte, supe de inmediato que quería verla otra vez. Me dio su número de teléfono un domingo, y el lunes le envié un mensaje para fijar una cita con ella para esa semana. Lamentablemente, durante toda esa semana nuestras agendas fueron incompatibles, de modo que quedamos para el domingo siguiente. Aquello era infrecuente para mí: nunca había salido con una mujer un domingo por la tarde. Pero quería verla lo antes posible, de modo que pensé: ¿por qué no?

La primera cuestión es que contacté con ella bastante rápido porque me gustaba mucho. De hecho, no dejaba de pensar en ella. Eso quería decir que deseaba estar con ella lo antes posible. Todas esas convenciones sobre hacerse de rogar, dejar pasar un par de días y todo eso saltaron por la ventana. Esto se debió en parte a que quería estar seguro de volver a verla cuanto antes mejor, y también porque confiaba en mi instinto, que me decía que Charlotte preferiría que yo contactase con ella mejor antes que después, y que no le interesaba dedicarse a ningún jueguecito en este sentido.

Una vez que fijamos la cita, me enfrenté a otro problema: tenía que esperar seis días.

La inercia: ¿hasta qué punto es importante?

La verdad es que quería estar en contacto con Charlotte (recuerde que no dejaba de pensar en ella), pero no la conocía lo suficiente como para charlar con ella de temas generales durante los días anteriores a nuestra cita. Esperé hasta el jueves, cuando le envié un mensaje para comprobar que la cita del domingo se mantenía. Sí, ya sé que aún quedaban tres días, lo cual constituía una excusa torpe, pero no se me ocurría qué otra cosa decir. ¿Qué le podía preguntar si no? «¿Cómo estás?». Aún peor. «¿Qué has hecho estos días?» Fatal.

Así que lo único que me quedaba era: «¿Sigues libre el domingo?» Pero quería mantener el contacto con Charlotte, y tenía la esperanza de que ella quisiera mantenerlo conmigo. De hecho, tomé la decisión de correr un riesgo. Decidí que si Charlotte era el tipo de persona que yo pensaba y esperaba que fuese también querría estar en contacto conmigo.

Cuando me gusta alguien (e incluso antes de que habláramos supe que había algo especial entre nosotros, de modo que sí, me gustaba), no se me da muy bien seguir el manual. Y además, no me apetece tirar de manual. Quiero ser absolutamente fiel a mí mismo. No quiero que me gobiernen *Las Reglas*, o las maniobras y los trucos que he aprendido en el pasado, y que son maneras eficaces de hacer que una chica pierda la cabeza por uno. Quería que fuera algo natural, único y especial. Y en el caso de Charlotte, fue así.

¿Qué pasó con Charlotte? ¿Qué hizo?

Charlotte no me envió ningún mensaje durante esa semana previa a la cita hasta que yo se lo envié el jueves. Y me pasé toda la semana pensando en ella, y me parecía que el domingo no llegaba nunca.

Déjeme que se lo repita: Charlotte no tomó nunca la iniciativa en toda la semana, se limitó a responder a mis mensajes. No incitó ningún contacto. El resultado fue que me pasé la semana pensando en ella y preguntándome si ella también pensaba en mí (vale, con la esperanza de que lo hiciera). Al final de la semana ya no podía esperar a verla. Y ella no había hecho nada. Nada en absoluto.

¿Lo ve?

Entonces, ¿qué pasó?

Ella seguía estando disponible para el domingo, y aquella cita fue muy, muy bien.

Cuento esta historia para dejar claro que, cuando a un hombre le gusta una mujer, quiere estar en contacto con ella. Quiere saber que ella piensa en él, y quiere asegurarse de que volverá a verla, como me pasaba a mí con Charlotte. Queremos estar seguros de que hacemos todo lo posible para que suceda lo que deseamos.

Por tanto, la regla general es ésta: *si un hombre no contacta con una mujer, es que no tiene mayor interés en verla.*

Pero eso no siempre quiere decir que ella no le *guste*. O al menos que él piense que ella le gusta. Vale, es cierto que esto no tiene mucho sentido. Déjeme que use un ejemplo.

Mi anécdota del «no-contacto»

Ya le he explicado lo importante que es encontrar el momento correcto en el ciclo de la vida de un hombre sin pareja, pero tengo otro ejemplo que le resultará útil en este caso.

Durante el breve periodo que medió entre mi ruptura con la Novia X y mi encuentro con la Novia Y, conocí a una mujer llamada Caroline, que era muy agradable.

¿Verdad que «muy agradable» no suena prometedor? Si lee usted entre líneas, apuesto a que no imagina que entre nosotros todo fueran fuegos artificiales.

Nos conocimos en la fiesta de un amigo común. Le pedí su teléfono y salimos tres o cuatro veces, pero la cosa no fue más lejos. Como ya he dicho, era una mujer muy agradable. Con eso quiero decir que era atractiva, cariñosa, inteligente, divertida y todas esas cosas positivas. Es lo que algunos hombres llaman «material de noviazgo».

Pero había un problema. Y el problema era yo.

Yo había roto con la Novia X unos tres meses antes, de modo que no estaba en tesitura de meterme en nada serio. De manera que, cuando ya habíamos salido tres o cuatro veces y parecía que la cosa iba a subir un nivel entre los dos, dejé de llamarla. Yo era joven y cobarde, y en vez de telefonearle y decir «Lo siento mucho, pero es que hace poco que salí de una relación, y aunque considero que eres estupenda, ahora mismo no estoy por la labor», me limité a desaparecer. No estoy orgulloso de lo que hice, en absoluto.

Las conclusiones

Después de leer este episodio, hay que sacar dos conclusiones. Vale, que sean tres; la tercera dice que no estuvo bien que la tratase de esa manera. Ya lo sé.

Sea como fuere, volvamos a mis dos conclusiones.

Primera: no dejé de llamarla porque no estuviera interesado en ella. En aquel momento sí lo estaba, pero sabía que mi mente no estaba preparada para formar parte del tipo de relación que, sin duda, se iba a forjar, de modo que me eché atrás (de una forma patética e infantil).

Segunda: cuando echo la vista atrás, ahora veo las cosas distintas.

Aunque en aquel momento *pensaba* que Caroline me interesaba de verdad, ahora sé que no era así. Porque, si me hubiera interesado, jamás la habría dejado marcharse. La hubiera hecho mía antes de que otro me la quitase.

Por tanto, ésta es la idea clave: si un tipo le dice que no le interesa llevar las cosas más lejos con usted porque no es el momento adecuado, como pasó conmigo y con Caroline, él *cree* que le dice la verdad, aunque no es así. Eso quiere decir que no debe ser dura con él, porque, repito, cree sinceramente que está siendo sincero con usted. El hecho de que no sepa cómo se siente realmente no es motivo para juzgarle con dureza. De hecho, sólo da más peso a las palabras que escribí antes: *si un hombre no contacta con una mujer, no quiere verla.* Recuérdelas.

Conclusión tres: fui un idiota. Debería haberle dicho cómo (creía que) me sentía.

¿Hice lo correcto con Caroline?

Una vez que un hombre ha dejado de verse con una mujer debido a que no era el «momento adecuado», es muy, muy difícil que las dos personas involucradas en el proceso lleguen a mantener una relación idónea en algún momento del futuro. La mayoría de amistades (atención a que no digo «parejas») que han pasado por una situación como ésta siguen manteniéndose alejadas.

Intentaré pensar que algunas de ellas han acabado juntas posteriormente.

Cualquiera de ellas, de hecho.

Un momento, que pienso en alguna...

No, todavía no.

¡Nada, que no!

Vale, me rindo. No recuerdo ninguna.

¿Y qué nos dice esto? Nos dice que mi punto de vista retrospectivo sobre mis sentimientos por Caroline (que no estaba lo bastante interesado) era correcto. Y dado que no se me ocurre ni un solo ejemplo de situaciones parecidas que dieran un resultado diferente..., bueno, pues ya capta la idea, ¿no?

El momento adecuado lo es todo.

Aforismos sobre los hombres

1. Si después de una cita él no la ha llamado, deduzca que no está interesado.
2. Si tarda más de dos o tres días en llamarla, infiera que no está interesado.
3. Cuando le quiera responder con un SMS, al principio (si él le gusta), deje transcurrir una hora antes de hacerlo, y a partir de ese momento, cuando él le responda, tarde un poco más.
4. Puede tomar o no tomar la iniciativa al mismo tiempo: dejar la pelota en el campo de él es positivo.
5. Preocuparse por si ha mandado un mensaje mal escrito es una pérdida de tiempo. Si a él le gusta usted, eso no tendrá importancia. En serio.

6

El primer encuentro sexual
con un tío nuevo

- Por qué el primero no importa
- No sea demasiado traviesa demasiado pronto
- Por qué hay que acariciar también el ego masculino
- Cómo acariciar ese ego

A pesar del sugerente título de este capítulo, no me pondré explícito ni empezaré a escribir sobre el sexo con detalles gráficos.

¿Por qué esa modestia? Bueno, no es porque intente proteger mi reputación a los ojos de mi madre y de mis hermanas. Tampoco me comporto como el británico estereotipado, tan reprimido él, que se ruboriza en cuanto alguien habla de los detalles de las actividades sexuales (en realidad, es una descripción clavada de mi persona, pero ahora mismo eso da igual).

No, el motivo de que eluda los detalles cuando hable del sexo es el siguiente: para los hombres, las relaciones no consisten en los detalles.

¿Qué son las relaciones para los hombres?

Cuando un hombre no tiene pareja, el sexo satisface sus impulsos básicos y le hace sentirse menos solo e inseguro sobre si las mujeres le encuentran atractivo o no (motivo por el cual los hombres solos están tan obsesionados por el sexo cuando han bebido: todos esos impulsos e inseguridades se magnifican y los transforman en unos calentorros declarados).

Y cuando un hombre mantiene una relación sentimental, las relaciones sexuales consisten en el amor que comparte con su pareja: la afirmación y la celebración de una convivencia feliz, amorosa y plena entre dos personas.

Como no soy mujer, bien pudiera equivocarme al decir esto, pero sospecho que el punto de vista femenino sobre el sexo no es muy diferente al nuestro. Incluyendo la parte sobre el calentón sexual potenciado por el alcohol.

Pero esto no quiere decir que los hombres y las mujeres sean iguales en todos los sentidos.

Una escena de la serie de televisión *Friends*

Si echa la mirada unos años atrás, recordará el primer beso de Ross y Rachel. Resumiendo, se besan apasionadamente después de discutir en el café Central Perk. Ross va a ver a Joey y a Chandler, mientras que, en el piso, al otro lado del pasillo, Rachel habla con Phoebe y Monica.

Mientras bebe una copa de vino, muy emocionada, Rachel explica hasta el último detalle de cómo la besó Ross, empezando por el punto donde puso sus manos. «Primero, las situó en mi cintura, y luego fueron subiendo, hasta llegar a mi pelo...» Phoebe y Monica apenas logran decir nada, porque la historia las tiene absortas. Los únicos sonidos que emiten son suspiros y chillidos.

Entonces la escena pasa a los chicos, que están alrededor de la mesa de futbolín, comiendo *pizza*. Ross dice:

—Y luego... eeeh... la besé.

—¿Con lengua? —pregunta Joey.

—Sí —responde Ross.

—Guay —dice Joey, y todos asienten y se siguen zampando la *pizza*. Y ya está: se acabó la conversación.

A todo el mundo le gustaba *Friends*. Era una serie divertida, nada intimidatoria, los personajes eran muy simpáticos y, lo mejor de todo, los guiones (adultos jóvenes que se enamoraban y desenamoraban, mientras intentaban hacerse camino en el mundo) sonaban a algo auténtico para las personas que estaban en esa fase de sus vidas, habían pasado por ella o esperaban anhelantes ser lo bastante mayores como para vivir en un piso con un pollo y un pato y dos chicas estupendas en la puerta de enfrente (yo soñaba con eso y nunca pasó: otro sueño roto).

Y nunca, en toda la serie (236 episodios repartidos en más de diez temporadas, entre 1994 y 2004, lo comprobé), hubo un momento más fiel a la vida real que el que acabo de describir. La conversación entre Ross, Chandler y Joey es la que tienen todos los hombres, no sólo unos personajes ficticios estadounidenses que viven en apartamentos de lujo que es evidente que en el mundo real no se podrían permitir.

Lo que quiere decir esto es que, a la hora de hablar de mujeres que significan algo para nosotros, del modo en que Rachel era importante para Ross, no nos centramos en los detalles. Dicho lisa y llanamente, esos detalles son sagrados, y deben quedar entre la dama y nosotros (porque esa chica es realmente una dama). Es una Regla Masculina. Joey y Chandler lo sabían, y Ross sabía que Joey y Chandler lo sabían. De modo que su conversación fue breve pero eficaz... según los cánones masculinos. Recibieron toda la información que precisaban los amigos de Ross (o sea, que se besaron y que Ross estaba contento).

Y así, satisfechos porque su amigo había conquistado a una chica a la que quería, Joey y Chandler pudieron relajarse y volver a comer *pizza*. A los hombres nos gusta sentirnos así.

El secreto de las buenas relaciones

Alguien (no recuerdo quién, lo cual es una pena) me dijo una vez que para que una pareja lo pase bien en la cama, garantizado en todas las ocasiones, sólo necesita dos cosas. Esa pareja no necesita nada más, sólo esas dos cosas.

Cuando escuché esto empecé a preguntarme qué narices podrían ser esas dos cosas. ¿Qué secretos podrían pulular por ahí que yo jamás había oído, y que eran tan impresionantes que garantizaban una buena relación sexual en cada episodio amoroso?

¿*Cada* uno?

Aquella persona me dijo que sí, que cada uno.

Caray. Debían ser unos secretos especiales.

Pero cuando me dio la respuesta, me quedé un tanto decepcionado, porque sólo me dijo dos palabras. Siete sílabas. Ocho, si incluimos la conjunción «y» que las une.

¿Cuáles fueron esas dos palabras?

Después de mucha fanfarria y tensión dramática, se me reveló el oráculo: afecto y entusiasmo.

Y punto. Aaaaah. (Por cierto, ésta es mi reacción cuando me quedo atónito.)

La primera vez que escuché esos términos no me quedé convencido del todo de que fueran la piedra filosofal de la plenitud sexual. En aquella época yo era joven(cito) y, lo que es más importante, no tenía pareja, de modo que no tenía recuerdos recientes de lo que era acostarse con alguien a quien amase. Pero una vez que reflexioné un poco más sobre el tema, me hice algo mayor y adquirí más experiencia en los senderos del corazón y de la alcoba, me di cuenta de que, fuera quien fuese la persona que me dio esa pepita áurea, tenía toda la razón del mundo.

Haga esto conmigo: imagine que está con alguien a quien aprecia y respeta de verdad como persona, con quien siente que conecta, a la que quiere conocer mejor; cuyos *e-mails*, llamadas telefónicas o SMS le alegran el día; que la hace sentir satisfecha y tranquila, *y* a quien encuentra tremendamente atractivo físicamente. Tan atractivo que quiere estar a solas y en cueros con esa persona *justo ahora*.

Entonces, imagine que esa persona siente exactamente lo mismo por usted. Disfrute de esta situación unos instantes.

Ahora imagine lo que sería acostarse con esa persona.

¿No es maravilloso?

Por tanto, si entre dos personas existe afecto y entusiasmo, todo lo demás que hay en el sexo debería cuidarse solo. Parece sencillo, ¿a que sí? Bueno, eso es porque los seres humanos (*todos* los seres humanos, no sólo los hombres) son criaturas simples, y en ocasiones nuestros pensamientos y deseos más complejos y confusos se pueden «deconstruir» eficazmente de maneras muy directas y comprensibles.

Como la siguiente: para tener buenas relaciones, lo único que necesita es afecto y entusiasmo.

¿Por qué nos dice esto?

Lo que quiero dejar claro no es que las relaciones pueden y deberían ser perfectas cada vez (sé que esto no es cierto, y es un error creer que puede serlo), sino que, en el plano sexual, los hombres y las mujeres *no* están en planetas diferentes.

De *algunas* maneras proceden de mundos distintos (a los hombres les huelen más los pies, no son tan aseados, comen más y miran la tele con una mano situada estratégicamente en sus pantalones), pero no desde el punto de vista de las relaciones. En el nivel más básico, creo que nuestras necesidades son exactamente las mismas.

Puede que usted ya supiera esto, o al menos lo sospechase. Pero quiero que sepa que yo también lo sabía, antes de que lea el resto de mi capítulo dedicado al sexo.

Entonces, partiendo de la lección sobre el afecto y el entusiasmo, ¿cuál es el mejor tipo de relaciones?

Ésta es fácil: el mejor tipo de relación sexual es aquel que usted tiene dentro de una relación con alguien a quien ama.

Y recuerde que esto se lo está diciendo un varón.

Los hombres sin pareja y el sexo

Cuando los hombres no tienen pareja y no disfrutan de unas relaciones estupendas (o son más bien escasas), muchos de ellos se conforman con lo que puedan conseguir. Sé que suena mal, pero es cierto. La cuestión es que una falta de relaciones es malo para nuestra autoestima. Nos vuelve infelices y deprimidos, y nos hace sentir solos. Por consiguiente, pensamos que echar un polvo nos hará sentir mejor. A veces es así, pero el efecto no dura mucho tiempo (como pasa con el propio acto sexual si llevamos un tiempo sin practicarlo).

Pero, en realidad, lo que echamos de menos no es el sexo por sí solo. El vacío en nuestras vidas sólo lo llenan el afecto y la intimidad emocional. La falta de actividad sexual es una parte, pero no la totalidad. La falta de actividad sexual es más un síntoma de ese vacío que su causa. Y cuando los hombres no tienen pareja, la mayor parte del tiempo no entienden esto del todo, de modo que dan prioridad a la actividad sexual por encima de todo.

La frustración sexual puede distorsionar la mente masculina.

Los hombres hablan de sexo

Aquí van dos citas de Woody Allen sobre el sexo:

«La relación sexual sin amor es una experiencia vacía. Pero, por lo que respecta a las experiencias vacías, es de las mejores.»

«El amor es la respuesta. Pero mientras espera la respuesta, hacer el amor suscita unas cuantas buenas preguntas.»

Y ésta es de mi amigo B:

«Es imposible acostarse con demasiadas mujeres.»

¿Lo ve?

Ahora, leamos un poco más de lo que opina B sobre este asunto: «Los hombres sin pareja no pueden tener demasiada actividad sexual. Es imposible. Y es imposible acostarse con demasiadas mujeres. Lo sé porque lo he intentado, y me ha quedado clarísimo que una mañana incómoda es mejor que una noche a solas».

Éste es un punto de vista extremo, pero aun así resulta útil, porque en determinadas ocasiones algunos hombres son así.

«Los hombres sólo buscan sexo»: falso

La realidad es distinta por unas cuantas letras. Quitemos el «sólo» y tendremos la verdad: los hombres buscan hacer el amor. Y cuando los hombres no tienen pareja y no consiguen la relación sexual que necesitan, conseguirla se convierte en una prioridad.

Las mujeres, a menos que lo único que pretendan es un rollo de una noche, no quieren caer en la categoría «me ayudó a obtener suficiente actividad sexual hasta que encontré pareja». No puedo garantizarle que nunca caerá en esa categoría. Pero puede reducir las probabilidades de que eso suceda.

¿Cómo?

Lo más importante de todo: nunca se acueste con un hombre hasta que esté todo lo segura que le sea posible de que la ve como algo más que un polvo fugaz. Para saber más, consulte los capítulos anteriores.

Y ahora me explicaré un poco mejor.

A los hombres se les da muy bien la actividad sexual esporádica. A menudo este tipo de relaciones se puede describir como «sin sentido». Pero esto es engañoso. La relación sexual, por sí sola, nunca carece de sentido, incluso para un tío que no busca otra cosa que un revolcón. Como sabrá tras leer las páginas anteriores, esa actividad sexual significa algo para *él* porque le hace sentir bien, de modo que es beneficioso para su estado mental general. Las palabras «sin sentido» sólo se pueden aplicar a la persona con quien tiene la relación. Ella no es más que un cuerpo cálido y dispuesto, una muñeca hinchable con voz. No hace falta ni que tenga nombre.

Puede sonar desabrido, pero es cierto. Y aunque admito que muchas mujeres tienen la capacidad de mantener una actividad sexual igual de carente de emociones, y ver a los hombres exactamente de la misma manera, no estoy seguro de que muchas de ellas estuvieran muy contentas de que pensaran de ellas así. No es agradable. Pero sucede constantemente.

Las mujeres también tienen relaciones informales

Me gustaría dejar clara una cosa. No desapruebo que las mujeres tengan relaciones informales, ni pienso que lo deseen menos que los hombres. Cuando alguien está sin pareja (ya sea hombre o mujer), tiene la oportunidad de vivir espontáneamente de un modo que es imposible cuando tiene pareja. Esto puede ser divertido, emocionante y alocado, y debe aprovecharlo al máximo. Sin embargo, no la animo a salir por ahí y acostarse con cualquier tío que le demuestre un poco de interés. Si quiere pasar la noche con un hombre necesitado al que conoció media hora antes, siéntase libre para hacerlo. Pero asegúrese de que sus expectativas son realistas, y no lo haga demasiado a menudo.

¿Lo ve? No soy un mojigato.

Una pregunta incómoda

En un momento infrecuente de vulnerabilidad, un hombre al que conozco me formuló esta pregunta: «¿Es posible ser realmente feliz con una mujer que no te satisface sexualmente?»

Esto es algo que preocupa a los hombres, porque sabemos lo espantoso que es que alguien a quien queremos nos niegue la relación sexual. Porque verá, las relaciones para un hombre no consisten sólo en rascarse algo que le pica, sino en mucho más. Luego hablaremos más a fondo del tema.

Pero, entre tanto, ¿es posible que un hombre sea realmente feliz con una mujer que no le satisface sexualmente?

Esta pregunta no se contesta con un sí o un no. Y esto no es un intento patético de eludir la pregunta. La respuesta a esta pregunta puede ser sí o no de vez en cuando y en algunos casos, pero ni mucho menos en todos. En la mayoría de los casos, si un hombre está con una mujer a la que quiere y ella no tiene relaciones sexuales con él con mucha frecuencia, a veces él se sentirá rechazado e infeliz, y por tanto insatisfecho. Pero, aun así, ¿será realmente feliz? Si ama de verdad a su pareja, es posible que sí. Pero (y esto no lo dude en absoluto) sería más feliz si tuviese relaciones más veces con ella.

Esto no supone alcanzar nuevos grados de experimentación sexual varias veces al día. Lo único que debe hacer ella es hacerle sentir que le *desea*, y luego ambos deben encontrar la frecuencia que mejor se adapte a ellos como pareja, tanto si eso es dos o tres veces por semana como cinco veces por noche. Queremos que nos quieran, y ser los amantes que nuestra pareja sueña. Eso es todo lo que hay. Como he dicho antes, los hombres somos criaturas sencillas.

Soy consciente de que estoy ofreciendo una imagen de los hombres como seres obsesionados por el sexo. Y eso se debe, sencillamente, a que es así. El sexo es tremendamente importante para nosotros, y dado que tenemos egos, emociones e impulsos, esta área de nuestra vida puede resultar complicada y, a veces, insatisfactoria. Pero también soy consciente de que las mujeres pueden tener los mismos motivos de insatisfacción.

Por ejemplo, conozco a una chica que lleva mucho tiempo con un hombre, años y años. También sé que nunca ha tenido un orgasmo con él. Con «nunca» quiero decir eso: ni una vez. Ni siquiera durante los primeros meses apasionados de su relación, cuando eran más jóvenes, trabajaban menos horas sometidos a presión y prácticamente no tenían preocupaciones. Ni siquiera entonces.

La cuestión no era que a ella no le gustase él, sino que todo lo que él hacía no acababa de cuadrar con ella. El resultado es que no ha tenido ni un solo orgasmo durante todo el tiempo que llevan juntos.

¿Está realmente satisfecha sexualmente? No. Pero ahora están casados, de modo que ¿es feliz? Sí, creo que lo es.

Un consejo que, si es aplicable a usted, espero de corazón que lo siga

Esta historia es trágica. Esa mujer es capaz de tener orgasmos, y estoy seguro de que su pareja sería capaz de proporcionárselos, pero ella nunca le ha dicho cuál es la mejor manera de conseguirlo. Así que aquí va un consejo rápido y sencillo para cualquier mujer que se encuentre en una situación parecida. Si está con un hombre que le gusta y lo único que va mal es que él no le proporciona orgasmos (admitiendo que hay algo que a usted le funciona, pero que él no hace), *dígale qué debe hacer*. Llévelo al cole. Dígale exactamente lo que le gusta y cómo le gusta que lo haga. Lo pasará mejor, y él también estará contento, porque sabrá que la hace disfrutar. Y por favor, por favor, no siga el mismo camino que recorrió esa otra mujer; hágalo por usted y por él.

¿Cuál fue mi respuesta a la pregunta incómoda?

Sé que no está bien responder a una pregunta con otra, pero en ocasiones uno no tiene más opciones. Hacer otra cosa sería demasiado incómodo. Uno de esos momentos es cuando me formularon la pregunta de si un hombre puede ser realmente feliz con una mujer que no le satisface sexualmente. La conversación fue así:

Él: ¿Es posible ser realmente feliz con una mujer que no te satisface sexualmente?

Yo (después de pensarlo un poco y con voz grave): ¿La quieres?

Él: Sí.

Yo: Ahí tienes la respuesta.

Pareció contentarse con esto, y yo me alegré de que la conversación acabara ahí.

Por último, el primer contacto sexual con un hombre que le gusta

Vale, basta ya de comentarios generales, teorías sobre sexualidad masculina y femenina y anécdotas. Manos a la obra. Volvamos a ese momento en que usted ha decidido acostarse con un hombre nuevo. O bien ha transcurrido el tiempo suficiente (al menos tres citas), o usted ha tomado unas cuantas copas y no puede esperar más. Como ya he dicho antes, apresurarse a irse a la cama con alguien es totalmente comprensible; no creo que tenga nada de malo ceder a sus impulsos primarios de vez en cuando, tanto si se es hombre como si se es mujer. Pero sea consciente de lo que arriesga (no sólo contraer una enfermedad de transmisión sexual: cualquier acto sexual que tenga lugar antes de la tercera cita quiere decir que sus probabilidades de ser algo más que un rollete cada vez se reducen más).

En cualquier caso, está a punto de irse a la cama por primera vez con un hombre que le gusta y a quien le gusta usted. ¿Qué más necesita saber?

Lo primero y más importante: él también estará nervioso, motivo por el cual la primera vez con un hombre nuevo no tiene importancia. Mientras no suceda nada terrible durante la primera relación, ambos lo habrán hecho bien. Y con algo terrible quiero decir algo tan espantoso que ninguno de los dos quiera volver a ver al otro el resto de su vida, y mucho menos estar desnudos juntos.

Los contratiempos poco importantes, como dolores accidentales (de dientes, por ejemplo), un mal rendimiento (que él acabe demasiado pronto), funciones corporales (a todo el mundo se le escapa un pedo) o incluso la incapacidad total por su parte de tener una erección son cosas que no importan siempre que no se las tomen demasiado en serio (en realidad, ¿cómo se puede tomar alguien en serio todos esos gruñidos y las expresiones faciales?). Sonría, acurrúquese junto a él y dígale: «La próxima vez irá mejor». Y, por encima de todo, alégrese de que la primera vez, que siempre es delicada, ya haya pasado.

Por lo que respecta a que él acabe demasiado pronto, déjeme explicarle algo. El motivo habitual (99 veces entre cien) por el que un hombre llega a la línea de meta antes de que usted haya escuchado el pistoletazo de salida es que en la mente de él ha pasado algo durante los preliminares a ese instante.

Podría tratarse de excitación, sobre todo si es la primera vez que se acuesta con usted. Si usted ha esperado varias citas y sabe que le gusta a él, entonces su pareja llevará un tiempo esperando que llegue ese momento. Se habrá acumulado el suspense, y la considerará alguien especial. Habrá estado pensando en lo increíble que es que se vaya a la cama con esa chica tan estupenda a la que ha conocido. Seguro que se siente afortunado, orgulloso y caliente al mismo tiempo. También es muy probable que no haya tenido relaciones con nadie durante un tiempo, de modo que le excitará mucho, muchísimo, acostarse con usted. Y, por supuesto, cuanto más excitado esté de antemano, bueno, pues antes acabará todo. Eso no se puede evitar.

Pero recuerde esto: eso no es un insulto.

Y de cualquier manera, media hora más tarde él estará listo, dispuesto y preparado para iniciar el segundo asalto.

El segundo motivo para un final rápido es que, además de toda esa excitación, es posible que él esté nervioso (si usted le gusta, querrá impresionarla), lo cual podría exagerar los efectos de la excitación y llevar las cosas hacia una conclusión más acelerada. Una vez más, es evidente que esto no supone un insulto. De hecho, ambas situaciones son halagos, no ofensas.

Por lo tanto, la primera vez no espere la luna. Si usted se lo toma bien, la segunda vez recibirá un poco más, y así sucesivamente.

Recuerde: se aprende a base de práctica.

El sexo y los hombres con pareja

Esto también puede pasar dentro de una relación sentimental. Si una pareja no tiene relaciones durante unos días, una semana o más, es probable que cuando vuelvan a hacerlo el hombre no alcance su máximo rendimiento porque estará muy sensible, dado que durante un tiempo no ha hecho nada. Por tanto, si es su primera vez en algún tiempo, reduzca sus expectativas.

Y aquí tiene un consejo: si quiere que él dure más tiempo, tenga relaciones con él más regularmente. No, esta última frase no es el resultado de una conspiración masculina para hacer el amor más veces. Es una verdad biológica. Cuanto más lo hacemos, más dura. Es un hecho.

Pero, fundamentalmente, mientras después del encuentro sexual ambos sean cariñosos uno con el otro (charlen, se achuchen y no se tomen el coito muy en serio), entonces, sea lo que fuere que ha ido mal (si es que ha ido algo mal), no tendrá importancia, incluso si él ha aguantado menos de lo que tarda usted en leer esta frase. O incluso ésta.

Voy a ser muy sincero; perdona, mamá

Es muy difícil que una mujer sea mala en la cama. Para que un hombre salga de una relación sexual con una mujer que le importa, y para que piense que ha sido una gran experiencia, lo único que necesita es saber que ella la ha disfrutado. Si ella lo ha pasado bien, él se sentirá satisfecho, orgulloso, y lo considerará un éxito.

Esto es un hecho.

Ahora bien, sabiendo esto, ¿puede decirme de verdad que los hombres son unidimensionales en lo relativo al sexo?

Puede que esto la sorprenda también a usted: cuando se acueste por primera vez con un hombre para quien quiere ser algo más que un rollo pasajero, no sea muy perversa demasiado pronto. A menos que se trate de algo que le gusta mucho, mucho, no tiene que desplegar técnicas sexuales alucinantes para impresionar a un hombre que le gusta. Si a él le gusta usted de verdad, estará tan contento de acostarse con usted que lo único que necesitará para pasar un rato estupendo juntos son mis dos viejos favoritos: afecto y entusiasmo. Usted podrá evaluar dónde está la línea en función de cómo reaccione él a según qué cosas. Si lo está pasando bien (lo cual debería ser evidente; en esta área los hombres no son nada complicados), siga adelante. No hace falta que siga ampliando las fronteras para conseguir gustarle más a un hombre. Si a él le gusta, le gusta. Y si usted ha esperado un tiempo para acostarse con él de modo que él le confiera un gran valor, estará satisfecho sólo por el hecho de estar desnudo con usted.

Usted asegúrese de disfrutar también. Ser un poco egoísta en la cama no tiene nada de malo.

¿Demasiado y demasiado pronto?

Conozco a un tipo que cuando no tenía pareja se acostaba con todas las mujeres que podía utilizando las técnicas más creativas y curiosas que se le ocurrían. Pero cuando conoció a la mujer que luego se convertiría en su esposa, sus preferencias sexuales cambiaron por completo, y ahora es la postura del misionero o nada. Para siempre. Supongo que es bastante justo. Pero no dejo de pensar que se están perdiendo cosas.

Sea como fuere, el motivo por el que comparto esto es para demostrar que no tiene que comportarse como una loca en la cama desde un buen principio para que un hombre se interese por usted. Si a él le gusta, lo único que tiene que hacer es pasarlo bien. Deje para más tarde los movimientos llamativos y los numeritos raros (si los tiene). El primer día no los necesita.

Hablar está bien

Debemos añadir una palabra a la lista de «afecto y entusiasmo», y es el término *comunicación*.

Verá, a los hombres no nos importa que nos digan qué hacer. Si usted nos ofrece una información que nos ayude a hacerla pasar un rato mejor, entonces la mayoría de tipos sensatos, decentes (y supongo que el que tiene en la cama es uno de ellos), se alegrará de recibir instrucciones.

Pero el modo de transmitir esas instrucciones es importante. No diga: «Me encanta cuando los hombres me hacen...» No, en su lugar diga: «Me encanta cuando me haces...», o «Me gustaría que me hicieras...», o, simplemente: «Hazme tal cosa».

Además, si usted dice: «Me gusta cuando mi [lo que sea] es [lo que sea]», esto hará que su pareja piense de inmediato en las ocasiones anteriores en que su «lo que sea» fue manipulado por otro hombre, y en si aquel tipo lo hizo mejor que él.

En momentos como ése, los recordatorios de su pasado (sean cuales sean) no es lo que nos gusta oír. Díganos lo que quiere de la forma en que le gustaría que nosotros le dijéramos lo que queremos.

Da lo mismo cuántas parejas haya tenido antes: si su nueva pareja es de los inseguros (como lo somos todos de vez en cuando y, sobre todo, con las mujeres que nos gustan mucho), se preocupará al pensar que sale perdiendo respecto a sus amantes anteriores, o le inquietará la idea de que usted tenga más experiencia que él. Por eso, cuando le dé instrucciones, debe hacerlo de la manera correcta: con sensibilidad.

De igual manera, si quiere alabarlo, no se pase de la raya. Sabemos cuándo nos cuentan una trola. Se pueden decir o susurrar palabras como «bueno», «estupendo» y «genial». Los gritos teatrales no son necesarios. Usted relájese, sea usted misma y comuníquese con su pareja, y todo irá bien. En realidad, mejor que bien.

Hacer el amor dentro de la relación sentimental

Teniendo en cuenta que éste es el capítulo que habla de hacer el amor al principio de las relaciones, quiero hablar un poco más de lo que es la actividad sexual para los hombres inmersos en una relación afectiva. Básicamente, qué nos espera a los hombres en el camino cuando estamos con una mujer a la que amamos.

Dentro de una relación, la actividad sexual es tremendamente importante para nosotros. Si nuestra novia o esposa no quiere hace el amor, la frustración que sentimos no sólo es sexual, porque esa sensación en los hombres va unida a nuestras emociones. El pensamiento más habitual suele ser: «Si no quiere hacer el amor conmigo, es que ya no me quiere». Y si no va por ahí, será la otra razón, no la decepcionante «No le apetece acostarse» (que puede deberse a todo tipo de motivos), sino esa que destroza el ego: «No quiere acostarse *conmigo*». Ésta es una sensación verdaderamente espantosa para los hombres.

Incluso B, ese bastión de insensibilidad masculina, entiende esto. Su punto de vista es éste: «Los hombres engañan por un motivo: el sexo. Pero la razón de esto no es sólo que los hombres sean criaturas sexuales unidimensionales. El sexo está inserto genéticamente en nosotros como nuestro propósito en la vida. Después de todo, estamos aquí para reproducirnos. Por lo tanto, si estamos sin pareja y no tenemos relaciones sexuales, nos incordia. Pero si estamos inmersos en una relación con una mujer a la que queremos y aun así no tenemos relaciones, las heridas son mucho, mucho más profundas. Eso nos molesta *de verdad*».

Recuerde que aquí B habla sobre las emociones. Esto no pasa a menudo. Y aún no ha acabado. Veamos un poco más de su sinceridad infrecuente: «El impulso sexual de un hombre no es tan sencillo como el hambre o la sed, como creen algunos. Somos mucho más complejos. Hacer el amor con nuestra pareja nos hace felices, porque la queremos, y el hecho de que quiera tener relaciones con nosotros significa que ella siente lo mismo.

»Por consiguiente, el hecho probado es que si un hombre tiene toda la actividad sexual que necesita, es muy, muy improbable que busque sexo en otra parte. Sé que esto nos hace quedar como bestias selváticas e incivilizadas, pero, en lo más profundo de nuestro ser, eso es lo que somos. Las dos claves para evitar que un hombre engañe a su pareja son atenderle emocional y físicamente. Esto supone escucharle, comprenderle, y tener relaciones con él con la suficiente frecuencia como para que no las busque en otra parte».

Así que ya ve: incluso los tíos que parecen más duros por fuera pueden ser blandos por dentro.

Donde hago una confesión

Me gusta leer las revistas para mujeres. Hala, ya lo he dicho. Siempre me han gustado, desde que mi hermana mayor trajo a casa un ejemplar de *Just Seventeen*. Mis ejemplares de los cómics *The Beano* y *Shoot* no resultaban para nada tan tentadores como aquella revista, después de haberle echado un vistazo a lo que leía ella. ¿Fotos de chicas y artículos sobre sexo, o viñetas y estadísticas de fútbol? No era una elección difícil.

Hoy día leo revistas para hombres con mucha más frecuencia, pero aun así no dudaré en coger una publicación destinada a mujeres si detecto una en la sala de espera del dentista o si mi pareja tiene una. En muchos sentidos son una mina de oro.

Y esa costumbre me permitió encontrar la siguiente piedra preciosa en un número reciente de *Glamour*. En un artículo sobre cómo se transformaron las vidas sexuales de varias mujeres, la periodista y escritora Rachel Johnson escribió: «Básicamente, la acción en la cama es el barómetro de su relación; si se ponen como conejos, es probable que se lleven muy bien. También puede ser el canario en el pozo de la mina: si el sexo no funciona bien, es probable que su relación emocional haga aguas [...] Como el tenis y la cocina, la actividad sexual consiste en un 90 por ciento de entusiasmo y un 10 por ciento de técnica [...] El sexo es realmente importante en la vida de los hombres [...] Los hombres buscan hacer el amor la mayor parte del tiempo [...] Incluso cuando no quiero hacer el amor (mi dolor de cabeza ha llegado a durar días), siempre lo disfruto cuando metemos el kayak en el agua y empezamos a remar [...] Al final siempre vale la pena haberse quedado despierta después de las noticias de las doce... y luego una duerme como un tronco».

No puedo añadir gran cosa a esto. El sexo dentro de una relación puede ser muy complejo, porque las capas y capas de cicatrices emocionales, el estrés de la vida cotidiana y las inseguridades levantan barreras para algo que debería ser un placer sencillo para dos personas que se quieren. Es evidente que Rachel Johnson entiende esto, motivo por el cual he citado sus palabras.

La Guía Humfrey para hacer feliz a un novio

Aliméntele, escúchele, háblele, ríase con él, acuéstese con él, y él estará feliz con usted.

Y eso es todo. La fórmula mágica. La Regla de Oro de la Manipulación Masculina. Ahí tiene, en quince palabras, todo lo que necesita saber sobre los hombres.

Ese hombre especial

La mayoría de hombres esperan con entusiasmo acostarse con las mujeres que les gustan. Estamos programados así: no podemos racionalizar ni controlar nuestros impulsos sexuales. Muy pocas veces pasa que la «Ella» de la relación incipiente sea el miembro cuyas proposiciones se rechazan amablemente hasta que «Él» se siente listo para dar el paso.

Pero a veces pasa.

Y le pasó a mi amiga Wendy con un hombre llamado William.

La historia de William y Wendy, y cómo ella luchó por llevárselo a la cama

Wendy conoció a William y se gustaron. Ambos tenían treinta y pocos años, y habían vivido suficiente como para saber cuándo merece la pena tomarse en serio a alguien. Ambos pensaban que el otro merecía la pena.

Wendy y William salieron juntos varias veces. Empezaron a gustarse más y más. A él le gustaba la chispeante personalidad de Wendy y su sentido del humor. A ella le gustaba también el sentido del humor de William, así como su sosegada dignidad y su inteligencia. Era una persona reflexiva y considerada, a diferencia de algunos de los hombres escandalosos y machistas con los que había salido en el pasado, sin éxito. Lo mejor de todo era que Wendy sentía que William la respetaba, algo excepcional en su experiencia. La trataba bien.

Cuatro semanas y ocho citas más tarde, él seguía tratándola bien. Wendy se lo agradecía. Pero a estas alturas también quería que William le arrancara la ropa y le mostrase su faceta menos civilizada.

Pero él no quería hacerlo. Prefería esperar.

Pasó otro mes, y Wendy ya empezaba a volverse un poco loca. Quería muchísimo a William, pero él seguía resistiéndose. Ella no sabía qué hacer.

Entonces él le sugirió que se fueran a pasar el fin de semana a una casita que un amigo tenía en el campo.

¡Bingo! ¡A por faena!

Wendy regresó de aquel fin de semana tremendamente feliz, y dos años más tarde siguen siendo felices juntos.

Por tanto, como ve, no todos los hombres se sienten irrefrenablemente atraídos por la búsqueda de la actividad sexual.

Parece demasiado bonito para ser cierto...

Vale, sí, ya lo sé. Pero esta historia es cien por cien verídica. Sin embargo, debo añadir otro dato: no conozco a nadie más que se comporte o se haya comportado como lo hizo William. Ni yo ni nadie a quien yo conozca. William es la excepción, y el resto de nosotros somos la regla.

Al menos soy sincero.

Aforismos sobre los hombres

1. Cuando se acueste por primera vez con un hombre que le gusta, sonría, relájese y disfrute.
2. Dentro del esquema general (es decir, su relación incipiente), la primera vez que se acuesta con un hombre no es importante. Por lo tanto, no se preocupe si sale algo mal. Concéntrese en los besos y en no perder el contacto visual.
3. Considere que su primera noche juntos es otra forma de conocerle, en lugar de una oportunidad para impresionarle con su experiencia sexual.
4. No tema ser egoísta. Dígale lo que le gusta. Pero hágalo del modo en que le gustaría que *él* se lo dijese a *usted*: es decir, con sensibilidad.
5. Hágale pensar que lo está pasando bien. La confianza sexual de los hombres es frágil, pero si usted la cuida, los resultados pueden ser, y serán, impresionantes.

7

Cómo gestionar con dignidad
un rollo de una noche

- Lo que piensan de verdad los hombres sobre un rollo de una noche
- Por qué las mujeres no deben sentirse mal si les gusta
- Por qué una mujer no debe tener muchos rollos de una noche
- Cómo mantener el control de la situación, antes, durante y después

A todo el mundo le gusta hacer el amor, y si usted no tiene pareja y no sabe cuándo será la próxima vez que lo disfrute, ¿por qué no hacerlo siempre que quiera con quien quiera y, siempre que esté segura, al diablo con las consecuencias? Después de todo, estamos en el siglo XXI.

Ésta es una forma de verlo. Otra es que los seres humanos, tanto hombres como mujeres, son básicamente iguales, sin que importe el siglo en que vivan, y esto quiere decir que, aunque un poco de sexo ocasional está bien (y a veces mucho mejor que bien), demasiado es..., bueno, demasiado. En lo más hondo de nuestro ser todos buscamos a alguien a quien amar y que nos quiera, y una relación esporádica no nos ayuda mucho en este sentido.

De hecho, las ventajas de los episodios sexuales de una sola noche (la diversión, la catarsis postsexual, el empujón para la autoestima) sólo existen si usted usa este recurso de vez en cuando.

Las dos razones principales que me hacen sostener esta opinión son éstas:

1. Una persona que recurre muchas veces al sexo de una sola noche es, casi con total seguridad, una persona que no es feliz, y que tiene problemas o asuntos pendientes que no se arreglarán por más aventuras que tenga con más y más parejas.
2. Una relación sexual esporádica muy pocas veces se convierte en una relación seria.

Dejemos claro que esto no es moralina. No juzgo negativamente a nadie por tener rollos de una sola noche. Sencillamente, digo que si el número de episodios sexuales de una persona se dispara es muy probable que su grado de felicidad descienda al mismo tiempo y a un ritmo parecido (o sea, rápido); y que un polvo casual nunca es el mejor remedio para esta situación, tanto si es usted hombre como mujer.

NOTA

En este capítulo trato a los hombres y a las mujeres exactamente de la misma manera. No voy a meterme en las diferencias genéticas entre nosotros, y en por qué quizá los hombres estén mejor adaptados que las mujeres a las escapadas sexuales de una noche.

Respecto al alcohol: si nunca se hubiera inventado la bebida, ¿cuántas aventuras sexuales tendrían lugar?

Hay una cosa que nunca he logrado entender sobre la combinación del alcohol y las mujeres: ¿libera el alcohol a las chicas de sus inhibiciones (es decir, las induce a hacer cosas que quieren hacer en lo profundo de su ser, pero cuyas consecuencias les preocupan demasiado cuando están sobrias); o bien las induce a hacer cosas que jamás harían sobrias? No creo que llegue a entenderlo del todo nunca. En el caso de los hombres, sospecho que, la mayoría de las veces, sucede la primera de estas dos cosas, aunque algunos no lo admitiríamos nunca. Da igual que usted sea hombre o mujer: es fácil echar la culpa al alcohol por algo que hizo. Pero ¿el alcohol es una excusa o un motivo?

Si una persona sin pareja se emborracha, se acuesta con alguien y luego lo lamenta, y quiero decir que lo lamente de verdad, no como cuando quiere salvar las apariencias porque se siente un poco avergonzada, mi consejo es sencillo: en el futuro, no beba. No es tan difícil.

Siguiente pregunta (ligeramente inconexa): ¿excusa el alcohol la infidelidad?

No, no creo que lo haga. En determinada fase del proceso que lleva al acto de infidelidad, la persona (bebida o no) que engaña a su pareja pensará en ella y tomará una decisión: o «No permitiré que pase esto por él/ella», o «Sé que tengo una relación con él/ella, pero aun así voy a hacerlo». El mero hecho de que quien engaña no recuerde que haya tenido lugar este proceso intelectual no lo excusa. Después de todo, ha pasado. Y las reglas son exactamente las mismas para los hombres que para las mujeres.

Lo que piensan los hombres de una aventura sexual

Los hombres, por naturaleza, somos indolentes. Nos gustan los atajos, los caminos con menor resistencia. También nos encanta tener una aventura. De hecho, la naturaleza nos impulsa a buscarlas, y unas fuerzas que llevamos dentro, que no entendemos ni podemos controlar, nos obligan a buscar mujeres que consientan en ello.

Por consiguiente, la mayoría de tíos sin pareja pensaría que salir por ahí una noche, conocer a una chica y llevársela a la cama es todo un éxito. Así que nos gustan las aventuras sexuales. Nos gusta echar un polvo sin tener que experimentar la incertidumbre y la inversión de tiempo que supone el ajetreo de salir con alguien. Lo único que tuvimos que hacer fue salir, bailar un poco, beber otro poco y charlar un ratito, y todo arreglado.

¿Qué podría ser mejor que esto?

En realidad, hay algo mejor que esto: tener relaciones con una mujer que realmente nos gusta. O incluso por la que sentimos amor.

Lo que piensan los hombres de las mujeres que tienen aventuras

Si tengo una relación pasajera con una chica y no vuelvo a verla en la vida, por lo general tendré un recuerdo de ella impreciso pero positivo. Pero esos sentimientos positivos nunca me inducirán a pensar en ella como pareja potencial (no conozco una sola pareja cuyos miembros no fueran amigos antes de enrollarse una noche).

Una vez dicho esto, no pensaremos que esa chica era fácil ni estaba en bancarrota moral, ni mucho menos. La línea de pensamiento masculina será algo así: «Nos conocimos y quiso acostarse conmigo al cabo de unas horas. ¿Quién se lo puede reprochar?»

Ningún hombre criticará a alguien por querer acostarse con él, a menos que sea un homófobo a quien acabe de engañarle otro hombre, en cuyo caso su opinión no nos importa. Por tanto, dentro de ese contexto no interviene la moralina ni el juicio de ningún tipo.

La otra cara de la misma moneda es lo que sucede cuando una chica que nos gusta nos dice que en el pasado se ha acostado con un montón de tíos.

No nos gusta oír eso. De hecho, nos repatea.

Pero antes de que piense que los hombres somos unos hipócritas, permítame añadir otra cosa: muy pocos hombres juzgarán negativamente a una mujer por algo así. Puede que durante un tiempo estemos un poco resentidos, pero se nos pasará. Verá, la mayoría de nosotros toma la decisión racional de tratar a las mujeres como esperamos que ellas nos traten. Eso quiere decir que no la juzgaremos basándonos en lo que pasó antes de que nos conociera, sabiendo que ella tampoco nos echará a la cara nuestro pasado. Lo único que cuenta es lo que ha pasado desde entonces.

Por supuesto, esto no altera el hecho básico de que, aun así, no nos gusta enterarnos de que una chica se ha acostado con muchos tíos. El motivo, sencillamente, tiene que ver con los hombres y con nuestro ego, no con usted.

Anécdota n° 1 de una aventura sexual

Una noche, Eddie salió y conoció a dos chicas, Elspeth y Emily. Uno de los amigos de Eddie salía con una amiga de las chicas, y el trío se juntó cuando los dos grupos coincidieron en el mismo club. Era tarde, y todos habían bebido.

Eddie se sentía pletórico. Acababa de romper con una chica y sentía deseos de volver a probar suerte con las mujeres (no fue una ruptura traumática). Conoció a Elspeth y a Emily y de inmediato se formó una opinión de ellas. Emily era guapísima, y era evidente que no iba a sucumbir a sus encantos fácilmente. Elspeth, aunque no era fea, no estaba a la altura de Emily.

Pero Elspeth era mucho más atrevida que Emily.

Adivine con cuál de las dos acabó yéndose a casa Eddie.

A la mañana siguiente

Eddie se despertó temprano en una cama desconocida. La de Elspeth. Con sus propias palabras: «Estaba borracho, ¿vale? Está claro que Emily estaba más buena y suponía un reto mayor, y dadas unas circunstancias normales, de haber estado sobrio, me habría interesado mucho más ella que Elspeth. Pero Elspeth me lo puso realmente fácil. Apenas había hablado con ella y ya la tenía a pocos centímetros de mi cuerpo. Por supuesto que la besé. Estaba demasiado bebido como para pensar en otra cosa. Opté por la vía rápida».

A la mañana siguiente, Eddie se fue de casa de Elspeth sintiéndose un poco mal. Mientras estuvo en ella no se produjo ningún drama, y por lo que sé los dos lo pasaron bien. Al menos, es lo que me dijo él. El resultado es que anotó su teléfono y al día siguiente le envió un SMS. «No quería salir con ella —dijo Eddie—, pero era la amiga de una amiga, y una chica maja, así que quise mostrarle respeto. Y era muy graciosa, así que pensé que estarían bien unas bromas después de la resaca.»

¿Le parece bien? Yo creo que estuvo bien.

Aquella tarde Eddie le envió un mensaje a Elspeth con una frase ingeniosa que le decía lo mal que se sentía. Ella le contestó diciendo que debería haberse quedado en la cama con ella, en lugar de salir pitando tan pronto. Eddie le contestó diciendo que seguramente tenía razón, y que a lo mejor sería cuestión de que volvieran a acostarse pronto (le dio por flirtear un poco después del mensaje de Elspeth sobre lo de quedarse en la cama).

¿Le parece bien? Vuelvo a pensar que sí, y para los dos.

Pero entonces Elspeth hizo algo que Eddie no se esperaba. Su siguiente mensaje decía: «¡Ja, ja! ¡Tendrás que llevarme a unas cuantas citas interesantes antes de poder acostarte en mi cama otra vez!»

A lo que él contestó: «¡Ja, ja! ¡Qué pena!» Y eso fue todo. Más tarde me dijo: «¿En qué estaba pensando ella? ¿De verdad quería que saliéramos varias veces para poder acostarnos otra vez, después de que se metiera en la cama conmigo apenas tres horas después de conocerla? ¡Anda ya! ¿Qué sentido tendría?»

Aclaremos que Eddie no criticaba a Elspeth por haberse acostado con él tan pronto. No, más bien no entendía qué lógica utilizaba para pensar que aquel tipo de relación inicial iba a llevarlos a «unas cuantas citas interesantes». Si la primera noche no hubieran pasado de unos cuantos besos, Elspeth hubiera tenido razón, y Eddie hubiera quedado con ella la mar de feliz. Pero no después de un rollete nocturno.

Anécdota n° 2 de una aventura sexual: la lección más fácil de aprender

Aquí tenemos otra historia. Una chica me dijo lo siguiente: «Un sábado por la noche conocí a un tío en un bar, me acosté con él y a la mañana siguiente me pidió el teléfono, y me dijo que me llamaría. No volví a saber de él hasta más o menos las once de la noche del viernes siguiente, cuando me envió un mensaje para ver si estábamos cerca el uno del otro. ¿Por qué no me llamó? ¿Es que yo no le gustaba? ¿Debería verle de nuevo? ¿Quiere ser mi pareja?»

Le dije esto: «No le interesas como persona. Nunca serás su pareja. Como te acostaste con él la primera noche que os conocisteis, lo único que eres para él es una pareja sexual. Eso es todo. Desde su punto de vista, cualquier relación entre vosotros se basa en el sexo. Estoy seguro de que le gustas, pero porque te acostaste con él. A lo mejor piensa que eres guapa, pero eso da lo mismo. ¿Por qué no le interesa quién eres? Sencillo: porque no conoce tu personalidad, y es probable que tampoco le interese, dado que ya te has ido a la cama con él. ¿Que si deberías volver a verle? Sólo si te interesa una relación sin compromiso, porque eso es lo único que sacarás de él».

El hecho es que cuando se ofrece irse a la cama con semejante rapidez, no hay manera de convertir la relación en algo más romántico que carnal. No conozco a nadie que haya acabado saliendo con una chica que se acostó con él enseguida. Por supuesto que conozco a parejas que se fueron a la cama la noche de la primera *cita*, pero no el primer día que se conocieron. Existen, de eso también estoy seguro, pero yo no conozco a ninguna.

Las pautas básicas

A las aventuras se les aplican las mismas normas que al resto de su vida sentimental. Son éstas: confíe en sí misma, tenga claro lo que quiere, no sea tímida, no se avergüence y sea fiel a sí misma. Si empieza a sentirse incómoda, deje de sentirse así o váyase a casa. A menos que esté engañando a alguien o durmiendo con un tío que mantiene una relación con una amiga suya, no tiene nada de qué avergonzarse, lo cual quiere decir que todo lo que haga estará bien. Si quiere volver a la casa de un hombre, acostarse con él y luego coger un taxi de vuelta a casa, ésa es su prerrogativa y su privilegio.

La clave para mantener su dignidad antes, durante o después de una relación sexual aventurera es no sentir vergüenza en ningún momento. Esto puede resultar difícil y es donde el alcohol (un poco) puede ser útil para librarse de inhibiciones. Pero no convierta en una costumbre despertarse junto a tíos que parecen más sapos que príncipes.

¿Cuántas veces es demasiado?

No lo sé, porque las cifras no importan. La respuesta depende por completo de los individuos, de modo que sólo usted puede darla. Si es feliz (y quiero decir feliz de verdad, no que tenga que convencerse y convencer a sus amigos de que lo es), entonces no tiene que introducir cambios en su vida. Pero si no es feliz, quizá deba alterar su forma de comportarse.

Los chicos y chicas sin pareja, ¿deberían sacar el máximo partido del tiempo en que no tengan compromisos?

Sí, por supuesto que sí. Pero sacar el máximo partido no significa, necesariamente, acostarse con el mayor número posible de personas. Aprovechar al máximo su tiempo sin compromisos significa tener aventuras y ser feliz, hacer lo que quieran y descubrir cosas sobre sí mismos. Quizás esas cosas tengan que ver con sus preferencias y sus hábitos sexuales, pero también podrían ser un interés por el teatro *amateur*, competir en maratones o bailar en las playas asiáticas mientras sale el sol. Lo que la haga feliz.

El protocolo de la mañana siguiente al rollo sexual

1. Los números de teléfono

Si no quiere el número de teléfono de un hombre tras pasar la noche con él, está bien. Y si no quiere que él tenga su número, también es perfectamente aceptable. Pero si él no hace ningún esfuerzo por conseguir su teléfono o darle el suyo, es que es idiota. Eso no es de buena educación.

2. Marcharse

Si se despierta en casa de un tío después de una aventura sexual, a menos que él sea tremendamente hospitalario y le ofrezca quedarse a desayunar o a tomar un té, es muy probable que desee que se vaya. No le digo que deba irse antes de estar lista (por ejemplo, puede que quiera dormir más, en cuyo caso siéntase libre). Lo único que digo es que la mayoría de los hombres se sienten incómodos en esta situación, lo cual no hará que usted se sienta a gusto. Conozco a un tipo que le dijo a una mujer que esa mañana tenía que jugar al golf a las nueve, sólo para que se fuera. Se vistió con el equipo de golf, reunió la bolsa con los palos y demás, metió todo en el coche y se fue. El problema estaba en que tenía que esperar a que llegara un autobús antes de entrar en su casa, porque la parada estaba justo delante de su piso. Así que se sentó al otro lado de la esquina observando desde detrás de un arbusto hasta que ella se fue. Elegante. Conozco a otro que acompañó a una mujer a casa desde un club, se acostó con ella y, justo después, cuando ella fue al baño, recogió su ropa y salió por pies de la casa. Incluso antes de que ella hubiera vuelto al cuarto. Hay una minoría de hombres que se comportarán de este modo, pero la mayoría no. La mayoría, en la que me incluyo, piensa que eso son muy malos modales.

3. ¿Vergüenza? Ni por pienso

Relájese y disfrute. Si es un tipo atractivo o lo han pasado bien juntos (espero que ambas cosas), no se sienta incómoda o tímida. Relájese. ¿Así que se ha acostado con quien le apetecía? ¿Y qué problema hay? Ninguno. A la mañana siguiente charlen un poquito, váyase educadamente y anótelo en la pizarra de sus experiencias.

La historia que me hizo sonrojar

Cuando empecé a redactar mi columna, fue la excusa perfecta para hacer todo tipo de promesas sobre ser el hombre que nunca diría que no. Me juré hacer lo que fuera, en cualquier momento y lugar, fuera lo que fuese. Hablé con la boca muy grande. Pero en realidad no cumplí mi propósito. Al final, lo más loco que hice fue dejar que me hipnotizasen, que fue divertido pero poco dramático. Pero antes veamos la historia sobre el mayor «no» que dije jamás.

Estaba en un bar, durante una fiesta de los medios de comunicación, cuando empecé a charlar con la mujer que estaba a mi lado. Era atractiva, no una superbelleza pero sí atractiva, y tenía un aspecto inmaculado: el pelo oscuro, era esbelta y llevaba un vestido negro ajustado.

Además le gustaba flirtear, y llevaba una alianza de casada.

No hay problema, pensé, unas cuantas bromas pícaras serán divertidas e inofensivas. Entonces llegó su marido. Se presentó, y proseguimos con nuestra animada charla.

De hecho, lo que ella me decía era, si cabe, más provocativo que antes; me acariciaba el brazo y me miraba mucho a los ojos. Aunque me resultaba raro, a su marido no parecía importarle, de modo que supuse que era su forma de ser.

Seguimos charlando la mar de contentos. Les hablé de mi vida como hombre sin pareja en Londres, y ellos se rieron al oírme hablar de mis columnas, de esa forma afable y ligeramente condescendiente que muestran las parejas casadas cuando escuchan las aventuras de un soltero. Hablamos de trabajo, y resultó que dirigían una empresa dentro de un sector que estaba relacionado con algo que yo hacía en aquellos momentos.

Entonces su marido me preguntó:

—¿Te gustaría venirte con nosotros?

Aquello me pilló por sorpresa.

—Es un poco rápido —contesté—. Hace veinte minutos que nos conocemos, y ni siquiera habéis visto mi currículum. Pero quizá sí. ¿Me acerco a vuestra oficina para hablarlo en otro momento?

Se miraron el uno al otro y sonrieron.

—No —me dijo ella, presionando sus pechos contra mi brazo y acariciándome la nuca—. No es eso lo que quería decir. ¿Te gustaría acompañarnos esta noche? En nuestra casa.

Diciendo esto, me dio un beso suave en la mejilla, y entonces se hizo la luz. Me puse del tono colorado más intenso que pueda imaginarse en una piel humana. Afortunadamente estaba bastante oscuro, de modo que no pudieron ver mi rostro escarlata.

—Es algo que no va mucho conmigo, la verdad —balbuceé, intentando con todas mis fuerzas fingir que lo tenía superado.

—¿Por qué no? —dijo la mujer, apretándose contra mí—. ¿No te gusto?

—Por supuesto que sí —respondí; no quería ofenderla, pero a esas alturas ya estaba desesperado por estar en cualquier otro sitio—. Se trata de tu marido. Es un poco..., bueno, un poco macho para mi gusto.

Entonces ella me susurró al oído:

—Ah, él es heterosexual. La única que te desea soy yo. Él se dedica a mirar.

No juzgo lo que hacen las personas en privado. En serio, para nada. Pero el hecho de que me hicieran semejante proposición me hizo sentir muy, muy incómodo. No quería formar parte del juego sexual de aquel matrimonio, y me sentía completamente fuera de lugar. Les dije que no, gracias, y salí pitando al baño como un niño asustado.

Cuando al final reuní el coraje para volver a asomar la cara por la fiesta, vi a la pareja charlando con otro hombre. El tipo parecía más contento que asustado. Le deseé suerte en silencio y me fui a casa.

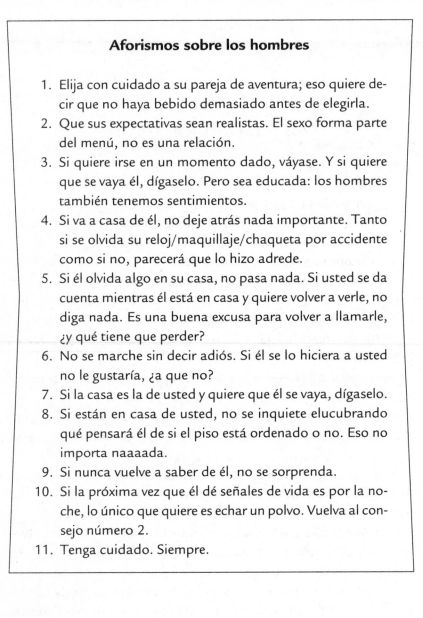

Aforismos sobre los hombres

1. Elija con cuidado a su pareja de aventura; eso quiere decir que no haya bebido demasiado antes de elegirla.
2. Que sus expectativas sean realistas. El sexo forma parte del menú, no es una relación.
3. Si quiere irse en un momento dado, váyase. Y si quiere que se vaya él, dígaselo. Pero sea educada: los hombres también tenemos sentimientos.
4. Si va a casa de él, no deje atrás nada importante. Tanto si se olvida su reloj/maquillaje/chaqueta por accidente como si no, parecerá que lo hizo adrede.
5. Si él olvida algo en su casa, no pasa nada. Si usted se da cuenta mientras él está en casa y quiere volver a verle, no diga nada. Es una buena excusa para volver a llamarle, ¿y qué tiene que perder?
6. No se marche sin decir adiós. Si él se lo hiciera a usted no le gustaría, ¿a que no?
7. Si la casa es la de usted y quiere que él se vaya, dígaselo.
8. Si están en casa de usted, no se inquiete elucubrando qué pensará él de si el piso está ordenado o no. Eso no importa naaaada.
9. Si nunca vuelve a saber de él, no se sorprenda.
10. Si la próxima vez que él dé señales de vida es por la noche, lo único que quiere es echar un polvo. Vuelva al consejo número 2.
11. Tenga cuidado. Siempre.

8

Cuando los amigos
se vuelven amantes

- Por qué los amigos deben tener aventuras
- Por qué los amigos no deben tener aventuras
- Cómo gestionar las expectativas de todo el mundo
- Por qué él no es su aventura idónea
- Cómo conseguir lo que quiere sin hacer nada

Cuando dos amigos intentan convertirse en algo más que amigos, el resultado es a veces bueno, en ocasiones malo, unas veces muy bueno, otras muy malo, y otras una cosa intermedia.

Qué perspicaz, ¿no? Puede que tras una primera lectura, no.

Pero ¿es cierto? Claro.

Para demostrar mi tesis usaré ejemplos de historias reales. Les pondré nombres ficticios ordenados en un útil orden alfabético...

Historia A: la buena experiencia

Alice y Andrew llevaban muchos años siendo amigos. Formaban parte del mismo círculo, y se veían con regularidad. Se llevaban muy bien, y aunque era evidente que existía química entre ellos, no hubo ningún momento en que uno de los dos no tuviera pareja, de modo que los sentimientos que albergaban en secreto el uno por el otro siguieron ocultos.

Pero al final llegó un momento en que ambos se quedaron sin pareja. Un año y medio antes, Alice había roto con su novio, con quien llevaba mucho tiempo, y disfrutaba de su vida de soltera cuando concluyó la relación de Andrew.

De repente todo cambió, y la atracción inefable entre ellos salió a la superficie. Da lo mismo quién le puso palabras (la verdad es que no lo sé). Lo que cuenta es que alguien lo dijo.

¿Y qué pasó entonces? ¿Explotó en sus vidas una relación apasionada antes de que se extinguieran las llamas, dejando a su paso sólo unas ruinas emocionales calcinadas, como un accidente de avión o un suceso dramático y devastador?

No.

Ni de lejos, vamos.

En el momento de sus vidas en que sucedía esto (finales de los veinte y principios de los treinta años), la pareja era lo bastante madura y sabia como para no caer en la trampa de permitir que el deseo superara a la lógica. A ambos les importaba mucho el otro, y pensaban que sus intensos sentimientos podían llegar a ser algo serio. Pero Andrew iba con cuidado, porque acababa de salir de una relación. No quería que Alice fuera su red de seguridad, porque ella le importaba y la respetaba mucho. Y Alice estaba preocupada por exactamente el mismo motivo, porque conocía perfectamente los detalles sobre la relación de Andrew, apenas superada.

Ambos fueron sinceros el uno con el otro y hablaron de la situación muy abiertamente, lo cual incluyó que él le dijese que, aunque *pensaba* que albergaba poderosos sentimientos hacia ella porque todas las fibras de su ser le decían que ella era muy, muy especial, no podía estar seguro de que la percepción de sus propias emociones no hubiera quedado distorsionada por la ruptura reciente.

Alice comprendía lo peligrosa que resultaba su posición, pero aun así, aunque no empezaron a dormir juntos, pasaron un tiempo como pareja alejados de sus amigos. No podían evitarlo. Durante aquella época, ella empezó a enamorarse del todo de Andrew, a lo grande, y un mes más tarde le dijo que las cosas no podían seguir así, sin que ella supiera si existía alguna posibilidad de que, en determinado momento, estuvieran juntos. Alice decidió que tenía que protegerse, de modo que le dijo a Andrew que no quería verle por lo menos durante un mes.

Me complace decir que la reacción de Andrew no fue la del hombre inmaduro que decide que quiere algo en cuanto le dicen que no puede tenerlo. En lugar de eso, respetó sus deseos y se retiró (lo cual complació a las amigas de ella, porque era evidente que hacía lo correcto).

A pesar de las buenas intenciones de Andrew, entonces Alice se quedó inmersa en un espantoso limbo emocional. Sabía que, en la práctica, lo había alejado de su lado para que decidiese si realmente ella le interesaba o no, lo cual significaba que quizás al cabo de pocas semanas él volvería con los brazos abiertos. Pero también era posible que no volviese. Por tanto, para Alice era cuestión de todo o nada, y lo peor era que ahora no podía hacer nada para alterar la decisión de Andrew.

En realidad, sí había algo que podía hacer. Y ese algo era... nada.

¿Nada?

Eso, nada.

Verá, al no hacer nada no le presionó, y ella no quedó como alguien posesiva o desesperada, actitud que no resulta atractiva. Tenga en cuenta que no hizo «nada» (el negativo doble es deliberado) concretamente por ese motivo. No hizo nada porque es una mujer sabia, sincera, dotada de inteligencia emocional, segura de sí misma, que no juega a nada y que desea mantener intacta su dignidad.

Y ésa es precisamente la razón por la que, una vez que transcurrió el mes, Andrew se moría de ganas de volver a verla.

El arte de no hacer nada provechosamente

En realidad, no hacer nada no fue realmente no hacer *nada*, si usted me entiende. No hacer nada fue una táctica inteligente. Puso la pelota en el campo de Andrew, y le hizo pensar en lo que quería. También es posible que sembrara en su mente las semillas de la duda, porque Alice le dijo que había aceptado que era posible que él no la quisiera. Ella estaba preparada para esa eventualidad, y este tipo de madurez es impresionante para los hombres, sencillas criaturas que somos. Ella dejó claro su punto de vista, y no pensaba presionar a Andrew para hacerle cambiar de parecer.

La idea esencial es la siguiente: Alice mantuvo el control todo lo que pudo. Además, fue fiel a sí misma, porque se aseguró de que Andrew supiera lo que sentía por ella. Eso requiere fuerza y, como ya he dicho, sabiduría. Y los hombres admiramos esas cualidades.

Sinceramente, nunca sabré cómo consiguió Alice mantener embotelladas sus emociones durante ese mes sin contactar con él. La respeto muchísimo por eso. Y es posible que, si no hubiera mantenido la cabeza fría, Andrew hubiera acudido a ella corriendo de todos modos (es lo que me gusta pensar). Pero nunca lo sabremos. Sin embargo, lo que sí sabemos es que Alice es una chica lista que hizo exactamente lo correcto en el momento adecuado.

Una idea más: esta historia hace que Alice parezca una reina de hielo, una chica calculadora y carente de emociones. Pero la conozco bien, y sé que no es nada de eso. Es una persona cálida, inteligente y segura de sí. Andrew es cariñoso y respetuoso con ella, y los dos son ahora muy felices.

MORALEJAS DE LA HISTORIA
- *Ahí fuera hay tíos que valen la pena (al menos uno).*
- *A veces, no hacer nada es lo más correcto.*

Historia B, primera parte: la mala experiencia

Bob tiene 27 años. Tiene una amiga, Beatrice, que tiene 26. Estudiaron juntos en la universidad, y son muy buenos amigos. Salen juntos los fines de semana, charlan sin cesar y mantienen una relación muy estrecha.

Bob y Beatrice nunca se han besado, pero él se siente muy atraído por ella. De hecho, piensa que está enamorado. Cada vez que la ve es una tortura para él. Funcionan muy bien como amigos, pero él quiere más. Mucho más.

¿Alguna vez Beatrice le ha hecho pensar que ella siente lo mismo? Bob no está seguro. A ella siempre le gusta verle, quiere pasar tiempo con él y, evidentemente, se divierte a su lado. ¿Qué quiere decir eso? Bob no lo sabe.

¡Pobre Bob!

Durante meses y meses Bob se tortura pensando qué debe hacer. Todos sus amigos saben lo que pasa, y sospechan que a ella no le interesa. Seguramente los amigos de ella también lo saben, y es probable que piensen lo mismo. Pero nadie le da un consejo claro sobre lo que debe hacer. Creen que no es probable que ella llegue a interesarse por él, y no quieren que Bob se lleve un chasco, pero tampoco soportan verle tan abatido, sin tener a la vista la salida de ese purgatorio falto de amor en el que vive. Para ellos es una situación delicada.

Mientras pasa esto, Bob tiene relaciones con otras chicas, pero nunca le pone muchas ganas, y siempre acaba decepcionándolas porque ninguna de ellas es Beatrice, de modo que no están a su altura.

Entonces, ¿qué debería hacer Bob?

Soportó su sufrimiento más del tiempo del que debería haberlo hecho, porque cada vez se sintió más frustrado e infeliz, y al final (*al final*) decidió hacer algo positivo. Le dijo a Beatrice cómo se sentía. Lo cual, en mi opinión, era lo mejor que podía hacer. Necesitaba saber qué pensaba ella, de modo que pudieran empezar algo no platónico, o bien que él pudiera iniciar el proceso de distanciarse de ella.

¿Qué sucedió?

A Beatrice no le interesaba, y Bob tuvo que seguir con su vida.

Una vez más, ¡pobre Bob!

Historia B, segunda parte: donde nuestra «mala» experiencia se convierte en «buena»

¿Quéee? ¿Cómo es posible que algo así se convierta de repente en una experiencia «buena»? ¿Es que a Bob no acaban de romperle el corazón?

Buena pregunta.

Y aquí está la respuesta, que es incluso mejor.

Sí, a Bob le han partido el corazón. Pero los corazones rotos se arreglan, y al contarle a Beatrice cómo se sentía, Bob contribuyó a que el suyo comenzara a sanar.

Antes que nada, mantuvo el control de la situación (otra vez la frasecita) todo lo que pudo. Es imposible dominar del todo las emociones, pero hizo lo correcto en unas circunstancias difíciles para él. El resultado es que pudo empezar a dejar atrás a Beatrice, porque ahora debía aceptar que nunca pasaría nada entre ellos. Punto final, fin de la historia, cae el telón, callejón sin salida, *game over*, nada. Nunca estarían juntos.

Sé que para Bob debió ser duro, pero infinitamente preferible a seguir viviendo en la indefinición como lo hacía antes.

¿Y sabe lo que pasó unos meses después, cuando Bob ya había avanzado mucho en su camino de dejar atrás a Beatrice?

Eso mismo: conoció a una chica. De hecho, conoció a *la* chica.

Y por eso es una «buena» experiencia.

Bob fue muy valiente, fue a por lo que quería, se enfrentó a los hechos cuando le rechazaron, y luego siguió con su vida de una forma positiva.

MORALEJA DE LA HISTORIA
Si a usted le gusta alguien y no sabe si le corresponde, es mucho mejor descubrir que no y dejar atrás a esa persona que seguir obsesionada con ella.

Historia C: la experiencia muy buena

Calvin y Clementine se conocieron en el trabajo. Durante años fueron buenos amigos. Ella mantuvo una relación sentimental muy, muy larga (nueve años; en mi libro, todo lo que supere el año es «largo»), y él tuvo un par, pero más breves. Durante ese tiempo, Calvin y Clementine mantuvieron una relación estrecha.

Entonces ella rompió con su novio, y poco después descubrió que sentía algo por Calvin que era más fuerte de lo que había pensado anteriormente. Y ahora él también estaba sin pareja, lo cual suponía una oportunidad para ir a por todas.

Cierto día, Clementine, una chica valiente, reunió el valor para decirle a Calvin cómo se sentía (aplaudo su coraje). Se sentó con él, puso el corazón sobre la mesa y... Calvin le dijo que ella no le interesaba en ese sentido. Era su amiga, y eso era todo.

Como es lógico, Clementine se quedó muy conmocionada al oír esto, y le pidió a Calvin que durante un tiempo no se vieran, porque a ella le resultaría demasiado duro verle. Él le dijo que sí, que por supuesto. Clementine era su amiga, y no quería hacerla sentirse peor de lo que ya se sentía (él se sintió muy culpable por causarle aquel sufrimiento).

Unas tres semanas después, y sin que mediara contacto alguno entre los dos, Calvin iba conduciendo cuando pasó por un parque donde, un par de meses antes, había pasado una tarde divertida con Clementine, relajándose al sol. El recuerdo le hizo sonreír, y su mente le llevó de vuelta a aquel día...

Entonces su estado de ánimo cambió radicalmente cuando la imagen de ellos dos charlando y dormitando bajo el sol estival dio paso a la imagen de la última vez que vio a Clementine, cuando ella le acompañó a la puerta de su piso después de que él destrozara las esperanzas de que estuvieran juntos. Volvió a ver su rostro, sus intentos de contener el llanto, casi incapaz de mirarle a la cara.

Aquellos dos recuerdos dieron vueltas por la mente de Calvin durante unos instantes hasta que se asentaron, y cuando lo hicieron, fue como si encajaran por fin las piezas de un puzzle.

«¿Qué he hecho? —pensó—. ¿Qué puñetas he hecho? ¿Y si fuera demasiado tarde?» Y casi tuvo un accidente con el coche.

No había tiempo que perder. Ya había transcurrido demasiado.

Calvin llamó a Clementine y le preguntó dónde estaba.

«En casa», contestó ella.

Él le dijo que con el coche estaría allí en diez minutos.

Tres minutos después, durante los cuales se saltó la normativa sobre velocidad, Calvin llamó a su puerta.

Clementine la abrió y..., bueno, él no me contó qué pasó después, porque es todo un caballero. Pero no es difícil imaginar qué sucedió, porque ocho meses después Calvin le propuso matrimonio a Clementine, y ahora están felizmente casados.

Me encanta esta historia.

MORALEJAS DE LA HISTORIA
* *Los cuentos de hadas pueden pasar.*
* *Correr riesgos puede dar buenos resultados.*

La historia D: un episodio muy triste

Derek y Doris se conocieron en el trabajo. Ella tenía novio, y era una chica bastante seria. Derek era un par de años menor que ella, y muy bromista. Se llevaban bien, se apreciaban.

Entonces Doris rompió con su pareja y Derek comenzó a prestarle más atención. Una atención diferente. Una atención que revelaba sus intenciones.

Después de que ella lo meditara a fondo, empezaron a verse. Doris sabía que acababa de salir de una relación, pero Derek era un tío majo. Eran amigos, de modo que podía confiar en él, ¿verdad?

Error.

Unas tres semanas después, cuando Doris y Derek habían pasado unas pocas noches juntos, él decidió que, después de todo, ella no le interesaba. Doris se puso furiosa. Se sentía herida y profundamente decepcionada con él. ¿Por qué se comportaba así?

Lamentablemente, o Derek no era muy maduro, o es que es de esos hombres que, una vez que han conseguido a una chica, pierden el interés. Puede que lo hiciera conscientemente (en otras palabras, quizá fuera detrás de una mujer hasta que ésta sucumbiera a sus atenciones, y luego pasara a otra), o quizá lo hiciera una vez tras otra sin entender realmente por qué. Espero que se trate del segundo motivo. A mí no me parecía hipócrita, sólo un poco torpe. Quizá, sencillamente, es que era demasiado joven y le daba miedo comprometerse, al darse cuenta de lo que tenía delante.

Me temo que muchos hombres son así, y Doris tuvo la mala suerte de meterse de lleno en la trampa.

Cómo eludir la trampa

Es imposible estar seguro al cien por cien, pero existen algunos indicadores a los que puede recurrir cuando se plantea si un amigo debe convertirse en algo más que eso. Como dije, esas señales no son definitivas, sólo indicadores útiles.

Son estos tres: la edad, la historia y el instinto.

Edad: ¿Es joven? ¿Tiene veintipocos años o alrededor de los 25, o es al menos un par de años más joven que usted? Si la respuesta a cualquiera de estas preguntas es sí, se encuentra en el grupo de edad con mayor probabilidad de ser uno de esos tíos. Quizá sea mejor tenerlo como amigo, sin permitirle convertirse en pareja.

Historia: En su vida adulta, ¿ha tenido una pareja durante bastante tiempo, una chica con la que acaba de romper, o nunca ha estado solo? Si la respuesta a cualquiera de estas preguntas es sí, quizá no sea la mejor elección para una relación a largo plazo en estos momentos.

Instinto: Éste es peligroso, como descubrió Doris. ¿Qué le dice su instinto sobre él? ¿Es buena persona? ¿Es sincero? ¿Siente que puede confiar en él? Si la respuesta es que sí, es posible que *no* sea uno de los tíos de los que hay que precaverse. Pero sólo es posible.

¿Qué hubiera pasado si Doris se hubiese planteado estas tres preguntas sobre Derek antes de liarse con él? Que hubiera marcado la casilla del «sí» tres veces. Estaba solo por primera vez desde que cumplió los 18, y sólo tenía 24 años, de modo que era dos años menor que ella. Dos malas señales. Sí, a ella le gustaba y se fiaba de él, sin duda. Pero con dos de tres «señales de advertencia» debería haber dejado su amistad como estaba.

Esto es lo que me hace pensar que él no la trató mal adrede. Yo lo llamaría títere antes que mal nacido, alguien que no pretende tratar mal a las mujeres, pero que acaba haciéndolo a pesar de todo. Él pensaba que sabía lo que quería (a Doris), pero entonces, cuando le pareció que podrían comprometerse mutuamente, algo en su mente le dijo que saliera por pies.

Un tipo de su edad, con esa falta de experiencia de la vida sin pareja, cuando miró a Doris, seguro que oyó en su cabeza una voz que decía: «Ahí fuera puede haber algo mejor que ella», y eso independientemente de cómo fuera ella. Él sabía que era una chica estupenda, pero en lo profundo de su subconsciente se albergaba una idea que le incordiaba y que no lograba identificar, lo bastante insistente como para inducirle a no comprometerse. Y ese pensamiento era la fantasía de que, en algún lugar del mundo, había una supermodelo que le aguardaba.

Cómo crecen los hombres (sí, de verdad crecen)

A medida que los hombres crecen, aprenden a distinguir lo real de lo que no lo es, lo cual significa que si Derek hubiera sido dos años mayor que Doris y, por lo tanto, hubiera tenido cuatro años más de experiencia, es posible que se hubiese dado cuenta de que las chicas como ella no abundan. Como resultado, se hubiera hecho con ella antes de que otro tuviera la oportunidad de arrebatársela.

Pero era demasiado joven e inexperto como para darse cuenta del valor de lo que tenía delante.

Aunque Doris *fuera* de verdad una supermodelo, el resultado hubiera sido el mismo, porque en esa fase de su vida Derek no había conocido a suficientes mujeres como para saber lo estupenda que era de verdad.

Esto pasa constantemente. A mí me ha pasado. No quiero decir que me arrepienta, sino más bien que me comprometí con chicas y luego salí huyendo a la primera señal de que aquello iba a ser en serio, y sin tener motivos identificables. Todos los hombres lo han hecho. No podemos evitarlo, y eso no nos convierte en mala gente; es tan sólo un indicio de que tenemos que madurar.

A las mujeres que han padecido esta situación, seguramente esta información no las consolará en absoluto. Pero así es como funcionamos. A veces los hombres tropezamos con nuestras propias mentes, y no podemos evitarlo.

Recuerde: *si esto le sucede, no es culpa suya, ni tiene ningún problema de personalidad.* De hecho, que un hombre le haga eso es casi un cumplido, porque lo que está diciéndole en la práctica es que usted es el tipo de mujer con la que puede imaginarse en una relación a largo plazo, pero que no quiere mantenerla *precisamente ahora.*

(Por cierto, si esto le sucede una y otra vez, *sí* que es culpa suya, y tendrá que empezar a quedar con otro tipo de hombre. En otro capítulo ya le diré qué hacer al respecto.)

Doris de nuevo

Doris no odiaba a Derek por lo que hizo. Le entendía. Pero eso no alteró las consecuencias para ella: se sintió dolida y decepcionada en un momento de su vida cuando era muy, muy vulnerable, y como resultado, pasó mucho tiempo antes de que volviera a bajar la guardia con otro hombre. Mucho, mucho tiempo. Lo cual es muy triste, porque Doris es una chica estupenda.

No creo que debiera haber permitido que la conducta de Derek la afectase tanto. Quizá comprendía a Derek, pero lo que no entendía, y lo que hizo que tardase tanto en superarlo, es que no fue nada *personal.* Cualquier mujer que hubiera conocido a Derek en aquel momento de su vida habría recibido el mismo trato. De hecho, apostaría lo que fuera a que ella no fue la única que sufrió de esa manera. Pero Doris se lo tomó como algo personal cuando no debería haberlo hecho, porque no lo era.

Una conducta como la de Derek suele deberse más al hombre en concreto y a su forma de pensar que a la mujer. Esto pasa un 99 por ciento de las veces. Recuérdelo. No es usted, es él.

El *otro* tipo de chico

Derek no se propuso deliberadamente seducir a Doris y luego, una vez que se hubo divertido, seguir su camino. Pero sí que hay tipos que se comportan así. Lamentablemente, es muy difícil detectarlos o detenerlos, sobre todo cuando las emociones hacen que usted sea más vulnerable de lo habitual.

Si duda de la intención que tiene alguien respecto a usted, procure detectar las señales que mencioné antes, como tener presente el historial romántico de esa persona; los hombres, como los leopardos, raras veces cambian de manchas. Además, dese cuenta de si están demasiado cómodos y confiados (ésta es siempre la prueba definitiva).

Pero hay una cosa cierta, y da igual si el tipo que lo hace es un títere como Derek o un mal nacido como muchos otros. Lo cierto es que *no es nada personal.* Así que no se culpe. Sacúdase el polvo y siga adelante. Aprenda de sus errores. Y haga lo que haga, no permita que la conducta de un idiota le impida conocer a otro hombre que no sea una marioneta o un mal nacido. Por ahí fuera hay algunos hombres buenos.

Como ya dije, esto le ha sucedido a numerosas mujeres antes que a usted, y lamento decir que sigue pasando. Recuerde lo que le he dicho sobre concederse la mejor probabilidad de que no le suceda a usted.

MORALEJA DE LA HISTORIA
Los hombres pueden ser idiotas. Sobre todo los jóvenes. Así que sea prudente.

Una cosa más: lo que siempre la hará sentirse mejor

Para animar a Doris le conté la siguiente historia. ¿Funcionó? En realidad, no. Pero al menos supo que había alguien que estaba peor que ella.

Bueno, a lo que íbamos: la historia.

Todo el mundo tiene una anécdota favorita sobre un desastre sentimental, y aunque a mi edad ya he escuchado un montón, no recuerdo ni una sola que se acerque siquiera a ésta, por lo que respecta al grado de la catástrofe. También demuestra que las mujeres son capaces de comportarse igual de mal que los hombres. En realidad, mucho peor. Siga leyendo para descubrir por qué.

Mi amigo Ben conoció a una chica llamada Beth gracias a unos amigos en común, y conectaron de inmediato. Ben y Beth salieron varias veces juntos y se lo pasaron muy bien. Un par de semanas más tarde ya pasaban noches juntos, y parecía el principio de una hermosa relación.

Entonces Ben llevó a Beth a la fiesta de un buen amigo. Ben no conocía a muchos de los asistentes, pero eran gente divertida, y quería volver a ver a su amigo y pasar la tarde con su nueva novia (porque a estas alturas ya era su novia).

La fiesta empezó bien; tomaron unas copas y conocieron a unas cuantas personas nuevas e interesantes. Beth se puso un poco entusiasta debido al alcohol, pero a Ben no le preocupó demasiado. Después de todo, sólo es cuestión de tiempo que alguien se emborrache delante de un nuevo amor. Se limitó a sonreír, porque Beth iba a ser la primera en caer.

En torno a las once de la noche, Ben fue a buscar unas copas para Beth y para él, y la dejó hablando con unos nuevos amigos. Cuando volvió un minuto después, se la encontró morreándose con uno de los tíos a los que acababan de conocer. Ben se lo tomó con calma, achacándolo al demonio del alcohol. La tocó en el hombro y le pasó el vaso. Beth le dio las gracias educadamente, dejó el vaso sobre la mesa y siguió con sus besos apasionados al otro hombre, momento en el que Ben estaba ya tan descolocado que no pudo hacer más que quedarse allí plantado, mirando. Unos minutos más tarde, ambos se fueron a casa juntos.

No, Beth y Ben no: Beth y el otro tío.

No puedo imaginar cómo se sintió Ben. Al final, Beth pasó la noche con aquel hombre nuevo, y Ben volvió a casa, solo y humillado. Pero la cosa no acabó ahí. Beth se pasó la semana siguiente llamándolo constantemente, pidiéndole perdón, diciendo que le avergonzaba su conducta y que nunca volvería a suceder. Ben le dijo, con razón, que se metiese el arrepentimiento donde no brilla el sol. En serio: ¿cómo podía esperar una segunda oportunidad después de aquello?

Lo único bueno que tiene esta historia tan sórdida (y, por tanto, lo único positivo que puedo sacar de ella) es que me alegro de que le pasara a otro y no a mí. Por lo tanto, la próxima vez que tenga una cita que acabe fatal, piense en Ben y dé gracias por no estar en su piel. Y si eso no consigue que se sienta mejor después de lo que le haya pasado, nada lo conseguirá.

El resto

Podría haber llenado un libro entero con historias sobre cómo las relaciones amorosas entre amigos no funcionaron. Pero también podría llenar un millón de libros con historias de relaciones amorosas con desconocidos que tampoco salieron bien. El principio presente en ambas situaciones es exactamente el mismo: dos personas empiezan a salir y acaba bien o acaba mal. Sencillo.

¿De qué me servían los amigos cuando estaba sin pareja?

Para ser brutalmente sincero, hasta que conocí a Charlotte en la boda de un amigo, la verdad es que no de mucho. De hecho, muchas veces no hacían más que empeorar las cosas.

Por supuesto, hubo momentos en que pensé que estar sin pareja era muy guay. La independencia, la emoción de no saber qué pasaría, a quién iba a conocer y en qué momento.

Pero también había momentos en que no era tan divertido, y hubo una semana en concreto en la que estar sin pareja fue espantoso. Todo empezó cuando recibí una llamada de una amiga, Anne, que tampoco tenía pareja.

Estábamos charlando la mar de encantados cuando ella me dijo: «Humfrey, ¿tú me harías de red de seguridad? Acabo de ver un episodio de *Friends* donde se ponen de acuerdo para casarse si al cabo de diez años siguen sin pareja. Como tú no tienes a nadie, pensé que te lo podría preguntar».

Lo sorprendente es que pensó que me iba a halagar.

Craso error.

La petición me hirió por dos motivos. Primero, a sus ojos yo sólo servía como red de seguridad. Y segundo, Anne pensaba que dentro de diez años yo seguiría solo. Es magnífico saber que una amiga tiene tanta fe en ti. Así que le dije que no, que no pensaba ser la red de nadie.

Luego, un par de días después, fui a la fiesta del cumpleaños de un amigo. Estaba disfrutando de la velada, no haciendo nada especialmente pervertido, cuando se me acercó una joven y me dijo: «He oído que eres el último soltero del grupo, así que se me ha ocurrido acercarme a hablar contigo, porque yo tampoco tengo pareja».

Era una chica atractiva (alta y rubia), así que en teoría aquella presentación debía haber sido genial. Siempre respeto a las mujeres que saludan a los hombres que no conocen. Pero esa vez, no.

El único motivo por el que hablaba conmigo era porque yo estaba sin pareja, y yo no estaba de humor para el tipo de conversación basada puramente en eso; a ver, ¿no se le ocurría nada más que decir? Otro día, cuando tuviera otro estado de ánimo, quizá su forma de abordarme me hubiera sentado de otra manera, pero el momento en que lo hizo no era el idóneo.

Cómo *no* conocer a la futura señora H

¿Se acuerda de B, el peor hombre del mundo? Bueno, pues dado el estado de mi moral después de esos dos incidentes, pensé en salir a pasar la tarde con él. No esperaba conocer a ninguna chica (en esa fase no era muy optimista respecto a los ligues), pero sabía que, si no otra cosa, la velada me aportaría unas cuantas risas.

Tras un par de copas, B empezó a charlar con dos rubias muy atractivas a las que llamaré Chica Uno y Chica Dos. Estaba claro que a B le interesaba la Chica Uno, de modo que esperaba que yo entretuviese a la Dos mientras él desplegaba sus artes. Aunque charlar con una chica era lo último que me apetecía hacer, no me importó ayudarle a conseguir su objetivo entreteniendo a la amiga, porque él hubiera hecho lo mismo por mí.

Entonces, ¡buenas noticias! No tendría que charlar con la Chica Dos para entretenerla. Llevaba un anillo de prometida, de modo que podríamos hablar sin la presión extra presente cuando dos personas se evalúan con miras a una cita/polvo/boda/lo que sea.

B y la Chica Uno se lo estaban pasando muy bien, de modo que la Chica Dos y yo acabamos charlando mucho rato. Le pregunté sobre su novio, y ella me explicó cómo se conocieron y todo eso.

Pasaré al momento en que la conversación se puso interesante. Llegó poco después de que la Chica Dos dijera:

—Nuestro principal problema es que se pasa fuera semanas enteras debido a su trabajo.

—Debe resultar difícil —dije.

—Lo es. Hablar por teléfono lo hace más llevadero. Pero lo que realmente echo de menos no puede arreglarse por teléfono.

Aquí es cuando llegó la parte interesante...

Me miró a los ojos y me dijo:

—Pero tú podrías ayudarme. ¿Te interesaría pasar un tiempo juntos sin expectativas? Sólo sexo, nada más.

Ahora bien, si usted ha leído el resto de este libro sabrá que tengo una norma sobre no relacionarme con mujeres que tienen pareja: no hacerlo. Nunca.

Si quiere saber por qué, vuelva a las dos historias concretas del capítulo donde figura la historia del Gran Error. Mucho tiempo antes había decidido que no iba a permitir que me sucediera algo así, de manera que no había posibilidades de que me enrollase con aquella mujer. Se lo dije y pareció sorprendida. Parece ser que nunca antes le habían dicho que no.

Quizá no sea extraño que a partir de aquel momento la conversación fuera un poco forzada. Afortunadamente, la Chica Uno y B habían decidido irse juntos a un club, de modo que la Chica Dos y yo tuvimos la oportunidad fácil de marcharnos cada uno por nuestro lado sin causarle problemas a mi amigo. Pero ella no renunció.

Al día siguiente, la Chica Dos contactó conmigo por Facebook para decirme que, si había cambiado de opinión, la oferta seguía en pie. Pero no aproveché la ocasión.

Un poco de «¿Qué pasaría si...?»

Es evidente por qué no quise relacionarme con la Chica Dos: no quería verme atrapado en otra situación complicada. A esas alturas ya sabía que si empezaba algo con una mujer, tendría que venir sin equipaje. Y un novio es un *gran* equipaje.

Pero, al mirar atrás, no puedo por menos que preguntarme qué habría pasado si hubiera conocido a la Chica Dos unos meses antes, cuando las citas ocasionales me parecían bien. ¿La hubiera rechazado con la misma facilidad? ¿Habría rechazado a una chica ardiente que me ofrecía sexo, puro y duro, sin compromisos añadidos?

Quizá no. No, digamos que probablemente no. Y entonces, ¿qué? ¿La Chica Dos y yo hubiéramos vivido felices para siempre? ¿O el novio de la Chica Dos me hubiera seguido la pista y me hubiese arrancado las uñas con unas pinzas oxidadas? Ni idea. Pero, acabara como acabase, estoy seguro de que la historia no hubiera ido bien.

Me alegro de haberle dicho que no.

Conclusiones

Por la propia naturaleza del proceso de citas (los hombres y las mujeres besan a unas cuantas ranas antes de encontrar a su príncipe/princesa), hay muchas, muchas más historias de ligues fracasados que de amor eterno. Esto es cierto tanto si el romance se produce entre dos amigos que han jugado juntos desde pequeños, como si es entre una pareja cuyo primer encuentro fue un roce libidinoso en una sala de baile cargada a la una de la mañana, después de demasiados vodkas y Red Bulls.

En general, da lo mismo la pinta que tenga el trasfondo en el que una pareja empieza a salir. La gama de resultados posibles siempre es la misma: o acabará funcionando o no.

Y por eso no aconsejo a nadie que salga con un amigo/a. Sin embargo, añado que sólo debería hacerse si piensa que la relación puede convertirse en algo serio. Empezar una relación amorosa con un amigo cuando sabe que no será más que un rollo pasajero es, sin duda, una mala idea, sencillamente porque una de las dos personas involucradas en la relación acabará queriendo más de ella. El uno o el otro permitirá que la cosa empiece porque se siente solo o aburrido, o porque lo ve como una forma sencilla de echar un polvo (ésa suele ser la razón del hombre, a menos que durante años haya estado enamorado de la chica en secreto). Si cree que está en el punto de mira de una de estas situaciones, aléjese a toda máquina. Cuanto más dure, más pensará él que puede tratarla así, y más lastimada estará usted cuando todo termine, porque sin duda terminará. Y si es usted quien ve esta relación simplemente como una manera fácil de llevar al hombre a la cama, entonces deje de aprovecharse de su amigo. No es justo.

Pero si salir con un amigo se convierte en algo más profundo, entonces hay posibilidades de que tenga entre manos algo estupendo. Y si ése es el premio potencial, corra el riesgo.

Por lo tanto, resumiendo, dos de los cuatro escenarios posibles tuvieron finales que no fueron del todo negativos. ¿Qué nos dice esto? Nos dice que, cuando hice mi afirmación radicalmente prosaica al principio de este capítulo, tenía toda la razón del mundo: a veces, convertir la amistad en algo más funciona, y otras veces no.

Si añadimos a esto mi propia historia (el Gran Error, del capítulo 2), entonces hay ligeramente más probabilidades de que la cosa no funcione. Pero, como ya expliqué antes, eso es lo que pasa con todo tipo de citas.

Un último comentario

Cuando redactaba mi columna, a veces los lectores me enviaban *e-mails* pidiéndome consejo sobre sus propias vidas amorosas. Una semana se me ocurrió ofrecerme como consultor sentimental, a ver qué material podía conseguir. Me escribieron docenas de personas, que me hicieron todo tipo de preguntas (un pobre hombre me pidió incluso asesoría legal sobre cómo conseguir que su esposa separada no se llevara a su hijo al otro extremo del mundo). La pregunta más habitual (en torno al 80 por cien) solía seguir esta línea: «Querido Humfrey: me gusta alguien, pero no sé si a él/ella le gusto yo. ¿Qué debo hacer?»

Cuando sumamos todas las historias que he contado en este capítulo y todas las otras ocasiones en que he visto esta situación, el resultado me dice que debería expresarle sus sentimientos a esa persona (a menos que esté casada, tenga hijos o ambas cosas).

La idea es ésta: no tema correr riesgos. Es cierto que puede que no funcione. Quizá, si un hombre al que usted ha amado desde la distancia durante años le da calabazas, sienta que le ha roto el corazón. Pero ¿eso no es mejor que no saberlo nunca? ¿Es que no es mejor, en todos los sentidos, probar y fracasar que no probar jamás?

Por supuesto que lo es.

Sea valiente y vaya a por lo que quiere, porque si sale bien y ese amigo y usted disfrutan luego de una larga y feliz vida juntos, la recompensa es espectacular. Vale la pena arriesgarse, ¿no?

Si no sale bien, al menos lo habrá intentado. No sea una de esas personas que no se mueven del sitio por miedo a tropezar. Ésa no es manera de vivir, tanto en su vida sentimental como en cualquier otra faceta de su existencia.

Una advertencia
(un último comentario, segunda parte)

Esto no quiere decir que deba ir por ahí declarando su amor eterno a cualquier hombre por el que sienta un mínimo interés. Recuerde que no hacer nada también es una buena táctica. Use su juicio para decidir cuál emplear.

Aforismos sobre los hombres

1. Elija con mucho cuidado a los amigos con quien aspirar a algo más.
2. No maltrate a sus amigos.
3. Sea sincera.
4. Sea valiente y corra riesgos: la recompensa potencial es tremenda.
5. Si no sale bien, haga lo posible por salvar su amistad.

9

Por qué es un error buscar a su Don Perfecto imaginario

- Por qué el «hombre de sus sueños» nunca cumple sus expectativas
- Cómo se presentan los hombres, comparados con cómo son realmente
- Por qué un hombre de verdad no pretende ser algo que no es
- Cómo detectar a un impostor

Cuando empiece a leer el párrafo siguiente, quizá le dé la impresión de que me he olvidado que este libro habla de las citas. Pero sígame el rollo, porque no he perdido la cabeza. Todo se aclarará.

Cuando empecé mi negocio hace cuatro años, surgió una oportunidad que parecía extraordinaria. Alguien empezaba una empresa y necesitaba mi ayuda, y a cambio me daría una participación en su negocio. Si sus previsiones eran certeras, esa participación me haría millonario varias veces en menos de doce meses. En aquella época yo andaba desesperado por hincarle los dientes a algún trabajo que me ofreciese recompensas a largo plazo, de modo que aproveché la ocasión.

Para resumir una historia larga y peliaguda, acabé ganando absolutamente nada. Ni un penique. De hecho perdí dinero, igual que la empresa, y todo el «negocio» fracasó de manera estrepitosa.

La primera vez que oí hablar de aquella oportunidad supuestamente magnífica, yo carecía de experiencia en el mundo de los negocios (en mi vida había visto nada parecido) y estaba desesperado por que algo así llegase a mi vida. En consecuencia, me tiré a la piscina demasiado rápido, comprometiéndome totalmente sin realizar un análisis exhaustivo de la situación, ni de lejos, y sin detectar ninguno de los indicadores de peligro.

Ahora traslademos este escenario de mi vida profesional a mi vida amorosa. ¿Me ha seguido hasta aquí? Estamos hablando de conducta humana, y concretamente de cómo reaccionamos en los momentos vulnerables de nuestra vida.

Entonces, ¿qué relación tiene esto con Don Perfecto?

De la misma manera que me vendieron esa «oportunidad» de negocio, los hombres y las mujeres se presentan a las personas con quien salen de una manera distinta a como son de verdad. La persona a la que se presentan se traga ese espejismo, porque ese nuevo amor les parece perfecto justo en ese momento de su vida.

Esto pasa constantemente, y si hay algún consejo que me dieron después del fracaso de aquel negocio que puede aplicarse tanto a la vida amorosa de alguien como a su existencia profesional es el siguiente: si algo (o alguien) es demasiado bueno para ser verdad, entonces es que, casi con total seguridad, no es verdad.

Pero (y esto debe recordarlo) la mayoría de personas, hombres o mujeres, no ofrecen adrede una imagen distorsionada de sí mismos. No se trata necesariamente de engaños deliberados, y en este mundo hay muchas más personas honradas y engañadas que impostores e impostoras emocionales.

Veamos un ejemplo.

Pero, primero, una confesión. Lamento mucho tener que decirle esto, pero a veces me equivoco. A pesar de toda la experiencia propia que tengo y de las historias de mis amigos y sus vidas, no siempre tengo razón.

Ya sé que está pensando que, si el escritor de un libro que se supone debe resolver los misterios de la mente masculina no logra entender siempre las motivaciones de sus congéneres, ¿qué esperanza tiene usted? ¿Ninguna? Bueno, no, tanto como eso no. Sí que tiene *cierta* esperanza. En realidad, bastante.

Pero debe aceptar que, cuando hablamos de los seres humanos y de sus emociones, nadie puede estar seguro de nada al cien por cien. De manera que lo único que puedo hacer es contarle historias, darle mi opinión sobre ellas y esperar que aprenda algo. El resto es una apuesta para la que espero prepararle lo mejor posible.

Entonces, ¿cuándo me equivoqué? ¿Y por qué esa historia tiene que ver con lo que estamos analizando?

La vez (una de varias) en la que me equivoqué. Vale, puede que hubiera más de una

Una amiga de mi amiga Chloe la envió a una cita a ciegas con un tipo que acababa de romper con una pareja con la que llevaba mucho tiempo. Chloe decidió ignorar esa advertencia por diversos motivos. Primero, llevaba meses sin salir con nadie, y, segundo, la amiga que organizó la cita le dijo que el hombre era muy majo y, sin duda, mejor que su ex. Chloe confió en su amiga, y cuando me solicitó mi punto de vista como hombre, le di luz verde (sabía que llevaba meses sin una cita, y pensé que una velada con un hombre, cualquier hombre, sería buena para ella).

Así que Chloe empezó a verse con él. El único consejo que le di fue que tuviera un poco de precaución y no se tirara a la piscina de cabeza, porque mi amiga suele enamorarse rápidamente de los hombres. «Descubre poco a poco qué tipo de persona es, y déjale que te conozca en facetas que no sean sexuales»; éste fue el meollo de mi sabia orientación. Y, a su manera, sí que fue prudente, lo cual quiere decir que no se fue a la cama con él hasta la cuarta cita.

Acostarse con alguien en la cuarta cita no es una conducta imprudente, ni en general ni en este ejemplo. Lejos de ello, de hecho. En el caso de Chloe, era un hombre atento, amable, considerado, y parecía que ella le gustaba.

Pero mi amiga cometió un error.

El tipo con el que se citaba quiso llevársela a la cama en la segunda cita. Esto no es necesariamente mala señal. En aquel momento podía significar que sólo le interesaba el sexo o, lo que parecía más probable, que ella le gustaba y que no podía evitarlo (recuerde que es un hombre). Para decirle que no, Chloe le dijo: «Todavía no. Para eso tendrás que esperar a la cuarta cita». Y la segunda parte de la frase fue su error. Sólo debería haber dicho «todavía no». Al definir exactamente el momento en que llegarían a la cama por primera vez, ella lo estropeó todo. A partir de ese instante, él supo que si salía dos veces más con ella, se la podría tirar. Tanto si era consciente de ello como si no (quizá reaccionó subconscientemente), el misterio y la emoción de la caza se desvanecieron en aquel momento, aunque aún no habían llegado a la cama.

Pero entonces, desgraciadamente, Chloe no se apercibió.

Después de las tres primeras citas, mi amiga me contó lo que había pasado, y estuve de acuerdo en que parecía un tío legal. La llamaba por teléfono regularmente, era atento, le enviaba SMS sin parar, diciéndole que tenía muchas ganas de verla, todo eso, incluso sin haberse acostado todavía. Si estaba preparando alguna artimaña, la ejecución era impecable.

O eso pensábamos.

Después de la cuarta cita, por fin pasaron la noche juntos, y todo fue estupendamente. Salieron el jueves por la noche y acabaron tomándose libre la mañana siguiente, para quedarse en la cama unas pocas horas más. Chloe estaba emocionada y feliz, y yo me alegré por ella y por haberle dado el consejo acertado, contribuyendo a guiarla hacia algo bueno.

Pero yo estaba completa y absolutamente equivocado, porque aparte de unos cuantos SMS a lo largo de los dos días siguientes, ella jamás volvió a saber nada de él.

¿Fue un caso clásico de un tío que actúa durante el tiempo necesario para obtener lo que quiere, sexo, y luego sigue adelante? Al principio pensé que sí, y lo maldije por tratar así a Chloe. Un tío típico, obseso del sexo, egoísta, desafecto, dijeron todas sus amigas. No se lo pude discutir, porque nos había dado mala fama a todos.

Pero la verdad resultó no ser tan sencilla. Unas semanas después, Chloe consultó la página de él en Facebook (por motivos que no logro entender, él no la había borrado de su lista de amigos), y encontró fotos de él con su ex novia, almorzando en un *pub* el domingo, tres días después de la cuarta cita con Chloe. Y según el apartado de *status*, la ex ya no era ex ni mucho menos. Había vuelto con ella.

Al echar la vista atrás, los indicadores de peligro eran evidentes. Chloe estaba sola y quería una pareja (no diré que estaba desesperada, porque eso sería insultarla, pero es evidente que se encontraba en un mal momento de su vida, y creía que una relación podría cambiar la situación, un pensamiento que siempre es peligroso); y aquel tipo tenía un enorme vacío en su vida, el que había dejado su ex reciente. Chloe encajó rápida y fácilmente en aquel hueco: ella quería ser la novia de alguien y él quería a alguien que hiciera ese papel. La amabilidad de él, combinada con la soledad de ella, hicieron que se apoyasen el uno en el otro de forma errónea (es decir, como relación en lugar de «vamos a conocernos mutuamente») y demasiado pronto. Y cuando su ex le telefoneó, se dio cuenta de que Chloe no había sido más que una sustituta temporal de ella. La ex era lo auténtico, y volvió con ella.

Y fue así como mi primer pensamiento (que era demasiado pronto para que él saliera con alguien), que era también la inquietud que sentía Chloe al principio, resultó ser totalmente correcto.

¿Recuerda lo que dije sobre los instintos? En esta situación los instintos eran acertados, pero los pasamos por alto porque aquel hombre parecía perfecto. Un tremendo error.

¿Era un chico malo?

Supongo que algunas personas dirán que sí, que ese hombre era un chico muy malo, pero no estoy seguro de que sea todo tan claro. Aquel hombre no engañó deliberadamente a Chloe, de modo que me cuesta juzgarle con dureza. No fue malicioso ni calculador (no planeaba acostarse con ella y luego pasar a otra cosa). Todo lo que dijo e hizo con ella era sincero: en aquellos momentos pensó realmente que ella le gustaba y que empezaban algo. Sus motivos eran buenos, sin duda. Sin embargo, al final lastimó a Chloe, de modo que el hecho de que fuera un tipo bueno o malo carece de importancia.

Pero si *era* un mal chico...

Pongamos por caso que una persona que se comporta así *es* un mal chico. Según esta regla de tres, prácticamente todos los hombres de este planeta son o pueden ser malos chicos, incluyéndome a mí. Y si todos los hombres son malos, ¿qué sentido tiene salir con nosotros, si somos así de malnacidos? Ninguno.

Así que no le llamemos chico malo. En lugar de eso, pensemos que es un buen tipo al que mi amiga conoció en un mal momento de su vida, porque esto es lo más ajustado a la verdad. Por último, admitiendo que los hombres de los sueños jamás cumplen las expectativas, busquemos lo bueno que hay en ellos y en el resto de los tipos de este mundo. Es algo que está ahí; lo que pasa es que no está siempre y en todo momento.

Un paso más hacia el elegido

Más o menos cuando tuvo lugar la historia de Chloe, escuché otra anécdota triste de una chica a la que conozco, Catherine. Había conocido a un hombre que le gustaba, y llevaba saliendo con él un par de meses. Se llevaban bien, pero parece ser que él no daba el paso para formalizar la situación entre ellos. Al final Catherine decidió que ya estaba bien, y rompió con él.

Recuerdo exactamente lo que dijo ella: que él «no quería meter todos los huevos en la misma cesta». La expresión de su rostro cuando dijo esto, la tristeza, la decepción y el orgullo herido al no ser la cesta adecuada se quedaron grabados en mi mente, porque pensé cómo, en unas circunstancias distintas con otra chica, yo podría haber sido fácilmente el hombre que hiciera sentirse así a Catherine. Vale, no lo hubiese hecho deliberadamente, igual que pienso que el hombre con el que mi amiga salió tampoco le hizo daño adrede, pero el resultado fue el mismo: Catherine resultó malparada.

Por cierto, también sé muy bien que las mujeres no son siempre las perjudicadas (hay muchos hombres que se han sentido como ella), pero este libro habla del punto de vista masculino. Y, como hombre, aún recuerdo la expresión en el rostro de Catherine.

¿Por qué cuento historias tristes?

Lo hago para dejar clara una cosa. La pregunta clave es: ¿qué podrían o deberían haber hecho Chloe o Catherine de forma distinta? Y la respuesta es: nada en absoluto.

Me temo que ésta es la cruda verdad. Aunque ninguna de ellas hizo nada malo, ni cometió errores graves ni fue deliberadamente egoísta o malvada, alguien salió herido. El hecho es que salir con alguien puede ser duro, tanto para los hombres como para las mujeres. Las decepciones están ahí.

Lo único que puedo decir es que, si le pasa a usted, recuerde que la relación que ha salido mal la lleva un paso más cerca de la que saldrá bien.

También quiere decir que la próxima vez usted tendrá un poco más de experiencia y de sabiduría. Pero nunca se muestre escéptica ni pesimista, porque ahí fuera hay tipos buenos, y encontrará uno tarde o temprano. Tenga paciencia y no se rinda.

Los hombres no sirven para nada, parte 1.797.456.999.246...

Al principio de este libro confesé que los hombres son inútiles. Es probable que esto ya lo supiera usted, pero quería que le quedara claro que yo también lo sé y, lo más importante de todo, que no me da miedo decirlo públicamente.

Aquí va otro ejemplo. Y éste es antológico.

Por cierto, incluí esta historia en mi columna del diario, fingiendo que era la mía propia (a los editores les gustaba que las cosas me pasaran a mí, no a mis amigos), de modo que me encanta tener la oportunidad de poner las cosas en su sitio.

Sí, en mi vida he hecho cosas estúpidas. Pero *esta* estupidez no fue cosa mía...

Un amigo mío, a quien en este relato llamaré Tom, se encontró con una mujer con quien había tenido un ligue en la universidad. Se llamaba Teresa. Cinco años después, él seguía pensando que ella estaba de muerte, así que le sugirió que fueran a tomar algo. Un comentario rápido sobre Tom: es muy listo, guapo y divertido, y ha tenido mucho éxito. En resumen, es un buen tío, y desde luego no de los que hacen estupideces.

O eso parecía.

Le cuento esta historia para dejar claro que todos los hombres, incluso los que sobre el papel son perfectos de sobresaliente, son capaces de cometer actos de idiotez monumental y risible. Lo cual quiere decir que el hombre ideal, perfecto, no existe. No puede ser, porque todos somos humanos, y esto significa que todos tenemos imperfecciones y momentos de debilidad y/o de estupidez. Incluso Tom.

Así que adelantemos una semana desde que se encontraron los dos, y Tom y Teresa fueron a tomarse unas copas en un bar al sur de Londres. Él vivía bastante cerca de donde se reunieron, pero cuando llegó la hora ya iba retrasado, y para no llegar tarde tuvo que acudir a la cita en bicicleta. Con la ayuda de las dos ruedas llegó puntual a la cita, y todo fue bien.

En realidad, fue algo más que bien, porque luego resultó que pasaron una velada estupenda. Teresa estaba sin pareja, y aún existía entre ellos aquella antigua química. Bebieron mucho y acabaron besándose apasionadamente. Más tarde, Tom sugirió que fueran a su casa, y ella le invitó a la suya. Salieron del bar y ella llamó a un taxi. El apartamento de Teresa estaba tan sólo a diez minutos en coche. Todo iba sobre ruedas.

Bueno, todo no.

Porque fue entonces cuando se activó el gen de la idiotez masculina que poseía Tom. En lugar de subir al taxi con Teresa, besarla todo el camino y meterse de un salto en la cama en cuanto llegaran, decidió que no podía dejar su bici enfrente del *pub* toda la noche. Estaba sujeta con la cadena y la zona era tranquila, pero aun así no podía dejarla allí. Pero, a ver, ¿qué le pasa a este tío? Pero ¿en qué estaba pensando?

Lo que hizo después desafía todo análisis lógico. La única explicación posible es el ya mencionado gen de la idiotez masculina.

Mi amigo decidió que se llevaría la bicicleta a casa de Teresa, pero no sabía dónde vivía. Así que ¿la metió en el maletero del taxi? ¡Oh, no!, pensó Tom, ¡eso sería una tontería! Su idea era mucho mejor. Seguiría al taxi (sí, eso, lo *seguiría*) con la bici hasta el piso de Teresa. Sí, *en bicicleta.*

¿Imagina qué salió mal? Le doy una pista: un taxi es más rápido que un tipo borracho en bicicleta.

Teresa se metió en el taxi mientras Tom iba corriendo a buscar la bicicleta. Trasteó con el candado, y al final se puso en marcha. Luego se detuvo detrás del taxi y le indicó que ya podía partir.

Como era de esperar, menos de un minuto después había perdido la pista del taxi. Giró una esquina con Tom pegado al parachoques, pero al doblarla se encontró con dos taxis delante, y mi amigo no sabía cuál de los dos era el de Teresa (era de noche y él había bebido). Y como los dos taxis salieron escopeteados, da lo mismo que lo hubiera sabido.

Pero no todo estaba perdido: Tom aún tenía su móvil con el número de Teresa.

Para narrar esta parte, mejor se lo dejo al propio interesado. Habla Tom: «Mientras iba circulando tranquilamente, en realidad sin ir a ninguna parte, metí la mano en el bolsillo para coger el móvil. Estaba a punto de llamar a Teresa cuando pasé por un bache en el pavimento, y la bici empezó a zigzaguear un poco. Como había trasegado una botella y media de vino y sujetaba el manillar con una sola mano, no pude recuperar el control, y el zigzagueo empeoró.

»Cuando estaba a punto de irme al suelo, me agarré al manillar con la otra mano, y se me cayó el móvil a la carretera. Cuando recuperé el control, me di la vuelta para buscarlo. En aquel momento, pasó otro taxi a toda pastilla y su rueda delantera le pasó justo por encima. Mi móvil se hizo trizas, y perdí el número de Teresa.»

Y eso fue todo. El momento de pasión reavivada de Tom y Teresa pasó a mejor vida, y mi amigo volvió a su casa en bici sumido en una niebla de *melalcoholía*. Sí, desde luego: los hombres son idiotas.

Tom y Teresa: la última palabra

La siguiente noticia que Tom oyó de Teresa fue un dato que le proporcionaron unos amigos tres años después.

Acababa de casarse con un jugador de rugby internacional.

Pobre Tom.

«Mr. Big» no existe

Inspirado por el ejemplo de Tom, éste es un mensaje dirigido a todas esas mujeres del mundo que esperan al Mr. Big de *Sexo en Nueva York*: deje lo que esté haciendo ahora mismo porque está perdiendo el tiempo. Ese hombre no existe. Puede que aparezca en las pantallas de televisión y en las revistas, pero todas y cada una de esas imágenes son ficticias. Esos hombres no son reales. La idea del macho alfa que siempre tiene el control es una falacia.

Siento decepcionarla.

En realidad, no lo siento. Dentro de mi crítica de las mujeres que esperan a Mr. Big subyace una idea importante: las mujeres se quejan de que están sometidas a presión para ser personas que no pueden ser, y tal como están los tiempos, no las culpo. Miremos donde miremos está Superwoman: la gran madre, esposa increíble y profesional de éxito rutilante, todas concentradas en una forma femenina esbelta, hermosa y con un aspecto perfecto.

Pero, como Mr. Big, esas mujeres tampoco existen. Sencillamente, no creo que la idea que se tiene de esas supermujeres esté acorde con la realidad. A lo largo de esa cadena, estamos olvidando algo o a alguien. Podría ser a su esposo o a sus hijos, o, más probablemente, a la propia mujer, que quizá no tenga el tiempo o la energía necesarios para disfrutar de las personas a las que ama y que la quieren, o para ser la persona que quiere ser en lugar de la que piensa que deber ser. Sea como fuere, nada ni nadie es así de perfecto, de modo que me puedo imaginar fácilmente cómo esas imágenes de Superwoman complican la vida de las mujeres del siglo XXI.

Y ésta es la idea crucial: los hombres también sienten la presión, y esa expectativa irreal también afecta a los solteros. Los hombres, solteros o no, están bombardeados por imágenes de una perfección masculina que está totalmente fuera del alcance del hombre normal. Da igual que sea un hombre con unos abdominales imponentes en una valla publicitaria, o el amor de toda la vida de Carrie Bradshaw, también nosotros nos enfrentamos a imágenes de lo que no somos y lo que nunca seremos.

Por lo tanto, la conclusión es ésta: de la misma manera que la visión retocada de la perfección femenina no existe, el hombre «perfecto» tampoco existe. Es decir, que si usted no tiene pareja y busca uno de ésos, olvídese. Y si sale con un tipo que usted cree que es el hombre perfecto, piénselo de nuevo, porque no lo es. Es posible que sea un hombre encantador, bueno y honrado, pero no es perfecto. Nadie lo es. Esto no quiere decir que ahí fuera no haya personas sorprendentes, especiales. Hay muchas, y al final encontrará una. Pero la perfección en el Mr. Big y la Superwoman es un espejismo. No existe.

Antes de que empiece a pensar que soy un pesimista por decir que toda esa charla sobre la perfección es un mito, tengo otra cosa que añadir: es posible que las personas perfectas no existan, pero sí que existen, claramente, personas que son perfectas para otras. Parejas cuyas cualidades y puntos débiles se complementan, que hacen que la otra sea una persona más fuerte y mejor, y que juntas se conviertan en algo realmente especial. Por tanto, cualquiera que busque al hombre o a la mujer perfectos debería pensarlo de nuevo, y empezar a buscar a un hombre o a una mujer que sean perfectos para él o ella.

El dinero, dinero, dinero, no es muy divertido...

Pero esto no impide que algunos se crean el bombo publicitario sobre estos superhéroes inexistentes. Muy a menudo esas personas imaginarias son ricas, y a menudo el dinero es el detonante de mucha infelicidad, cuando las aspiraciones económicas de alguien no encajan con la cuenta bancaria de la persona con la que mantienen una relación.

Ésta es la experiencia de un amigo mío sobre cómo la obsesión que sentía por el dinero una ex novia le hizo polvo: «Cuando nos conocimos, yo estaba en las primeras etapas de mi carrera, o sea, que no ganaba mucho. Trabajo para una revista, uno de esos negocios creativos y divertidos donde la gente ama su trabajo y se lo pasa bien, pero donde no ganan mucho dinero hasta que suben bastante en el escalafón.

»Así que, cuando tenía veintitantos años, salía de la cama de un salto porque me encantaba mi forma de pasar los días. Me dedicaba al trabajo de mis sueños, y profesionalmente no podía ser más feliz. Tenía mucha suerte, y lo sabía. Muy pocas personas se sienten tan bien como yo con su trabajo. Pero no era rico.

»Cuando salimos de la universidad, mi ex y yo empezamos a trabajar en el departamento de publicidad de un banco de inversiones. Ella era una de esas mujeres que no tienen un plan profesional definido, de modo que consiguió un trabajo, uno cualquiera, donde le pagaran lo suficiente para vivir. Era inteligente, así que hacía bien su trabajo, y le iba bien, lo cual era estupendo.

»Los problemas entre los dos empezaron porque se vio rodeada inmediatamente por hombres y mujeres muy, muy ricos, que iban de camino a embolsarse mucha pasta, o que estaban allí tan sólo porque querían atrapar como marido a uno de aquellos ricachones.

»La primera señal de problemas serios llegó durante una conversación sobre adónde iríamos a pasar las vacaciones, y yo dije que mi economía no llegaba para llevarnos al tipo de lugares que visitaban sus colegas. Ella contestó: "Ojalá fueras banquero". En aquel momento no me di cuenta de la importancia de aquel comentario. Pensé que era sólo una de esas cosas que uno dice cuando está un poco frustrado. Yo mismo lo he hecho.

»Pero a medida que transcurría el tiempo, iban pasando más y más cosas. De vez en cuando me decía que los bancos aún aceptaban a personas de mi edad (yo entonces rondaba los 26) como personal en prácticas, de modo que si quería cambiar de trabajo todavía no era demasiado tarde. Pero yo no quería cambiar. Seguía gustándome lo que hacía y, aunque me iba bien, aún no había dado el paso importante de convertirme en uno de los mejores pagados de mi negocio. Todavía era joven, y diré en mi defensa (aún me pongo a la defensiva sobre el tema, a pesar de que todo esto pasó hace años) que muy pocas personas logran dar ese salto hasta que tienen como mínimo 30 años.

»Al final me di cuenta de lo que le pasaba. Me di cuenta de que empezaba a sentir rencor hacia mi trabajo y hacia la falta de millones que generaba. No lograba entender por qué a mí me gustaba tanto, o por qué era feliz dedicándole mi vida. Lo único que le interesaba era el cheque de mi nómina.

»Recuerdo que una vez me publicaron una historia importante en una revista muy famosa (un éxito tremendo para mí, el punto álgido de mi carrera), y cuando se lo conté, lo primero que me preguntó fue cuánto me habían pagado. Cuando se lo dije, se rió con sorna y dijo: "No es para estar muy orgulloso". Para mí era mucho dinero, pero seguramente para un banquero no era más que lo que se gastaba en dos rondas de bebida. Y yo había sudado sangre por aquella historia.

»Creo que fue en aquel momento cuando se encendió una bombilla en mi mente, porque cuando me dijo aquellas palabras, mi emoción por mi éxito se desvaneció como una burbuja de jabón que explota. ¿Por qué me hacía sentirme así? A pesar de ser feliz haciendo mi trabajo, y de ser bueno en lo que hacía, a pesar de que siempre tenía buenas historias que contarles a ella y a sus amigas, ella no era feliz, porque lo único que quería era que yo fuese rico. Al final me di cuenta de que, para ella, mis sentimientos y ambiciones ocupaban un lugar secundario.

»Al final me harté. Me preguntó demasiadas veces cuánto pasaría hasta que mi sueldo alcanzara las seis cifras. Me sentía como si no me comprendiera, como si no entendiera lo que quería hacer con mi vida y, lo peor de todo, como si no le importase en absoluto lo que quería para mí. Lo único que le importaba era tener a un hombre rico que cuidase de ella y de quien pudiera jactarse.

»Que me hicieran sentir de aquel modo, como si no fuera bastante, me hizo profundamente infeliz. Sentía que no me apoyaba ni me apreciaba, como si lo que yo quería para mí no fuera importante. Así que al final rompí con ella, y después de hacerlo no sentí ni una punzada de arrepentimiento. Ni una sola vez.

»Ahora, al cabo de unos años, mi carrera ha seguido el derrotero exacto que yo esperaba. Sigo queriendo mi trabajo como siempre, y todo aquel esfuerzo intenso ha dado resultado. Después de un par de golpes de suerte, que sobre todo consistieron en encontrar al jefe correcto en el momento idóneo, me hice un nombre, y las recompensas han venido después.

»¿Que si quiero ponerme en contacto con mi ex y decirle lo bien que me va y lo feliz que soy? Un poco, sí. Pero no pienso hacerlo, porque el verdadero premio es que ahora estoy con una mujer que mejora mi vida. Haría cualquier cosa por ella, porque comprende por todo lo que he pasado para llegar donde estoy. También creo con todo mi corazón que, si mañana todo fuera tremendamente mal, ella me seguiría queriendo.

»Éste es el tipo de amor que siempre he querido.»

El epílogo

Su ex quería al Mr. Big de *Sexo en Nueva York*. Lo que consiguió fue a Mr. Revista Guay de Londres. A pesar de ser un hombre bueno, listo y ambicioso, no era bastante para ella, y le apartó de su lado. Espero que al final se arrepintiera de lo que hizo.

Pero ¿qué relación tiene esto con el hombre ideal?

Por supuesto, entendemos que las mujeres quieren una vida cómoda. Nosotros tampoco queremos vivir en la pobreza. Pero no nos gusta que nos traten como a talonarios con pene. Somos más que eso.

Son demasiadas las mujeres que dicen que el hombre ideal debe ser rico, como si el dinero fuera un fin en sí mismo en la búsqueda de la felicidad (sé que la mayoría de mujeres no son así, pero hay muchas que sí lo son). A esas mujeres les digo esto: entiendo que quieran tener seguridad económica, disfrutar de las buenas cosas de la vida y todo eso, pero, por favor, no dejen que el dinero sea tan importante que obstaculice su visión de otros aspectos mucho más positivos del carácter de un hombre, como su amabilidad, su sentido del humor o su imaginación.

Además, ¿de verdad quiere que alguien la compre? Si a un tipo le parece que tiene que impresionarla derrochando el dinero, no creo que sea una buena manera de empezar una relación. ¿Hasta qué punto puede ser real lo que hay entre ustedes si se fundamenta en la cantidad de dinero que él esté dispuesto a gastarse en usted? ¿Y cuánto respeto podrá tener él por usted o por sí mismo si siente que tiene que hacer eso para conquistarla?

La presión sobre los hombres

Permítame ser franco: no son sólo las mujeres quienes presionan a los hombres. Nosotros mismos nos sometemos a presión. No estoy seguro de si debemos culpar a nuestro instinto competitivo o a nuestro ego. Pero el resultado es que algunos hombres se machacan más y más para alcanzar la riqueza material aun cuando ésta no los hace felices a ellos ni a las personas que los rodean (a quienes más les importan).

Por ejemplo, tengo un amigo que tiene una esposa a la que adora, un bebé precioso, un buen empleo y una casa estupenda. Pero no es tan feliz como podría. ¿Cuál es el problema? Mi amigo cree que debe ganar el mismo sueldo que su padre, y ofrecer a su esposa y a sus hijos todo lo que puedan querer, y no sólo lo que necesiten. Su padre era un hombre muy rico, de modo que la misión es complicada. Esto le inquieta, lo cual no está bien.

Yo crecí sin padre (murió de cáncer cuando yo era muy pequeño), y a mi amigo no dejo de repetirle que lo único que quiere su esposa, su bebé y cualquier otro hijo que tenga en el futuro es que él esté con ellos y los quiera. Nada más que eso.

A medida que me he hecho mayor he tenido esto cada vez más claro, porque mientras veo cómo cada vez son más mis amigos que se casan y tienen hijos, y yo mismo he sido padrino (dos veces, para Noah y Oliver), he ido entendiendo mejor cómo debió sentirse mi padre cuando descubrió que iba a desaparecer de las vidas de sus tres hijos (en aquella época sólo teníamos 5, 4 y 1 año). He empezado a comprender lo que perdió él, además de nosotros, sobre todo el día en que se casó mi hermana mayor, Rachel, cuando mi madre, mi hermana pequeña Sarah y yo avanzamos por el pasillo y pronunciamos unas palabras. ¡Se perdió tanto, aquel día y todos los demás de nuestras vidas desde su muerte! Las presiones, las inquietudes, las risas, las lágrimas, el alivio, la satisfacción, el orgullo, todo. Cuando escribo esto, Noah ya tiene 4 años, y ese tiempo ha transcurrido como un relámpago. Esto coloca en perspectiva los cinco años que mi padre pasó con Rachel.

Lo que intento decir es que los hombres maduramos a medida que envejecemos y aprendemos. En mi caso, mis objetivos y planes para el futuro son sencillos: quiero una familia feliz. Todo lo demás es secundario.

Así que ya ve: los hombres nos sometemos a presión. Queremos ser buenos maridos y padres. Queremos ser proveedores, protectores, tener fortaleza emocional (aunque hoy día se nos permite llorar de vez en cuando), y no decepcionar jamás a nuestras familias. Puede que no seamos «perfectos», pero la mayoría de nosotros hacemos lo posible, y nos sometemos a presión para hacer todo lo que podamos por nuestra futura familia.

Para la mayoría de hombres es una perspectiva amedrentadora, pero la anhelamos. Al menos, así es como me siento yo. E incluso los hombres sin pareja piensan así.

Aforismos sobre los hombres

1. El hombre perfecto no existe.
2. El hombre perfecto para usted existe.
3. El dinero no importa, a menos que viva usted en la miseria.
4. Los hombres piensan en el futuro.
5. Los chicos malos no son malos eternamente.

10

Evite a los chicos malos

- Cómo evitar convertirse en otra muesca en un cabezal de cama
- Por qué es imposible domar a un chico malo
- Cómo presentarse
- Cómo tratarle

Desconcertado. Irritado. Confuso.

Éstas son sólo tres de las palabras que usaría para describir mis sentimientos cuando oigo hablar de mujeres que no pueden mantenerse lejos de los chicos malos. Añada «estupefacto» y captará la idea: no comprendo por qué las mujeres se sienten atraídas irresistiblemente hacia hombres que las tratan mal.

Parece ser que en este proceso subyace una psicología sencilla (que, según me dicen, también es aplicable a los hombres que permiten constantemente que las mujeres los traten como a felpudos), pero yo no soy psicólogo, de modo que no me atascaré en cómo funciona la mente femenina. En lugar de eso, le contaré qué pinta tiene, desde el punto de vista masculino, la incapacidad de resistirse a los chicos malos.

Conozco a una chica atractiva e inteligente que se pasó un par de años saliendo con un hombre que, en todos los sentidos posibles, era una marioneta. Era poco fiable, egoísta y carente de ambiciones y de inteligencia. Era grosero, maleducado, la trataba muy mal (sospecho que además le era infiel), y sin embargo se daba aires. De hecho, parecía considerarse el premio gordo del mundo. Es evidente que se engañaba.

A pesar de las posibilidades de aquella mujer, en su mente había algo que la hacía creerse aquella visión tan elevada que aquel payaso le vendía. No sé, y nunca sabré, cómo es posible eso. No lo entendía cuando estaban juntos ni lo entiendo ahora. Para ayudarla a comprender cómo me sentía (y no, no es que a mí ella me interesara), vamos a formular algunas preguntas sobre aquel zoquete.

¿Era atractivo físicamente?

No.

¿Era simpático?

No.

¿Era gracioso?

No.

¿Interesante?

Pues no.

¿Caía bien a las amigas de ella?

No.

¿Y a sus *propios* amigos?

No.

¿Mejoraba la vida de ella en algún aspecto?

No (aunque quizá fuera bueno en la cama; nunca lo pregunté).

Entonces dígame, por favor, ¿por qué lo soportaba? Aunque fuera el mejor amante de todos los tiempos, no lo entiendo. Y por eso elegí los adjetivos «desconcertado» y «confuso» al principio de este capítulo.

Entonces es una suerte que este libro hable de los hombres y no de las mujeres, y lo único que tengo que hacer es aceptar que algunas mujeres se sienten atraídas por hombres que las maltratan, de modo que intentaré responder a las preguntas: ¿por qué son malos los chicos malos? Y ¿qué puede hacer usted al respecto?

En la mente de un chico malo

Como parte de mi investigación para este libro, formulé a un grupo cuidadosamente elegido de amigos (todos hombres) unas preguntas profundas y, a veces, difíciles (a los hombres no nos gusta abrirnos, de modo que la mayoría de preguntas nos resultan difíciles). He usado muchas de las respuestas de diversas maneras y en algunos momentos del libro, pero hubo una respuesta que fue tan radicalmente sincera y bien redactada que quiero introducirla completa, junto con la pregunta que la motivó. La respuesta la dio mi amigo Dan C, quien durante un largo periodo de su vida trató mal, muy mal, a las mujeres. La pregunta fue: *¿Alguna vez has tratado mal a una mujer y luego te has arrepentido?*

Ésta fue su respuesta:

«Creo que hay un momento en la vida de todo hombre, normalmente a mitad de la veintena, cuando inexplicablemente se cansa de todo ese asunto de salir con mujeres. Por lo que a mí respecta, cuando cumplí los 24, me habían abandonado (un montón de veces), me había enamorado (más de una vez), había tenido buenas y malas relaciones, largas y cortas; había salido con mojigatas y toxicómanas, y detecté un cambio repentino en mi conducta. Con cada mujer me mostraba más displicente; o, para ser sinceros, más temerario.

»En aquella época yo tenía por costumbre salir con dos mujeres a la vez. Lamento decir que no era ni atractivo ni varonil. Era más bien un tanto patético y, de vez en cuando, divertido, como los chavales que miran un ejemplar de *Viz* en un quiosco. A veces me llamaban las dos novias al mismo tiempo, la una por el móvil y la otra por el fijo, y mantenía una conversación simultánea con las dos, y luego fanfarroneaba delante de mis colegas en el *pub*, después de ver el partido. Hizo falta que un tipo de Sheffield, bastante amargado y divorciado, me dijera que, en lugar de ser guay, me estaba comportando como un perfecto gilipollas.

»Sin embargo, su valoración, que daba qué pensar, no consiguió hacerme cambiar. Seguí tratando a las mujeres cada vez peor. En los clubes elegía a una, me daba el lote con ella, y a medida que se acercaba el final de la noche, y con él la promesa de un poco más, le susurraba al oído exactamente lo que pensaba de ella. Mis palabras no eran muy halagadoras. Dejémoslo ahí.

»Las cosas llegaron a su punto culminante una noche cuando salí con unos amigos y me puse a hablar con una chica muy cariñosa en un bar. Tenía 21 años, pero mostraba ese tipo de expresión que sólo se ve en los novatos de la universidad: unos ojazos azules como las campánulas, que miraban el mundo con un fingido descaro. Bebimos, bailamos y bebimos un poco más. Ella me animó a trasegar chupitos de tequila, que siempre es un buen indicador de hacia dónde te lleva la noche: a un mal rollo.

»El mío llegó a las seis de la mañana del día siguiente, cuando, ansioso por librarme de la compañía de aquella chica, levanté mi maltrecho cuerpo de la cama y le pedí un taxi. A las 6.20 de la mañana, una mañana gélida de domingo en Brighton, la desperté y le dije que el taxi la esperaba fuera. Yo deseaba quedarme un poco más en la cama, desayunar, pasar un rato con mis amigos, y ni se me pasaba por la cabeza lo que debió sentir aquella pobre chica cuando la obligué a recorrer el camino de la vergüenza a semejante hora.

»Pero mientras se vestía, oí que sollozaba, y me echó una mirada prolongada y doliente. En su expresión no había ni rastro de ira, algo que yo casi esperaba y de lo que, honradamente, no podría culparla. Sólo aquella mirada, que decía que lo sentía *por mí*. La chica, cuyo nombre no recordaba, anotó algo en un trozo de papel y lo dejó junto a mi ordenador. Lo leí después de que se hubiera ido, sin decirle ni adiós. Ni hola.

»"Espero que antes de la siguiente chica hayas dejado de odiarte a ti mismo", decía. Estaba a punto de compartir aquella nota con mis colegas cuando aquellas palabras se activaron en mi mente. Tenía razón. La había tratado como a una mierda.

»En aquel momento pensé mucho en aquella línea breve, y desde entonces he seguido haciéndolo. Me llegó a lo más hondo, porque era cierto. Tenía una autoestima baja. Creo que aún la tengo, pero en aquel entonces era unas diez veces peor. Y la ocultaba mediante una poderosa combinación de alcohol a saco y de tratar a las mujeres como cuchillas de afeitar de un solo uso. De repente lo tuve claro: el motivo por el que odiaba a las mujeres con las que salía era porque, en realidad, me odiaba a mí mismo.

»Hoy día hago serios esfuerzos por ser agradable. Estoy muy, muy lejos de ser perfecto, y aún puedo parecer cabreado, ignorante e incluso grosero. Pero al menos soy consciente de por qué me comporto así. Y siempre que veo a algún tipo en la calle poniendo a parir a su chica, sé de inmediato lo que pasa.

»Creo que las mujeres deben fijarse en el grado en que un hombre se gusta a sí mismo antes de llevar las cosas más lejos. Y tienen que fijarse mucho, porque un hombre puede esconder muy bien el odio que siente por sí mismo. Podéis fiaros de mí: sé de qué hablo.»

La raíz de la malicia de Dan C

Cuando leí esto, lo que más me impresionó era el conocimiento que tenía Dan C de sí mismo. No hay muchos hombres que se interesen o que sean capaces de conocerse lo bastante bien como para hablar de su personalidad con tanta precisión y franqueza. Además, Dan C es un buen amigo mío, alguien a quien quiero y respeto, y me resultaba difícil imaginarle comportándose mal con una mujer. Así que ¿cómo es que aquel tipo tan decente acabó siendo un chico malo? O, precisando más, ¿cómo es que aquel chico malo acabó siendo un tío legal?

Durante su fase de chico malo, por la cabeza de Dan C pasaban muchas cosas. No mucho antes, en un par de ocasiones, hubo mujeres que lo hirieron y humillaron, unas experiencias que le volvieron receloso. Y al mismo tiempo, no estaba seguro de adónde iba su vida en el terreno profesional, y encima tenía una vida familiar complicada, así que debía bregar con todas las inseguridades y dudas acerca de sí mismo propias de la situación. Esos demonios encogen el estómago de la persona a la que afligen y de quienes le rodean, y son peligrosos para todos (esto lo dice alguien que sabe de qué va).

El resultado para Dan C fue que tenía una imagen pobre de sí mismo. No ganaba mucho dinero, no hacía realidad sus sueños profesionales y no conseguía a la chica que quería. Así que encontró dos válvulas de escape para sus frustraciones: el alcohol y las mujeres. Y en el proceso se convirtió, como él mismo admitía, en el peor tipo de chico malo.

Pero actualmente no es así. Hoy día se esfuerza al máximo por ser amable, y sólo empieza una relación con una mujer si ella le gusta de verdad. Ahora, unos años mayor, más sabio y más asentado, se está haciendo hombre.

Los hombres somos como el buen vino: mejoramos con el tiempo

Como Dan C, yo también viví una época en la que me acosaban las inquietudes sobre el trabajo, el futuro de mi vida y lo que estaba haciendo con ella. Me preocupaba estar malgastando mi tiempo, que nunca conseguiría nada en la vida, que decepcionaría a todos aquellos a quienes les importaba, que nunca podría cubrir las necesidades de una familia y que acabaría como un pobre hombre, solitario y digno de risa. En momentos como éstos creo que una persona aprende el verdadero significado del miedo, y fue sin duda el periodo más estresante de mi vida.

Para mantener alta la moral, solía recordarme algo que dijo Baz Luhrmann: «Si no sabes qué hacer con tu vida, no te sientas culpable. Las personas más interesantes que he conocido no sabían qué querían hacer con sus vidas cuando tenían veintidós años. Algunos de los cuarentones más interesantes que conozco siguen sin saberlo».

Esto, junto con mi costumbre de ver *El séquito* (que seguramente es lo mejor que ha pasado por una pantalla de televisión), fueron las claves para que mi estado mental se mantuviese ligeramente positivo.

Cuando pasé por aquellos momentos, no quería estar cerca de nadie. Tenía amigos y amigas, y, sinceramente, sin ellos y sin mi familia no sé dónde estaría hoy. Pero aunque mi familia y mis amigos eran más importantes para mí de lo que podría expresar (y siguen siéndolo), sentía que ni en mi mente ni en mi vida había sitio para el amor. Creo que esto se debía a que no quería hacerme más vulnerable de lo que ya lo era. Mi futuro estaba en peligro, así que ¿para qué poner en riesgo también mi corazón?

Salía con chicas, pero sabiendo que no pasaría nada serio, no por ellas sino por cómo me sentía, que distaba mucho de ser la persona feliz, relajada y segura de sí que deseaba ser. Siempre fui sincero sobre mi deseo de no comprometerme, pero descubrí que incluso cuando las mujeres sabían que no había posibilidades de forjar una relación, se implicaban emocionalmente, lo cual complicaba mucho más las cosas de lo que yo quería. Aunque era sincero, me sentía culpable por hacerlas sufrir.

En aquella época (poco después de cumplir los 30 años), pensaba en mí mismo como en una obra en proceso, y el resultado es que me convertí en alguien a quien se le podría describir como un chico malo. No mentía ni engañaba a nadie, pero era egoísta y emocionalmente inaccesible.

Estaba creciendo, descubriendo más cosas sobre mi persona, y al final llegué al punto, a principios de la treintena, cuando sentí que estaba en el camino correcto. Empecé a sentirme más confiado sobre lo que hacía, más feliz conmigo mismo. Gran parte de esta nueva satisfacción provino de mi trabajo. Desde que acabé la universidad y el trabajo se convirtió en algo que afectaba al resto de mi vida y consistía en algo más que en ganar dinero para pagarme las cervezas del mes siguiente, nunca se me ha dado bien presentarme como candidato a un empleo sólo para ganar dinero, porque no puedo dedicarme a nada a menos que me apasione.

Ésta siempre ha sido una debilidad, pero a estas alturas, afortunadamente, sentí que había encontrado mi lugar, al dedicarme a algo que realmente me encantaba, y fui más feliz de lo que lo había sido durante mucho tiempo.

Poco después, dejé de ser un chico malo.

Dan C y yo aprendimos a querernos a nosotros mismos: ¡ooooh, qué bonito!

Bromas aparte, gracias a estas experiencias aprendí que es cierto el viejo adagio que dice que antes de amar a otros hemos de aprender a amarnos a nosotros mismos. Más tarde volveré sobre esto, pero ahora lo menciono para que se dé cuenta de que este tipo de procesos mentales tiene lugar tanto en los hombres como en las mujeres.

La importancia que tiene ahora es ésta: si bien es indudablemente positivo que una persona aprenda a amarse a sí misma, a usted no le interesa relacionarse con ella hasta que el sujeto en cuestión haya alcanzado el final de ese aprendizaje. Lo mismo es aplicable tanto a hombres como a mujeres.

El chico malo número tres: un buen tío

Gordon fue un chico majo durante años y años. Tuvo varias novias formales y muchas amigas, y no saltaba de cama en cama. Era un chico feliz.

Entonces las cosas cambiaron.

Un par de relaciones salieron mal, y a Gordon le pareció que las chicas implicadas le habían «vendido la moto». Aquellos incidentes mermaron su confianza en sí mismo, y ello, unido a su edad en aquella época (unos 25, momento en que intentaba construir su carrera profesional), hizo que Gordon se convirtiera en «jugador». Empezó a acostarse con muchas, a tener relaciones intrascendentes con chicas que conocía en todo tipo de lugares (es un tío listo y encantador, de modo que una vez que se metió en su nuevo papel, tuvo mucho éxito).

Exactamente de la misma manera que Dan C y yo, Gordon levantó barreras, y la consecuencia fue que nadie se le podía acercar. Y aquel personaje adoptado, de chico ligeramente distante pero majo, supuso que cualquier chica con la que quedaba se volvía loca por él; recuerde que las mujeres no pueden resistirse a un chico malo.

Para todas estas mujeres, intentar atrapar a Gordon fue como asediar las murallas de un castillo, que en este caso era el corazón de mi amigo. Su problema era que él no tenía el más mínimo interés en abrir las puertas.

Ya lo ve, así es un chico malo: un castillo con muros muy altos y sólidos, y la única manera de que en él entre una mujer es si alguien dentro del castillo decide abrir las puertas y la invita a entrar. Usted tiene muy, pero que muy pocas probabilidades de *convencer* a alguien de que abra esas puertas. Al final se abrirán, pero a su debido tiempo, y la decisión podrá ser consciente o no, dependiendo de quién viva en el castillo.

Pero usted prácticamente no tiene ninguna posibilidad de abrir esas puertas en el momento en que usted quiera. Esto no es nada personal (estoy seguro de que es encantadora); es sencillamente un reflejo de cómo funcionan los hombres. Durante algunos momentos de nuestras vidas, somos inalcanzables. Da lo mismo quién venga llamando a la puerta del castillo. No permitimos la entrada a nadie.

Un dato: la mayoría de chicos malos dejará de serlo algún día. Pero usted no puede obligarlos a ello.

Cuando por fin se abren las puertas

Como Dan C, Gordon es inteligente, divertido, y va madurando como persona, y cuando al final abra de nuevo las puertas, la chica que sea bienvenida al castillo será muy afortunada. Se portará bien con ella, porque esencialmente es una buena persona.

De modo que tanto Dan C como Gordon y yo mismo hemos sido chicos malos en ocasiones, pero en realidad somos buena gente, y el tiempo lo demostrará: cuando estemos listos para dejar que alguien entre en nuestro castillo.

Vale, ya está bien de castillos.

Veamos el último párrafo de la historia de Dan C. En él, aconseja a las mujeres que eviten a los hombres que tienen una mala opinión de sí mismos (me refiero a hombres con una autoestima por debajo del nivel normal. Después de todo, en cierto sentido todo el mundo es inseguro). Es una actitud muy sensata.

Pero ¿cómo puede saber si un hombre encaja en esa categoría? Si no cree que la culpa sea, simplemente, de su edad (y si sigue comportándose como un chico malo a finales de los 30, entonces es evidente que no es cosa de la edad), entonces creo que hay dos señales de advertencia que buscar en un hombre. Vigile si:

1. Carece totalmente de confianza en sí mismo.
2. Tiene demasiada confianza en sí mismo.

Al hombre sin confianza en sí mismo hay que evitarlo porque puede ser un chico malo como Dan C; mientras que un tipo con exceso de confianza es probable que intente compensar algo, lo que significa que esa creencia suprema en sí mismo es teatro. Y usted no querrá estar con un actor.

Los chicos malos, pero malos

No siempre es fácil mirar a alguien y detectar su grado de confianza en sí mismo. De hecho, a veces resulta imposible. Por tanto, aquí va otra manera de hacerlo, y los hombres a quienes se les aplica incluye a los que usted debería evitar siempre, cueste lo que cueste.

Son los hombres que manipulan a las mujeres por diversión, que sólo quieren echar un polvo y saber que le gustan a una mujer para inflar su ego, sin que les importen los daños emocionales colaterales. Esos tíos juegan a enamorar a las mujeres como un mero reto, y las ven sólo como conquistas.

Antes de que le entre el pánico y decida quedarse soltera para siempre o hacerse lesbiana, le diré que en realidad no hay tantos de esos hombres por ahí. Pero existen. Y sabrá que ha encontrado uno de ellos por la forma en que la trate.

Las señales de peligro: cómo detectar a un chico malo

¿Pasa de ser cálido a gélido, ignorando en ocasiones sus mensajes y haciendo en consecuencia que usted se sienta tensa, angustiada, y que piense constantemente en cuándo volverá a su lado? En otros momentos, ¿contesta de inmediato, y quiere verla lo antes posible? Si es así, es un chico malo y está jugando con usted. Le hablo de mostrarse distante adrede, ignorando los mensajes que le envía, no sólo dejando de enviárselos durante un día (ése es un tipo distinto de hombre). Si un hombre manifiesta este tipo de carácter calculador, entonces usted no lo quiere ni lo necesita en su vida. No le aportará nada bueno.

De igual manera, si empieza a decirle lo estupenda que es usted, pero, al mismo tiempo, deja claro que no quiere pareja, debería tratarle como si fuera igual de tóxico. El resultado para usted será el mismo: acabará herida.

¿Qué puede hacer?

Sencillo: no tolere ese tipo de conducta, porque usted merece algo mucho mejor. Un hombre debe tratarla con respeto, y si no lo hace, por favor, deje de seguirle el juego. Esto significa que deje de verle, enviarle mensajes o telefonearle, y no le coja el teléfono cuando la llame. Sin embargo, lo que es más importante es que no se acueste con él. Usted no será más que una mantita de consuelo para ese hombre, aunque sea cálida, suave y huela bien.

Y recuerde esto: a menos que sea un completo inútil, alguien que realmente la quiere la tratará con respeto.

Los chicos malos y las maldades que hacen

Si alguna vez ha conocido a un chico malo, espero que no lo fuera tanto como estos cinco:

Chico malo 1: se despertó una mañana, después de una gran noche de juerga, con dolor de cabeza y sin acordarse apenas de lo sucedido. Fue a su cocina, donde sus compañeros de piso estaban haciendo té con tostadas. Mientras charlaba con ellos, una chica apareció por la puerta. Él se presentó educadamente, decidido a no perder las buenas maneras a pesar de la migraña. Ella puso cara de pánico. «Anoche dormimos juntos», fueron sus únicas palabras antes de agarrar su bolso y salir corriendo del apartamento.

Chico malo 2: fue a una cita a ciegas con una chica que se puso tan ciega de beber que tuvo que telefonear a su compañera de piso para que la ayudase a llegar a casa. La compañera necesitó la ayuda del Chico malo 2 para llevarla hasta allí. Cuando llegaron al piso, él pensó que no perdía nada por tantear a la compañera. Y tuvo suerte. A la mañana siguiente, cuando se escabullía en silencio, la chica de la cita a ciegas salió del cuarto justamente en el mejor/peor momento, y le vio. «¿Dónde te habías metido?», le preguntó. Él pensó rápido. «Supuse que no estaría bien que durmiera en tu cama, así que me acosté en el sofá.» La chica de la resaca le sonrió, impresionada por su conducta caballerosa. «¿Y qué tal si vienes ahora?», preguntó. Una hora después, Chico malo 2 salió a hurtadillas del piso, intentando desesperadamente que no le viera la compañera.

Chico malo 3: mientras estaba de vacaciones con su confiada novia, el Chico malo 3 perdió por completo el control de su mirada errante. Ver a tantas otras mujeres en bikini, que encima estaban fuera de su alcance, fue demasiado para él, de modo que una noche machacó un par de somníferos y se los metió en la comida a su novia. Un par de horas más tarde ella empezó a sentir sueño. En cuanto se durmió, él se dirigió al bar más cercano y empezó a obrar su magia con una de las chicas que andaban por allí. Después de una visita llena de energía a la habitación de otro hotel, volvió al lado de su novia antes de que ella se enterase de que había estado fuera. Luego hizo lo mismo a la noche siguiente. Y a la siguiente.

Chico malo 4: vivir con su novia no impedía al Chico malo 4 ocuparse de sus dos pasatiempos favoritos: mantenerse en forma y acostarse con otras mujeres. Conoció a una chica que vivía a cinco minutos de su piso, y cuando quería pasar un rato con ella le decía a su novia que se iba a correr una hora; corría cinco minutos hasta la casa de la otra, se quedaba con ella cincuenta minutos y volvía de nuevo a casa, momento en el que sin duda necesitaba un buen descanso.

Chico malo 5: unos meses antes de que Chico malo 5 y su novia se fueran de viaje juntos, decidieron trasladarse a casa de los padres de ella, para ahorrar dinero para el viaje. Chico malo 5 empezaba a trabajar todos los días a la hora de comer, mientras que su novia y su padre salían de casa unas horas antes. Sin embargo, la madre de ella no trabajaba, de modo que ella y Chico malo 5 se quedaban solos todas las mañanas. Encontraron una manera de ocupar el tiempo.

Otro tipo de chico malo, o «mi amiga tiene el morro de echarme la culpa después de que la dejen» (depende del bando en que esté usted)

Una amiga me envió un *e-mail* con la historia de un chico al que conoció. Esto es lo que me decía: «Por la mañana estaba en el metro, de camino al trabajo, y sentado delante tenía a un hombre trajeado (moda urbana). La chica sentada a su lado se levantó para salir y, debido a una sacudida del tren, cayó sobre su regazo. Los dos quedaron sorprendidos, pero él se mostró muy amable y la tranquilizó, porque a ella le dio mucha vergüenza.

»Entonces una mujer embarazada hizo justo lo mismo: se puso en pie y fue a parar sobre las piernas de él, mientras yo me reía disimulando y le miraba a los ojos. Así que le dije algo como "¡Caray! ¡Cuántas mujeres te caen hoy encima!", y él sonrió y dijo: "¿Qué te voy a decir?" Entonces pasamos unos momentos incómodos sonriéndonos.

»Cuando el tren se detuvo en mi parada, él me extendió la mano y me ayudó a ponerme en pie, "para que no me cayese". Incluso me acompañó al andén y me preguntó si podría... esto es bueno... "quedar para tomar algo". Tomamos algo, pasamos una tarde muy agradable, y luego me envió muchos SMS y me hizo muchas llamadas telefónicas... y luego nada. Como si se lo hubiera tragado la tierra.

»Imagino que o bien tiene cinco hijos en un país extranjero, o simplemente no le intereso, dado que hace un par de semanas que no sé nada de él. Empezó como un caballero y acabó como un cretino, como hacen tantos. (Suspiro.)

»Lo curioso de esta historia es que sólo le dije algo gracias a una de tus columnas. Así que, en realidad, fue culpa tuya.»

¿De verdad fue culpa *mía*?

Quizás un poco sí. Es posible que mi amiga no hubiera flirteado tanto con aquel tipo si yo no le hubiera contado la anécdota de mi frase fallida en el metro (en el capítulo 1, ¿recuerda?). Así que acepto cierta responsabilidad por su conducta.

Lo realmente interesante es la interpretación que hizo mi amiga de la conducta *de él*, porque su análisis es tremendamente preciso. O bien cambió de opinión sobre si ella le gustaba o no, o bien ya estaba comprometido con otra (es más probable que tuviera novia, antes que cinco hijos en un país extranjero).

La segunda explicación, que tenía novia, era mucho más probable que fuera la correcta. Después de una primera cita estupenda, el motivo principal por el que un hombre no organiza una segunda es que ya tiene a alguien en su vida.

Por tanto, yo imagino que conoció a mi amiga en un momento en que sentía ciertas dudas respecto a su relación. Debió de dejarse llevar por lo romántico de su encuentro. El modo en que ella, una mujer atractiva, evidenció tan claramente su interés por él debió halagarle. Así que decidió quedar con ella.

En cuanto a la cita en sí misma, supongo que aquel hombre lo pasó bastante bien, pero cuando llegó el final de la velada y el momento correcto para besar a mi amiga, decidió no permitir que el flirteo fuera a más.

Cierto, fue un capullo por citarse con mi amiga, ya de entrada, pero merece cierto crédito por no haber llevado la situación hasta una relación plena.

Pero ¿qué pasa con mi amiga? ¿Debería haberla llamado él y decirle cuál era su problema? Seguramente. Pero la opción más fácil (y a los hombres nos gustan estas opciones) era cortar todo contacto. Imagino que hasta borró su número, porque la verdad es que ella jamás volvió a tener noticias suyas.

¿Eso le convierte en mala persona?

No le vuelve una persona especialmente buena, pero si mi interpretación de lo sucedido es correcta, podría haber sido mucho, mucho peor. Si ésta es la definición de un capullo, entonces él lo es.

Ahora bien, yo no me considero un capullo, pero sé que ha habido momentos en que he sido culpable de una conducta agilipollada, y la verdad es que casi todos los hombres, si son sinceros, podrían mencionar al menos una ocasión en la que actuaron un poco sospechosamente. Por ejemplo, no mucho después de que mi amigo Robbie acabara una relación, estuvo saliendo durante un breve periodo de tiempo con una chica llamada Rona. Salieron tres o cuatro veces hasta que él decidió que, a pesar de lo agradable que era Rona, no le acababa de gustar. Así que dejó de contactar con ella.

¿Le convierte eso en un cobarde? Quizá. Pero ¿en un majadero? Seguramente no, porque se aseguró de dejar de llamarla antes de que la cosa se pusiera seria; en otras palabras, antes de acostarse juntos.

«¡El típico cobarde!», oigo gritar a alguna, a pesar de todo. Pero no es tan sencillo. Si después de las cuatro citas le hubiera dicho a Rona: «Esto tiene que terminar, porque no me gustas», ¿no hubiera sido un poco cruel? Yo creo que sí. Menos cobarde, pero cruel. En aquel momento él decidió ser cobarde antes que cruel. Y en su defensa, no olvide que podría haberse acostado con ella, pero no lo hizo.

Sea como fuere, un par de meses más tarde, Rona le telefoneó para hablarle de cómo había terminado todo. Durante la conversación, preguntó a Robbie por qué dejó de llamarla y de enviarle mensajes. Él no le dijo nada, porque, como antes, no quiso ser cruel con ella.

Entonces ella le ofreció una salida fácil.

—No estabas listo para otra relación, ¿verdad?

—No —contestó él, aliviado—. No estaba listo. Y lamento mi mal comportamiento.

—No pasa nada, lo entiendo —dijo Rona—. Pero deberías habérmelo dicho en aquel momento.

Al final de la llamada ella estaba contenta, a pesar de que Robbie le había mentido. Entonces, ¿esto convierte a mi amigo en un capullo y un cobarde? Dejó de llamarla y luego mintió sobre el motivo, de modo que imagino que sí, supongo que lo convierte en eso. Pero como el tipo que conoció mi amiga en el metro, Robbie podría haberse comportado mucho, mucho peor.

Y extrañamente, si le hubiera mentido *antes* diciendo a Rona que rompían porque no estaba listo para otra relación, en lugar de limitarse a dejar de llamarla, hubiera hecho lo correcto. Así que, en realidad, su único pecado fue mentir demasiado tarde. Es una forma de lógica extraña, pero aquí tiene sentido.

No es imposible domesticar a un chico malo

No es imposible, pero sí muy, muy difícil. Exige una paciencia a prueba de bombas y la capacidad de negarse algo que usted realmente desea: pasar un tiempo con él. Y, por supuesto, hace falta suerte, porque su campaña debe coincidir con el momento en que él, voluntariamente, deje su fase de chico malo.

Así que, si siente que está cayendo bajo el influjo de un chico malo (y es probable que si se preocupa por ello es porque le esté pasando), entonces huya sin miramientos. No se quede a tiro por si su instinto se equivoca. Confíe en su intuición: es su subconsciente el que examina las evidencias disponibles en un abrir y cerrar de ojos, y luego le transmite sus conclusiones bajo la forma de un impulso. Eso es lo que son sus instintos, la suma total del conocimiento y de la racionalidad que usted ha desarrollado durante toda su vida. Así que hágales caso. Son más poderosos de lo que piensa (y si no me cree, lea *Blink: el poder de pensar sin pensar*, de Malcolm Gladwell).

Sea como sea, volvamos a los chicos malos. Como decía, confíe en su instinto. Si le dice que tenga cuidado, empiece a tomárselo con calma. Deje que sea él quien se encargue de todo, que organice las citas, y no deje que las cosas vayan más allá de la amistad hasta que su instinto le diga que él está preparado. Puede que tarde meses, o que no pase nunca. Pero es su única oportunidad de domesticar a un chico malo. Vuelva a lo básico. Niéguele lo que quiere (un acceso fácil a usted), porque negarle algo es la única manera de convencer a un hombre del valor que tiene lo que se le niega.

Esto no quiere decir que usted no deba mostrarse amistosa, divertida y amable con él; pero no se deje caer en una seudorrelación. Quiere conocer a ese tipo cuando haya superado su fase de chico malo, no cuando esté en mitad de ella. Y, haga lo que haga, no se permita tener ni un ápice de fe en él, porque las probabilidades más aplastantes son que un chico malo la decepcione.

La Regla de Oro

Ésta es la Regla de Oro para tratar con los chicos malos, tanto si son del tipo «pronto saldré de esta fase» como del «jugador empedernido»: si no se compromete con usted, trátele como si fuera un chico malo. Sáquelo de su vida. Y si no puede llegar tan lejos, al menos destiérrelo de su cama.

Quien ha sido felpudo seguirá siéndolo (al menos eso pensará él)

Ya le he dicho cómo el mismo hombre puede ser totalmente distinto de una semana a la siguiente (es decir, un chico malo con una mujer y un buen tío con otra, una vez que haya pasado página en su vida).

Pero hay algo que no le he dicho sobre los chicos malos: si un tipo empieza a tratarla mal, es muy improbable, por no decir imposible, que alguna vez piense en usted como en otra cosa que una persona a la que puede maltratar. Es decir, que entre ustedes no pasará nada serio. Usted nunca tendrá una segunda oportunidad. Sé que suena mal, pero quiero serle sincero. La cuestión es que si permite que un chico malo la pisotee un tiempo, y luego se aleja de él, con la esperanza de que un día regrese a usted y sea el novio perfecto, más vale que se lo replantee. No pasará.

Lamento si esto le rompe algunos sueños, pero así son las cosas. Una vez que una mujer pierde su mística, nunca la recupera. Al menos no según mi experiencia. Y espere un segundo, a ver si conozco a alguien a quien le haya pasado...

Pues no, nada. No conozco a nadie.

De vuelta a la vieja historia

Una vez más retomamos los mismos principios antiguos. Sólo existe una manera de hacer que un chico malo cambie su conducta y sea bueno con usted: no corra. Eso quiere decir conocerle como amigo y no acostarse con él hasta que la haya convencido del todo de que está listo para una relación correcta. Si lo único que quiere es echar un polvo sin compromiso, entonces manténgase lejos. Por tanto, no esté cuando él la necesite. Muéstrese firme: no sea fría con él, pero no esté para él siempre que él quiera y según sus normas. No responda a las llamadas que buscan consuelo sexual. No sea una de esas «amigas con derecho a roce», porque puede estar segura de que no es la única.

Por supuesto, si lo que espera de su chico malo son sólo relaciones informales, entonces responda a las peticiones de sexo por compasión siempre que quiera, y páselo bien. Hacer esto no tiene nada de malo. Pero reducirá incluso más la probabilidad, ya de por sí exigua, de que ese chico malo se convierta en su pareja.

Los hombres también tienen sentimientos

La amistad con los chicos malos es divertida. Como usted sabe, a veces no son mala gente. A menudo un chico malo es un chico bueno que pasa por una fase, lo cual quiere decir que fácilmente podrá ser su amor platónico. Pero tenga cuidado si quiere desarrollar una relación sentimental con él, porque si empieza a hablar de los obstáculos (las cosas que le impiden entrar en una relación), en su mente usted adoptará un rol equivocado. No sea la persona en quien confía, la amiga que le ayuda en sus momentos difíciles. Si usted es la mujer que le escucha y le hace sentir mejor (lo cual *no* debe incluir acostarse con él de vez en cuando), es improbable que sea la persona con la que él acabará. La asociará con ese periodo de su vida, una transición antes que una conclusión.

Si siente que pasa esto con un hombre que a usted le interesa de verdad, aléjese de él. No permita que nada la arrastre a esa especie de seudo-romance.

B

No puedo dejar pasar un capítulo sobre los chicos malos sin hablar de B. Es el estereotipo de chico malo. Constantemente va a la caza de mujeres con las que salir. Las conoce, queda con ellas, se acuesta con ellas una o dos veces y sigue adelante. A la gente solía hacerle gracia el modo en que actuaba (por ejemplo: una vez fue a una clínica especializada en enfermedades de transmisión sexual a que le hicieran una prueba y ligó con una tía en la parada del autobús de regreso a casa); pero, cuanto más dura la cosa, menos divertida parece, tanto para él como para las chicas con las que sale. Sin embargo, creo que tarde o temprano saldrá de la fase, porque B es un tipo como cualquier otro.

De hecho, le voy a contar mi teoría sobre B. Es tremendamente inseguro, y va por ahí quedando con montones de chicas no sólo para distraerse (aunque eso forma parte del proceso), sino, en realidad, sólo para demostrarse que puede hacerlo. En cierta ocasión le expuse esta teoría. ¿Su respuesta? «Seguramente tienes razón, pero me da igual. Soy feliz.»

El hombre que a usted *sí* le conviene

Quiere a un hombre que no pueda evitar ponerse en contacto con usted. Un hombre que quiera hablar con usted constantemente, y verla siempre que pueda. Un hombre a quien no se le pase por la cabeza ser a propósito distante porque quiere que usted sepa exactamente qué siente por usted. Quiere que esté segura de sus sentimientos, porque desea que se sienta lo bastante confiada como para permitirse sentir lo mismo por él. Un hombre que quiera ser bueno con usted por cómo usted le hace sentirse en la vida: feliz, positivo y optimista. Un hombre que la ame como usted quiere que la amen. Éste es el hombre que usted quiere, y existe.

Lo sé porque, a pesar de mi escepticismo y mi conducta ocasional de chico malo, me convertí en uno de ellos.

¿Por qué los tíos majos no se llevan a la chica? ¿Por qué no? ¡Jo, dime, venga! ¿Por qué no?

Creo que el peor motivo que una mujer puede darle a un hombre para decirle que no le interesa es que «es demasiado bueno» para ella. Mírelo desde nuestro punto de vista: conocemos a una mujer que nos gusta, y precisamente por eso decidimos hacer las cosas bien, lo cual significa llamarla regularmente, detectar y elogiar sus zapatos y su peinado, e incluso escuchar lo que dice; exactamente lo que todas las mujeres dicen que quieren.

Esto supone abandonar nuestros patrones por defecto, como pasar de ella durante una quincena, hacer llamadas para pedir acostarnos con ella cuando estamos bebidos y afirmar que podemos acostarnos con otras mujeres, amparándonos en el débil pretexto de que «aún no hemos tenido la charla sobre las relaciones». Ésta no es manera de tratar a una mujer en la que estamos realmente interesados. Por tanto, cuando aparece una chica especial, no lo hacemos. En lugar de eso, somos amables.

Pero ¿es que esta forma de actuar nos ayuda a conseguir a la mujer que queremos?

Ni de coña, vamos.

Ejemplo: una amiga mía, Steph, empezó a salir con un tipo inteligente, atractivo, que le pareció todo un caballero durante la época en que ella buscaba novio. ¿Perfecto? Pues no. En la cuarta cita, él desplegaba todas esas cosas tan bonitas que hemos visto antes y más, llamándola cuando se lo había prometido y organizando los encuentros. En resumen, que no jugaba con ella. Ella le gustaba, y se lo estaba dejando claro. Pero de repente ella pensó que él se estaba volviendo un poco demasiado cómodo y reflexivo, y en lugar de verle como un hombre sincero y bondadoso, a los ojos de Steph se convirtió en un aguafiestas plasta.

La gota que colmó el vaso llegó cuando él se fue un fin de semana a Praga para una despedida de soltero, y empezó a enviarle SMS contándole lo bonitos que eran los edificios y lo espectaculares que eran los puentes. Eso no le sentó bien. Steph me dijo que hubiera preferido que le enviase fotos de *strippers* checas y le hubiera contado lo maravillosos que eran sus bailes privados.

Parece ser que eso le hubiera dado un «toque malo», y lo hubiera hecho atractivo para ella.

Perdona, Steph, pero eso son idioteces. ¿Qué se supone que tenía que hacer? ¿Tratarte mal deliberadamente para que le gustases? Le pregunté por qué querría que él hiciera eso. Su respuesta me puso furioso, pensando en el pobre tío. «Si algo es tan fácil de conseguir, es que no vale la pena», me dijo. Sin despeinarse. Hay incontables relaciones que se habrán quedado en la cuneta por motivos patéticos como éste. O quizás él sea el equivalente masculino del alce atropellado. Da que pensar.

Sea como fuere, chicas, por favor, basta ya de decir una cosa y hacer otra. No me diga que quiere que la traten bien y luego se queje de que lo hacen. Dé una oportunidad a los tíos legales. Es usted quien sale perdiendo.

Pero los chicos malos también se enamoran. Y cuando lo hacen, les da tan fuerte como a todo el mundo. Como me pasó a mí cuando, después de un largo periodo en que no estuve interesado o preparado para algo serio, me encontré con alguien que me hizo cambiar del todo mi punto de vista.

¿La conducta de los chicos malos indica que aún no han encontrado a Miss Ideal?

No lo creo. A mí no se «me ha escapado» nadie. No miro atrás a mis años recientes cuando estaba sin pareja, y pienso que ojalá hubiera tenido algo más profundo con alguna de las mujeres con las que salí.

Para ser totalmente sincero, de lo único que me arrepiento de mi vida amorosa desde que descubrí a las mujeres siendo un adolescente nervioso es de no haber tenido una novia a largo plazo, es decir, alguien con quien pasara uno o dos años, hasta que conocí a Novia X hacia el final de mi época universitaria. Al mirar atrás, me gustaría haberla tenido, porque esas relaciones pueden ser estupendas y crear recuerdos magníficos, felices. Pero sea cual fuere el motivo (supongo que fue culpa mía), nunca superé el plazo de tres meses.

Sin embargo, en el caso de B creo que hubo una que se le escapó: la primera novia que tuvo. Rompieron justo antes de que se fueran a la universidad, donde él esperaba encontrar mujeres como su ex. Yo no la conocí, pero según él era tan dulce y hermosa como puede serlo una mujer. Desde entonces lleva buscando a alguien tan encantador como ella. Interesante.

Todo este capítulo condensado en una línea

Si usted cree que acabará siendo sólo una muesca más en el cabezal de la cama de él, no permita que eso suceda.

Aforismos sobre los hombres

1. Si un hombre no es de fiar, es, en todos los sentidos y para todo propósito, un chico malo.
2. Si sospecha que alguien es un chico malo, sea prudente.
3. Los chicos malos no lo son para siempre.
4. Si un hombre se porta mal con usted, no lo tolere.
5. Los chicos malos pueden ser buenos amigos.

11

La historia oculta de él
y la vida de usted en fascículos

- Por qué un hombre con un pasado no siempre es alguien a quien eludir
- Por qué él no quiere saber nada del pasado de usted, pero no puede evitar preguntarle: el enfoque «muela picada»
- Qué debería contarle y qué no
- Cómo impedir que sus dos pasados afecten al presente y al futuro

Algunos hombres tienen una gran seguridad y ni parpadean por conocer el pasado de su pareja. Son hombres que o bien lo saben absolutamente todo y les da igual (y suelen tomárselo a broma), o bien no preguntan porque no les importa en absoluto nada de lo que pasara antes de conocerla a usted. Ésos son los tíos guays, tranquilos y serenos que viven en un extremo del espectro.

En el otro extremo están los hombres que se obsesionan constantemente con las personas que conoció y las cosas que hizo ella antes de empezar su relación, que se torturan con imágenes de su amada en plena contorsión orgásmica con otros hombres. Esta obsesión hace que esos sujetos sean celosos y se sientan amenazados, y las consecuencias son desagradables tanto para el tipo en cuestión como para la mujer con quien tienen la relación.

Afortunadamente, muchos hombres aterrizan en un punto intermedio. La mayor parte del tiempo, el pasado de nuestras mujeres no nos inquieta, pero de vez en cuando, sí. Esos sentimientos pueden ser fruto de muchas cosas que nos hacen sentir inseguros e infelices, cosas que no tienen que ver necesariamente con nuestra pareja.

Todo esto es consecuencia de que consideramos a nuestra chica como algo de gran valor, lo cual supone que aborrecemos la idea de que otros hombres hayan tenido una relación íntima (intrascendente o no) con esa persona a la que tanto valoramos. En ocasiones podemos sentirnos celosos, inseguros y amenazados. Los tipos que están un grado más arriba en la escala de los celos se plantearán qué tipo de relación sexual tuvo ella con aquellos hombres, torturándose de paso con todos los detalles. Si ella tuvo momentos de locura, ¿le gustaba más esa vida que la que tiene ahora con novio?

Por lo tanto, esto induce al hombre inseguro a preguntarse si la relación sexual que mantiene con esa mujer realmente la satisface. ¿Y cómo se sentirá ella cuando lleven juntos un tiempo disfrutando de ese sexo en pareja, agradable e íntimo? ¿Será suficiente para ella? ¿Aquellos hombres eran mejores en la cama que él? ¿Cree ella que la vida sexual que lleva con su pareja es aburrida? ¿Preferiría estar con otro?

Es evidente que ésta es una situación extrema (francamente, está a un paso de la locura), y muy pocos hombres piensan eso a menos que estén borrachos y les dé por compadecerse de sí mismos (o sea, algo patético). De hecho, la mayoría de nosotros sabe que pensar eso es completamente inútil, y entendemos lo estúpidos que somos porque, si ella está con nosotros ahora, es porque así lo quiere. Además, todo el mundo tiene un pasado, y lo que sucediera en ese pasado es lo que convierte en lo que es a la mujer que amamos hoy. Así que ¿a quién le importa, no? La mayor parte del tiempo pensamos así.

Ésta es una idea importante sobre los celos y la inseguridad masculinos, así que preste atención: las inseguridades de un hombre no dependen del número de hombres con los que se haya acostado usted. Un hombre será tan inseguro y celoso de cuatro amantes pasados como de cuatrocientos. El mero hecho de que usted se acostase con ellos y le importasen es lo que le preocupa.

Por tanto, si ha tenido un pasado colorido y su hombre le monta un cirio al respecto, no se dé de latigazos ni empiece a lamentar lo que ha hecho, porque *el culpable de cómo se siente él es él*. Lo que importa es lo que haga usted después de conocerle, no antes, y él debe entenderlo.

Si le interesa ese hombre, y él se muestra un poco molesto por el pasado que ha tenido usted, limítese a hacerle sentir mejor. Dígale que con quien está ahora es con él, que le quiere, que ahora que está con él todo es mejor, que es feliz y que no quiere volver a aquellos tiempos en que solía cepillarse a equipos enteros de rugby (si es lo que hacía, vamos). Tranquilícelo. En pocas palabras, trátele como le gustaría que la tratase a usted si estuviera en su pellejo y se sintiera como él se siente.

Qué le ronda por la cabeza a él

Todos sabemos que las mujeres han tenido amantes antes de salir con nosotros (no somos tontos), y resulta difícil relacionar este conocimiento con nuestra visión de la chica «ideal». Por un lado, que un hombre piense que su novia (o una mujer que quiere que sea su novia) se ha acostado con otro es horrible, aunque haya sucedido antes de conocerle. Pero, por el otro, nadie quiere salir con una virgen. De hecho, si una mujer tiene experiencia e interés por la faceta sexual de la vida, eso la vuelve muy atractiva, en especial porque es probable que el nuevo novio coseche los beneficios de su apetito y de lo que ella haya aprendido. Por tanto, la situación es difícil para nosotros, porque esos dos sentimientos se contradicen mucho (querer a una virgen y a una diosa del sexo combinadas en un cuerpo femenino), y en nuestras pequeñas mentes cohabitan ambos.

Sin embargo, por lo general, nos quedamos siempre con la experimentada.

A veces juzgamos

Pero —y me da cosa decirlo— a veces juzgamos a las mujeres por lo que hayan hecho en su pasado. Sin embargo, no lo hacemos a menudo. Sólo se me ocurren dos ejemplos, uno de los cuales me pasó a mí.

El que no me pasó a mí

Mi amigo Bill conoció a una chica que le gustó mucho y muy rápido. «Conectaron» de la forma adecuada y, al cabo de unas pocas semanas, él estaba muy contento y emocionado por lo que estaba viviendo. Bill sentía que, quizás, estaba surgiendo algo grande.

Entonces, una noche se puso a hablarle a un amigo sobre aquella mujer. Su amigo le preguntó cómo se llamaba.

Bill le dijo el nombre.

El amigo de Bill se quedó en silencio.

Bill le preguntó qué le pasaba.

Su amigo le dijo que no era nada.

Bill dijo que, evidentemente, era algo. Así que, por segunda vez, le preguntó qué pasaba.

Su amigo le dijo que no *debería* pasar nada.

Bill le dijo que él juzgaría lo que era o no importante, y más si debería serlo o no. Por tercera vez, ¿qué pasaba?

El amigo de Bill respiró hondo y le dijo qué pasaba: dos de sus amigos habían hecho un trío con aquella mujer unos años antes.

Pero, añadió, eso no debería importar.

Bill no estuvo de acuerdo. Sí que importaba.

Y Bill rompió con la chica.

Lo sentí mucho por él, muchísimo, porque aquella vivencia fue una pesadilla. Aquel día la Dama Fortuna sí que le atizó fuerte en sus partes. Me contó lo mucho que le gustaba aquella chica, pero que no podía mirarla sin imaginarla con aquellos dos colegas. Clarifiquemos que no la juzgaba por haber montado un trío; simplemente, no quería estar con una mujer que, cada vez que la mirase, le llenaría la mente de imágenes de ella junto a dos de sus colegas.

Si Bill lo hubiera descubierto unos meses después, cuando estuviera enamorado del todo de aquella mujer en lugar de sumido en el proceso de enamorarse, es posible que el resultado hubiera sido otro. Quizás hubiera pensado que lo que tenía (una relación con una mujer a la que amaba) era más importante que una noche loca que tuvo hacía unos años. En mi opinión, y conociendo a Bill como lo conozco, eso es lo que hubiera pasado. Pero como lo descubrió en un momento tan temprano de su relación, la revelación fue suficiente para aniquilar lo que tenían. Lo cual es una gran lástima.

En palabras de Bill: «¿Qué podía hacer? ¿Cómo se supone que podía soslayar algo así? ¿Cómo olvidar lo que hizo? Sé que no me engañó, de modo que no tenía que perdonarla por nada, pero aun así me sentí indignado con ella, a pesar de saber que no era justo. La odié por ello, y a mis amigos también. Luego me odié por odiarlos, cuando en realidad ninguno había hecho nada malo.

»Pero aun así no lograba imaginarme seguir con ella. ¿Cómo se supone que debe sentirse uno en una situación como ésa? No me habría gustado enterarme de que lo había hecho con dos tíos, pero podría haberlo asimilado porque ella estaba sin pareja, ¿y cómo iba a enfadarme por algo que hizo antes de conocerme? Sería un idiota si tuviera algo contra ella.

»Pero saber que fue con dos de mis amigos fue totalmente distinto. ¿Te imaginas cómo me hubiera sentido si hubiera salido con ellos una noche? ¿O cómo me habría sentido en mi fiesta de cumpleaños cuando vinieran los tres? ¿Y si acabábamos casados? No podía hacerlo.»

Resulta difícil, muy difícil decir qué hubiera hecho yo en el lugar de Bill. Por mucho que me guste pensar que soy un liberal, un hombre del siglo XXI que no juzga a los demás, si descubriera que una mujer con la que acabo de empezar a quedar se montó un trío con dos de mis mejores amigos unos años antes, no creo que pudiera pasarlo por alto, sencillamente porque, al igual que Bill, pensaría en ello cada vez que la viera.

Si no conociera a los hombres en cuestión sería distinto. Vale, tampoco me gustaría recordarlo (la inseguridad sería mi problema, no el de ella), pero no sería suficiente como para que la abandonase.

Pero con dos de mis amigos... Bueno, ésa es otra historia. Aunque si estuviera enamorado de ella, quiero pensar que no querría abandonarla por algo que no tiene que ver con nuestra actual relación.

De todos modos, no quiero caer en hipótesis. El hecho es que nunca he oído hablar de otra situación como ésta que le sucediera a otra persona. Fue mala suerte para Bill y para la chica en cuestión. Sinceramente, lo siento sobre todo por ella. ¿Qué hizo mal? Nada. Lo único que hizo fue soltarse el pelo una noche. Eso es todo. Y, sin embargo, perdió una relación potencialmente estupenda. A veces la vida no es justa.

El que me pasó

Allá por la época en que llevaba sin pareja sólo unos meses, mis amigas empezaron a intentar emparejarme con amigas solteras que ellas tenían. En aquellos momentos yo era uno de los pocos solteros de esa edad (30 años), y querían verme feliz con una novia. Agradecí sus buenas intenciones, pero al cabo de un tiempo empecé a sentirme como si fuera un caso de caridad (cuando uno es una de las pocas personas sin pareja, lo único de lo que quiere hablar todo el mundo es de la vida amorosa que lleva, o de la ausencia de ella). Sin embargo, esta historia habla de una encerrona que ni siquiera llegó al punto de que yo conociese a la chica involucrada.

Una pausa: un par de aforismos rápidos para preparar encerronas

1. Si intenta emparejar a una amiga con un hombre al que usted conoce, *nunca* se la describa como «con forma de pera y sensata». Así es como me describieron a una chica. Nunca nos conocimos.
2. Si un hombre pide que le enseñen una foto de la chica con la que quieren emparejarle, no le grite por ser superficial y luego se niegue a presentársela. Es una conducta ridícula. Esto también me ha pasado. Por supuesto que queremos saber qué aspecto tiene. ¿Usted no querría?

De vuelta a la historia de la trampa fallida

Una amiga (casi siempre suelen ser las mujeres las que intentan emparejar a sus amigas y amigos) me habló de alguien a quien conocía y que sería «perfecta» para mí.

Eso es decir mucho, pensé, y generalmente las exageraciones no llevan a ninguna parte. Pero te escucho.

Parece ser que aquella mujer era muy divertida, sensual, lista y todo eso, como lo son todas cuando las describen las emparejadoras, excepto la que me dijo que tenía «forma de pera» y que era «sensata».

Pero, añadió esta amiga, la chica también era un poco «loca».

Mmmm, pensé, eso es infrecuente, y además interesante, porque la mayoría de las veces la gente vende a sus amigas como material perfecto para el matrimonio y no diciendo que están un poco locas.

—Vaya —dije—. Cuéntame.

—Sale mucho —me dijo ella.

—Bien.

—Habla alto.

—Bien de nuevo.

—Es muy lista.

—Mejor.

—Es muy graciosa.

—Mejor aún.

Aquello resultaba muy prometedor. Al final, me enviaron por *e-mail* una foto que fue el remate: quería conocer a aquella chica, sin duda. Quizás eso del emparejamiento no era tan mala cosa, después de todo.

Pero entonces me llegó otro mensaje por *e-mail*, casi como si se le hubiera ocurrido luego: «Ah, y hace unos meses se coló en el camerino de [insertar el nombre de un famoso rapero estadounidense que no se puede imprimir por cuestiones legales] y le hizo una mamada».

—¿Qué? ¿Intentas emparejarme con ella y me cuentas *eso*? ¿Eres tonta o qué?

—Pensaba que a los tíos os gustaban estas cosas —contestó mi amiga—. Ya sabes, un poco loca y todo eso.

Algunos tipos de locura nos gustan, pero ése no.

En lugar de atraerme, aquella revelación hizo que mi interés cayera en picado como un yunque lanzado desde el borde de un precipicio. A lo mejor administrar favores sexuales a raperos era la idea que ella tenía de una buena noche, y moralmente no podía juzgarla, porque si yo fuera famoso como aquel tipo y no tuviera pareja, estoy seguro de que tendría a montones de chicas entrando y saliendo de mi autocar todos los días, y tan contento.

Pero no soy él, y aquel dato supuso un cubo de agua fría. ¿Quería relacionarme con una mujer que, como dirían los periódicos, tuvo un acto sexual con ese rapero?

—No.

Como Bill y el trío de sus amigos, cada vez que la viera pensaría en aquel tío. Y eso empezaría en nuestro *primer* encuentro.

¿Podría nacer algo entre nosotros desde ese comienzo?

No.

Pero si su propia historia sexual ofrece una lectura larga y entretenida, no debe preocuparse en absoluto. Esas historias significan que los hombres sólo juzgarán lo que ha hecho una mujer en el pasado si las circunstancias son excepcionales. Si no me cree, esto es lo que me dijo un amigo sobre su novia y el jugoso pasado de ésta: «A veces me pongo celoso, pero creo que eso le pasa a todo el mundo de vez en cuando, y no voy a permitir que el pasado de esta chica a la que amo afecte mi vida presente, porque no tiene nada que ver con nosotros ni conmigo.

»Así que durante un tiempo fue un poco loca, ¿y qué? Ahora tenemos una relación estupenda. Confío en ella del todo, y quiero pasar con ella el resto de mi vida. La persona que es hoy es a quien amo, y su pasado fue lo que la hizo ser así. Por supuesto, sus travesuras alocadas no son mi tema de conversación favorito, pero nunca permitiría que algo así (algo sin relación con mi vida) afectase a mi felicidad o a mi relación con ella. Aquellas noches fueron divertidas, seguro que sí, pero lo que tenemos significa algo. Nuestro futuro es mucho más importante que lo que sucedió antes de conocernos.»

Lo curioso del caso es que el pasado de mi amigo fue de lo más inocente comparado con el de ella.

Y esto además es bidireccional. Conozco a una chica cuya hermana empezó a salir con un tío que le dijo, abiertamente, que se había acostado con noventa mujeres antes que con ella, a veces de una en una, otras de dos en dos e incluso de tres en tres. Al principio, eso la incordió un poco. Pero, cuando se casaron tres años más tarde, parece ser que le importaba muchísimo menos.

Por tanto, no hay motivos para pensar que cualquier cosa que haya hecho usted en el pasado afecte a lo que tiene en el presente o pueda tener en el futuro.

Sin embargo, esto no es una carta blanca para acostarse con todo el mundo, porque no creo que hacerlo sin moderación haga feliz a nadie, hombre o mujer. Creo que la gente usa el sexo informal regular como un sustituto del afecto cuando no son felices, están bebidos o se sienten solos, o un poco de las tres cosas.

La gran pregunta: ¿qué debería decirle a él?

Para mí, ésta es fácil. Llámeme idealista, pero si alguien con quien mantiene una relación sentimental seria le formula una pregunta, debe responderla sinceramente. Diga la verdad. Sé que se dice mucho que la verdad nunca hiere al que la dice y todo eso, pero no creo que las parejas deban mentirse el uno al otro. Sí, es cierto que los dos pueden oír cosas que no les gusten, pero ésa no es la idea. La sinceridad en la pareja es mucho más importante que un enfado transitorio sobre con cuántas mujeres o con cuántos hombres se ha acostado su pareja. Francamente, si una persona que tiene una relación no logra asimilar la verdad sobre el pasado de su pareja, ése es su problema (y lo digo en calidad de tipo celoso confeso). Y si hay algo que usted no quiere saber, no formule la pregunta.

Una vez oí decir a alguien que ningún hombre quiere que su novia haya tenido más de diez amantes previos, de modo que las mujeres deberían mentir sobre los hombres a los que han «conocido». Tonterías, digo yo. Usted diga la verdad. Ningún tipo en su sano juicio rechazará a una mujer que sea estupenda en todos los otros sentidos por el mero hecho de que se acostó con demasiados hombres antes de conocerle. Y si un hombre rechaza a una mujer por ese motivo, es que no la merece.

Por tanto, ésta es la norma: cuando tenga dudas, diga la verdad.

Aquí va otra historia sobre un tema parecido. Una chica, Rebecca, conoce a un hombre, Don Guay, en el trabajo. Él le pide para salir, y empiezan a quedar. Un par de meses después, cuando las cosas van la mar de bien, un día ella está en casa de él y ve una foto de su novio con uno de sus amigos. Le parece reconocer al amigo en cuestión. Le pregunta a él quién es. Descubre que es cierto que conoce al amigo: salieron un par de años antes. Se llama Don Chungo.

Don Guay detectó la expresión en el rostro de Rebecca cuando escuchó el nombre de Don Chungo. Supo que allí pasaba algo y, como era humano, no pudo por menos que preguntar a Rebecca si lo conocía. Ella le dijo la verdad: que ella y Don Chungo salieron unos seis meses, y rompieron cosa de un año y medio antes de que ella conociera a Don Guay.

Éste se quedó hecho polvo, porque Don Chungo era su amigo más antiguo. Habían crecido juntos. Y Rebecca también se quedó fatal. No sólo había molestado a Don Guay, el mejor hombre, el más cariñoso, que había conocido en mucho tiempo, sino que descubrió que Don Chungo ni siquiera había hablado de ella a Don Guay. A pesar de ser amigos desde que eran renacuajos, para Don Chungo, Rebecca no era lo bastante importante como para merecer siquiera una conversación con su amigo más antiguo, incluso después de seis meses de citas. Como seguramente ya ha adivinado, Don Chungo era jugador. Lo lamento por Rebecca, porque seguro que su orgullo quedó muy perjudicado. No puedo excusar la conducta de Don Chungo. Eso es, sencillamente, lo que hacen algunos hombres cuando son felices solteros y no quieren compromisos. Seguramente pensó que lo que tenía con Rebecca no era importante en el marco general de las cosas, de modo que ni se molestó en mencionársela a su mejor amigo. No hay excusas.

Así es como son algunos hombres. (Nota: si usted ha salido seis meses con un hombre y ni siquiera conoce a su mejor amigo, debería sonar la alarma.)

¿Cómo se sintió Don Guay cuando se enteró de que Don Chungo conocía a su Rebecca, la chica de la que se había enamorado, de formas que, esperaba, su mejor amigo nunca experimentaría?

Pues se sintió fatal, indescriptiblemente mal. No sólo tendría que vivir sabiendo que Rebecca se había acostado con su mejor amigo (aunque sin mediar engaños ni traiciones de confianza), sino que además era evidente que ella era tan insignificante a ojos de Don Chungo que éste nunca le había hablado de ella. Para Don Guay, Rebecca era la mujer con la que quería pasar el resto de su vida. Para Don Chungo, fue un rollete pasajero. Don Guay debió de sentirse muy mal y, como hombre que soy, lo siento mucho, muchísimo por él.

Pero ¿qué pasó con Rebecca y Don Guay?

Ésta es mi parte favorita de la historia. Don Guay resultó ser alguien especial. Era fuerte, tenía principios, y muy pronto se dio cuenta de que en Rebecca había encontrado a una mujer realmente especial, y por muchos palos que se llevara su ego (al saber que había estado con su mejor amigo), eso no suponía nada importante. Como mucho, la amaba incluso más por haber tenido que pensar en la relación que mantenían.

En determinado momento debió preguntarse si podía seguir con Rebecca, de modo que, al mismo tiempo, se planteó cómo sería estar sin ella. Me pareció como si, apenas un nanosegundo después, se diera cuenta de que, sin duda, podía seguir con Rebecca. Y no sólo *podía* estar con ella, sino que no debería hacer absolutamente nada para garantizar que ella se quedase, porque tenían algo maravilloso juntos. Lo que hubiera pasado entre ella y Don Chungo mucho antes de que se conocieran era totalmente intrascendente.

Una historia que aún me impresiona

No creo que nadie tenga que perdonar a una persona por su pasado, por algo que sucedió antes de que dos personas se conocieran o forjasen una relación. Pero si alguien a quien yo amara me engañase, entonces yo, como la mayoría de personas, no creo que pudiera superarlo. Por eso la siguiente historia me dejó con la boca abierta cuando la escuché. Y sigue haciéndolo. Francamente, esta historia es tan..., bueno, tan extraña que tengo que compartirla. Habla del pasado de una persona, de una infidelidad y del perdón en las circunstancias más improbables.

Vale ya de preliminares: ésta es la historia.

La historia

Sharon y Shaun se hicieron pareja cuando tenían unos 27 años. Dos años más tarde, ella sospechó que él la había engañado, y se lo dijo a la cara. Shaun confesó que sí, que la había engañado. Más de una vez. Resultó que, a lo largo de su relación, se había acostado a intervalos regulares con una media docena de chicas. Como es comprensible, Sharon se quedó hecha polvo.

Entonces, ¿fue el final de aquella pareja?

Casi.

Sharon, por motivos que para mí no tienen sentido, dio a Shaun dos opciones. La primera fue que rompieran allí mismo. La segunda fue que él fuera a ver al padre de Sharon y le dijera exactamente lo mismo que le había dicho a ella. Es decir, tenía que confesar sus infidelidades al padre de la mujer a la que había engañado.

Vaya creatividad, pensé. Y además un buen castigo. Estoy impresionado. Pero seguro que Shaun no lo hizo, ¿no? ¿Qué grado de humillación estaría dispuesto a soportar para conservar a una mujer que le había importado tan poco como para acostarse con otras seis? Ninguno, concluí.

Me equivocaba.

Shaun lo hizo.

Telefoneó al padre de Sharon y le dijo que quería verle; fue en coche hasta su casa, se sentó y le contó la historia. Ahora bien, si yo fuera el padre de Sharon, creo que hubiera esperado otro tipo de conversación después de que quien había sido durante dos años el novio de mi hija me pidiera una charla cara a cara. Para ser precisos, que me hablara de matrimonio. Ni en un millón de años hubiera esperado que aquel mismo joven me confesara haberle puesto los cuernos a mi descendencia. Seis veces. Francamente, me sorprende que el padre de Sharon no fuera a buscar la escopeta.

Pero ese hombre le escuchó y consiguió no agredirle (estoy impresionado). Unos años más tarde, Sharon y Shaun están casados y, según lo que saben todos, él le ha sido fiel desde entonces.

En esta época de infidelidades ubicuas de los famosos, éste es un tema candente. No tengo ni idea de cómo logró superar Sharon las indiscreciones de Shaun. En el caso de un hombre, no estoy seguro de que fuera posible. Si mi novia me dijera que se había acostado con seis tíos a lo largo de los dos últimos años, no imagino que fuera capaz de volver a sentir lo mismo por ella jamás, y no creo que fuera el único. Supongo que Sharon es una entre mil, y piensa distinto.

Para serle sincero, no entiendo por qué ninguno de ellos hizo lo que debía. O sea, ¿por qué narices no rompieron, y punto? Pero afortunadamente yo nunca me he visto en esa situación, y espero no estarlo jamás.

Yo y los celos, o sentir celos de las personas celosas (al menos ellas *pueden* serlo)

En mi caso, cuando llevaba dos años sin pareja, me descubrí pensando en lo agradable que sería tener a alguien por quien sentir celos. Era Nochevieja, y yo estaba solo. Lo peor de todo, mi soltería parecía haberse convertido en mi rasgo distintivo, gracias a mis confesiones semanales en la columna.

En Nochevieja llevaba sin pareja casi dos años, y estaba un poco aburrido de la situación (recuerde que había planeado estar solo un año). Y, para ser totalmente sincero, empezaba a sentirme un poco solo. Casi todos mis amigos estaban emparejados, y yo estaba cansado de que me preguntaran cómo iba mi vida amorosa. Sé que esto me hace parecer desagradecido (la gente preguntaba sólo porque se preocupaban por mí, querían que fuera feliz, y tenía mucha suerte de tener aquella columna), pero a veces me parecía que aquello era lo único que tenía. Yo era Humfrey el Soltero.

Y entonces me recordaba que estar sin pareja no sólo había sido decisión mía, sino que también escribía una columna donde celebraba mi soltería, de modo que no podía echar la culpa absolutamente a nadie por el hecho de que ese tema inquietase a las personas con las que hablaba. Era culpa mía.

Pero volvamos a mi vida sin pareja. Es mucho más divertido.

Año nuevo, actitud nueva

Aquella Nochevieja decidí pensar en positivo. Para mí, el paso de un año al otro representaría el inicio de un nuevo capítulo, que iba a tratar de forma distinta a los demás. El optimismo era la clave, junto con la creencia de que en algún lugar del mundo estaba la chica ideal para mí, y que era cuestión de tiempo que la encontrase.

Pero había algo que debía tener mucho cuidado en evitar: apresurarme.

Por qué los hombres sin pareja son como los taxis

Mi hermana menor Sarah tiene una teoría sobre que los hombres sin pareja son como taxis que no logran aclararse con sus luces. Una chica a quien le gusta el aspecto de uno de esos taxis es como un pasajero que está a un lado de la carretera y que le hace señas cuando pasa el vehículo. A veces la luz verde del taxi está encendida y otras no, lo cual quiere decir que en ocasiones el taxi está disponible y otras no. Pero, y este «pero» es importante, para que el taxi no se detenga no hace falta que ya lleve un pasajero.

Lo que quiere decir esto es que si la luz «verde» de un soltero está encendida puede entablar una relación seria con la próxima chica a la que encuentre y que le guste de verdad. Sin embargo, si su luz está apagada, no hay absolutamente nada en este mundo que pueda hacer ninguna mujer para que empiece una relación seria con ella. No está disponible. Punto final.

Me di cuenta de que Sarah tenía alguna entre manos, porque yo ya no pensaba como un hombre que tenía la luz apagada. Ahora miraba a las mujeres y pensaba: «¿Me veo con ella?» Aunque la respuesta en ese momento era siempre que no, aun así debía tener cuidado, porque no quería ser uno de esos tíos que se precipitan, uno de esos hombres que llegan a un punto en su vida sin pareja en que quieren tener novia, y la siguiente mujer que aparece en su vida se convierte en La Elegida. Ése es un hombre apresurado, y yo no quería ser uno de ellos.

Nochevieja, segunda parte

Recapitulemos: era Nochevieja y yo me sentía positivo respecto al mundo, y ya no buscaba relaciones esporádicas y breves.

Pero no es que tuviera muchas esperanzas de conseguir algo esa noche, porque la única Nochevieja que había pasado como hombre soltero en los diez años anteriores fue la del año anterior, y resultó un verdadero fiasco. La única chica disponible en toda la fiesta se puso a llorar inexplicablemente a las nueve de la noche y se fue una hora más tarde, sin dejar de derramar lagrimones. Y no, no fue culpa mía. Ni siquiera habíamos cruzado palabra.

Así es como me fue en mi segunda Nochevieja de soltería.

Esa noche fui a un *pub* con mi primo Max y su esposa Mareike. Nos divertimos mucho: alcohol por un tubo, bailes pachangueros y unas cuantas mujeres atractivas. Pero una destacaba del resto: tenía el cabello corto y oscuro, llevaba un vestido color púrpura que le marcaba todas las curvas y, a mis ojos enturbiados por el alcohol y emocionalmente vulnerables, tenía un aspecto cañón.

Como estábamos en su *pub* local, Max y Mareike conocían a unas cuantas personas, y ella me preguntó si quería que me presentara a alguna. Le dije que la chica de púrpura era la única que me interesaba, y dado que había mediado algún que otro baile insinuante y habíamos establecido contacto visual, pensé que quizá podríamos llegar a algo. Ni de casualidad, dijo Mareike, es lesbiana. Aquello no era lo que quería oír, pero como lo estaba pasando muy bien no me importó carecer de una chica a la que seducir.

Después de salir del *pub*, me quedé en el sofá de Max y Mareike, y a la mañana siguiente ella me preguntó por qué no había intentado nada con la chica del vestido púrpura. Me eché a reír.

—Porque es lesbiana, claro —le dije.

—¿De quién estás hablando? —preguntó.

—Me dijiste que era lesbiana, así que la dejé en paz —repliqué.

Mareike puso cara de extrañeza.

—Pero si no dije eso. Te dije que me parecía que le gustabas.

Era evidente lo que había pasado: mis estúpidos oídos de borracho se cargaron cualquier posibilidad que hubiera tenido con la chica de púrpura al oír «es lesbiana» [*she's a lesbian*] en lugar de «le gustas» [*she likes you*]. Me sentí como un idiota, lo cual empeoró mi resaca.

Más tarde le conté la historia a B. Me tachó de imbécil, y me dijo que no lograría mojar ni en un burdel, lo que no era precisamente lo que yo quería oír. También me retó a poner la historia en mi columna, incluyendo el nombre del *pub*; y, en un último y desesperado (sí, admito que estaba desesperado, pero es que también odio perder las apuestas) intento de rescatar la situación, añadir una petición para que la chica de púrpura se pusiera en contacto conmigo.

Bueno, pues B perdió la apuesta, porque conté la historia en mi columna, incluyendo una invitación para que la chica del vestido púrpura contactase conmigo. ¿Por qué lo hice? Para hacer callar a B, más que nada.

¿Supe algo de ella?

No.

Y, por supuesto, tuve que explicar ese fracaso en mi columna, de modo que unos días después se imprimieron seiscientos mil ejemplares con la triste historia.

¿Feliz Año Nuevo? Qué va.

De vuelta a los celos

Mi opinión general sobre los celos es que en pequeñas dosis no están mal. Creo que sentir alguna punzada de vez en cuando es muy normal. Incluso podría ayudar a alguien a no sentirse totalmente seguro/a respecto a su novio o novia, siempre que cada vez que sienta la punzada ésta vaya seguida de la cálida sensación de saber que usted confía implícitamente en esa persona, y que la confianza es recíproca. Por tanto, usted se sentirá afortunada de tener a ese hombre tan codiciado por otras. En ese punto incluso podrá sonreír. Así que los celos no son siempre malos.

Unas palabras sobre la inseguridad masculina

Un hombre llamado Jimmy Soul cantaba una canción titulada «If You Wanna Be Happy» (Si quieres ser feliz), en la que daba algunos consejos a los hombres sobre cómo garantizar la satisfacción en su vida. Su sabiduría se puede resumir en dos de los versos: «Nunca te cases con una mujer guapa» y «Consíguete una fea para casarte». Jimmy quiere que los hombres eviten ese estrés que, según piensa él, es fruto de casarse con una mujer atractiva, dada la atención que recibirá por parte de otros tipos.

Sé que es un hombre, y se supone que yo estoy de parte de todos los hombres, pero si esto es lo que cree realmente Jimmy Soul, creo que está chalado. ¿Decirle que no a una mujer porque es muy guapa? No conozco a nadie que quiera hacer eso ni que lo haya hecho jamás.

Pero la canción mola. Tiene una música pegadiza.

Unas últimas palabras sobre los celos

En una relación habrá muchos momentos en los que, si un hombre ama a una mujer (y quiero decir que la ama de verdad), cada vez que la mire pensará lo increíble que es ella. Por tanto, creerá que ningún otro hombre podrá mirarla sin pensar lo mismo. Por consiguiente, habrá momentos (no muchos, dependiendo del hombre) en los que se sentirá amenazado. Tómeselo como un cumplido. No se enfade con él por esto, porque es una prueba del gran concepto que tiene de usted. ¿Y qué tiene eso de malo? Nada.

Aforismos sobre los hombres

1. Los celos no siempre son malos.
2. Si un hombre es demasiado celoso, y usted no ha logrado tranquilizarlo a pesar de todos sus esfuerzos, entonces, mientras usted no le haya sido infiel, no es culpa suya. El problema lo tiene él.
3. Un pasado alocado no es nada de lo que avergonzarse.
4. Un pasado monástico no es nada de lo que avergonzarse.
5. La sinceridad siempre es la mejor política.

12

La conversión de un rollete
en una relación seria

- Cómo aumentar sus probabilidades de ser la persona con la que él acabe forjando una relación
- Por qué no debería presionarle demasiado ni demasiado pronto
- Cómo ahuyentar a un hombre con sólo un sencillo paso
- No tema admitir que quiere pasar el resto de su vida con un hombre
- Por qué él quiere un matrimonio, no sólo una boda

Ahora que ha llegado a este capítulo, espero que ya sea capaz de predecir el tipo de consejo que voy a darle. Debería ser consciente de que creo en tácticas directas, como confiar en sus instintos, usar el sentido común y no ser demasiado fría pero tampoco precipitarse; son cosas sencillas, pero que sólo funcionan cuando usted posee el conocimiento para tener confianza en usted misma y en sus propias decisiones.

Muy bien, entonces, ¿dónde estamos? Respecto a lo que voy a decirle, nos acercamos al final. Imaginemos que está usted con un hombre que le gusta, y que quiere que transforme su flirteo de las primeras citas en una relación firme. Si lo que tiene es bueno, va bien y el momento es adecuado para él, entonces es probable que esto suceda fácil y suavemente, porque es lo que él también desea. Puede suceder más despacio de lo que usted querría (por ejemplo, quizá sea un poco tímido), pero no es nada de lo que preocuparse.

Éstos son algunos ejemplos de cómo hacerlo, pero, antes que nada, de cómo no hacerlo.

Doña Lanzada

Conozco a una chica que va por ahí acostándose con cantidad de hombres. Suele relacionarse con tres o cuatro al mismo tiempo (no literalmente, ¿eh?), pero no al estilo «hago malabares con muchos hombres, qué guay que soy, me lo paso genial siendo una mujer liberada». No, su enfoque desorganizado es fruto de su deseo de tener pareja estable, y considera que todos esos hombres son novios potenciales a largo plazo.

Su teoría es que, cuantos más hombres conozca, más rápido encontrará al adecuado. Sin embargo, lleva años haciendo esto, y no está más cerca de encontrar pareja de lo que lo haya estado alguna vez. No tiene problemas en captar hombres, porque es atractiva, graciosa, amigable, lista y tiene un gran corazón; pero en ella hay algo que los espanta antes de que esos pequeños rolletes se conviertan en algo más serio.

Hay dos motivos por los que Doña Lanzada ahuyenta a los hombres.

Primero, es extremadamente explícita sobre lo que anda buscando, y les dice a esos hombres cuáles son sus planes (a saber, conseguir pareja estable) en la primera cita. Esto tiene dos consecuencias. La primera, el hombre se siente como si le estuvieran examinando para un papel, algo que nunca nos gusta. Y segundo, siente que le están empujando hacia algo, como si ya estuviera incluido en los planes de alguien. Aunque puede que éste sea un ejemplo extremo, la solución es aplicable a cualquier mujer que intente que un hombre se comprometa con ella, ya sea a las dos horas de conocerse, o ya sea a las dos semanas o a los dos meses. Y es ésta: en las primeras fases de una relación, a los hombres por lo general les gusta ser felices en el presente, en el aquí y el ahora. No siempre pensamos en el futuro, es decir, hacia dónde vemos que avanza nuestra relación actual. Esto no quiere decir que *nunca* pensemos en el futuro, lejos de ello, sino que lo hacemos en el momento que elegimos, a nuestra manera y a nuestro propio ritmo. No obstante, esto no implica que usted no pueda afectar las decisiones de un hombre. Por tanto, si está con un tipo que no se quiere comprometer, puede hacer dos cosas. Una es hacerle feliz aquí y ahora, sin presionarle, y la otra es ser independiente. Tómeselo con calma. Bátase en retirada de una forma que no sea agresiva ni polémica. En ambos casos, lo más importante que hay que recordar es: *no le diga lo que está haciendo.* Si sabe qué se trae entre manos, se dará cuenta de que intenta manipularle, y reaccionará a la defensiva. Pero si lo hace bien, si le hace feliz, entonces, aunque quizá no hinque la rodilla con la celeridad que a usted le gustaría, no querrá vivir sin usted. Ése es el resultado que usted desea. Sin embargo, si no funciona, déjelo correr del todo. Dígale que quiere algo más que una relación informal, y expúlselo de su vida. Sea fiel a sí misma.

El segundo problema con Doña Lanzada es que su inseguridad la hace ser una carga demasiado rápido, y los hombres se asustan. Se esfuerza por proyectar confianza en sí misma, y el esfuerzo es evidente. La confianza forzada es una señal de inseguridad, y los hombres se dan cuenta.

Doña Lanzada: el veredicto

Resulta tentador decir que Doña Lanzada sólo necesita encontrar al hombre adecuado y todo irá bien. Hasta cierto punto, es verdad. Pero la vida no es tan sencilla ni amable. Para que el destino la ayude, Doña Lanzada debe cambiar su manera de pensar y de comportarse, porque la probabilidad de que un hombre la conozca y piense que es un diamante en bruto (y lo es), y de que decida que él será el encargarlo de pulirlo, son mínimas. Los hombres no actúan así. No somos como las mujeres, a quienes nada les gusta más que encontrar a un hombre con potencial... y hacerlo perfecto. No queremos cambiar a las mujeres. Nos gustan como son. Miramos a las mujeres y pensamos «*es* perfecta», no «*podría* ser perfecta».

Por eso, cuando la novia de un hombre le dice que se va a hacer algo en el pelo, la reacción inmediata de él es poner cara de susto y decir: «¡No lo toques! ¡Me gusta como está!» Verá, no nos gusta ver cómo cambian las cosas que nos gustan. Pero 99 veces entre 100, ese mismo hombre verá el nuevo peinado de su novia y le encantará. De hecho, puede que ni se dé cuenta. Somos gente extraña.

Y hay otra cosa que hace Doña Lanzada que debería plantearse: le atraen los jugadores y los chicos malos. Es improbable que ese patrón de conducta, unido a sus inseguridades, la lleve pronto a una relación feliz.

Sobre las cosas concretas que hace Doña Lanzada y que usted debería evitar se cuentan: envía SMS regularmente (a menudo cuando no le han enviado ninguno a ella); trata de organizar citas con hombres que no intentan quedar con ella; envía SMS de noche, cuando ha salido, y entonces (y éste es un indicador importante de peligro) justifica sus actos diciendo que «no le gustan los jueguecitos». Pero dejar que sea el hombre quien haga el trabajo no es ningún jueguecito; es ser inteligente y sensata. Una vez dicho esto, sin duda seguir *Las Reglas* es un jueguecito, y ya sabe lo que opino de eso.

La verdad evidente sobre los SMS nocturnos

Si un hombre sin pareja con quien usted no sale regularmente (y con esto quiero decir que han salido menos de tres o cuatro veces en rápida sucesión, o bien que han salido unos cuantas veces más pero durante un periodo de tiempo mucho más largo), le envía un SMS por la noche (y todos lo hemos hecho), hay una cosa que casi puedo garantizar que no le pasa por la mente: no quiere que usted sea su pareja. Es posible que desee que se acerque a su casa y se desnude con él, o quizá sólo ande buscando una reacción, algo que le haga sentir menos aburrido y solo. Y si usted también desea algo parecido, es decir, una llamadita rápida pidiendo echar un polvo o tener un ratito de *chat* desenfadado, entonces no cabe duda: sígale el juego. Pero no espere que este tipo de comunicación sea el preludio de nada más que una relación informal.

Sí, esto es una generalización. Pero también es cierto. Éste es el motivo de que mi afirmación sea tan genérica. Y la lección general es sencilla: no se moleste analizando con mucha profundidad lo que un hombre le diga en un mensaje de texto que le ha enviado a altas horas de la noche. Si se lo envía por la noche es porque se siente solo, está aburrido, caliente, o una combinación de las tres cosas. Sea como sea, *no* está abierto a una relación con usted, así que tenga cuidado.

Por supuesto, si usted también se siente sola, aburrida o caliente, vaya con él y disfrute.

La Charla

Sin embargo, los SMS nocturnos son totalmente distintos si ya han mantenido la Charla, es decir, la conversación en la que han decidido que ninguno de los dos se va a ver con otra persona.

La Charla: la historia de Sally

Tres semanas antes de empezar a salir con Steve, Sally estuvo examinando el teléfono de él y descubrió que se había acostado con otra persona un par de días antes. Por cierto, no es que ella estuviera curioseando, es que él le había pedido que le buscara algo en el móvil. Aun así, la cuestión es que ella vio un mensaje de texto que demostraba que él se había ido a la cama con otra mujer entre su última cita y la que tuvieron ese día. Aquello a Sally no le gustó. Le contó a Steve lo mal que se sentía, y él le dijo que vale, que entendía que estuviera molesta, pero que aún no habían tenido «la Charla» sobre la exclusividad. ¿Quería ella que ambos dejaran de ver a otras personas?

—Sí —dijo Sally, mientras empezaba a calmarse—. Sí que quiero. Y hay algo más.

—Muy bien —dijo Steve—. ¿Qué?

Sally también se había acostado con otra persona, sólo unos días antes. Después de enterarse de lo que había hecho él, pensó que sería mejor contárselo a Steve que guardárselo para sí. ¡Bien por ella!, digo yo. Pero ¿cómo reaccionó Steve?

Se echó a reír, le dijo que estaba loca por haberse enfadado tanto con él, le prometió que nunca más volvería a acostarse con nadie más, Sally le dijo lo mismo, y todo acabó bien.

Lo que me resulta interesante de esta historia es que Sally y Steve se comportaron exactamente igual el uno con el otro. Es decir, que ambos tomaron la decisión consciente de dormir con otra gente porque su relación aún era informal, y no habían pasado por la Charla. Esta situación sólo significa dos cosas (y no puedo decirle cuál es la correcta, porque cuando escribo estas líneas Sally y Steve sólo llevan dos meses juntos, de modo que no conozco el final de la historia).

Que:

1. Sally y Steve no se gustan lo suficiente, y su relación amorosa se disolverá en un futuro no tan lejano.
2. Su relación tendrá mucho éxito, porque tienen maneras parecidas de gestionar el principio de una relación.

Si uno de ellos hubiera sido como yo (en cuanto conozco a alguien que me gusta no vuelvo a poner la mano sobre otra mujer, aunque no haya mediado la Charla), las cosas podrían haberse torcido. Pero como los dos se comportaron igual, el partido estaba empatado.

Por cierto, esto viene a ser como si dos errores juntos formaran un acierto, lo cual nunca es positivo. Pero se acerca. Si los dos se hubieran acostado con otra persona a los dos años de estar juntos, supongo que habrían roto, pero en esa fase, cuando acababan de conocerse, podían racionalizarlo y comprenderlo, porque vieron su conducta reflejada en el otro. Les deseo lo mejor, y me encantará ver cómo sigue su relación.

Secretos masculinos

Si acaba de acostarse con una pareja nueva (o está a punto de hacerlo), y le preocupa el tema de la exclusividad, no tiene absolutamente nada de malo decirle algo como: «No intento presionarte, pero quiero que sepas que, independientemente de adónde lleguemos, no voy a acostarme con nadie más, y espero que tú hagas lo mismo». Si al hombre le gusta usted, pensará: «Estupendo: ¡sólo me quiere a mí!», y se alegrará mucho. Estará encantado de verdad. Si organiza un pitote diciendo que no quiere que nadie le ate (metafóricamente), entonces al menos usted sabrá qué terreno pisa.

Y otra cosa: cuando le diga esto, no use la palabra «novio». Ni siquiera de una forma que pretenda ser inocua, como «No estoy diciendo que seas mi novio, pero...» La mayoría de hombres ni pestañeará, pero algunos sí, de modo que no use ese término. No vale la pena correr el riesgo.

Charlar sobre no charlar

Conozco a una pareja que se conoció, empezaron a salir y nueve meses después vivían juntos sin haber pronunciado una sola palabra sobre si estaban saliendo o no, si sólo se veían, quedaban, se cortejaban o siquiera estaban comprometidos. Nada. Ni una sola palabra.

¿Por qué?

Porque la Chica Sin Charla era lista.

La Chica Sin Charla se dio cuenta de que al Chico Sin Charla no se le podía presionar para que hiciera algo. Sabía que era tozudo, y que no le gustaba que le dijeran lo que debía hacer. Por tanto, la Chica Sin Charla no se lo dijo. Durante esos nueve meses se vieron regularmente, cada vez más, y la Chica Sin Charla jugó sus cartas a la perfección.

Pasó mucho tiempo con el Chico Sin Charla, y se comportó exactamente como lo haría una novia, pero sin colocar jamás una etiqueta a lo que eran el uno para el otro. Estaba relajada. Nada de presionar a su pareja, nada de nada. Y ninguno de los dos se comprometió ni remotamente con el otro durante ese tiempo, a diferencia de Sally y Steve.

El fondo del asunto

Por lo tanto, si dos personas se gustan de verdad, sus objetivos serán los mismos, es decir, mantener una relación exclusiva, lo cual quiere decir que si son sinceros y abiertos sobre lo que sienten el uno por el otro, mi teoría dice que, en general, sus vidas en pareja encajarán bien.

¿No es increíble cómo las cosas complicadas pueden ser tan sencillas?

El gran compromiso

Nunca tenga miedo de admitir que su objetivo final es, algún día, estar con otra persona durante el resto de sus vidas. Esto no sólo forma parte importante de ser fiel a sí misma, sino que la mayoría de hombres se siente exactamente igual. Por tanto, si resulta que sale con alguien que no siente eso, o que incluso se lo dice (quizá porque aún no es el momento adecuado para él o, simplemente, porque no es el hombre más adecuado para usted), entonces no merece la pena que le dedique su tiempo, y menos su amor.

Confíe en los hombres. No, en serio, sí que se puede

Los hombres no hablamos mucho del tema, pero todos sabemos que lo más importante en una relación es la confianza. La confianza es lo que hace que dos personas sean realmente especiales la una para la otra, lo que coloca su relación por encima de la que tienen con cualquier otra persona, amigos o familiares. La confianza es lo que permite a una pareja crear un mundo privado en el que no permiten el acceso a nadie, donde guardan en secreto las cosas que sienten, dicen y hacen, reservadas sólo para los ojos de la persona de quien están enamorados. Bajo mi punto de vista, ésta es una parte fundamental del aspecto que debe tener una pareja feliz, y de cómo deben respetarse mutuamente. No se trata tan sólo de ser fieles (aunque esto se dé por hecho), sino de ser *la* persona especial para el otro, de modo que ambos tengan un vínculo especial.

Todo esto ya lo sabía usted, ¿verdad?

Entonces quizá se pregunte por qué se lo cuento.

Hay un motivo, y sólo uno: porque quizá nunca en su vida ha escuchado a un hombre decir esto, aunque todos lo pensamos.

¿Por qué son infieles los hombres?

Sabía que en algún momento tendría que responder a esta pregunta. De modo que aquí va.

Hay muchas razones por las que algunos hombres no pueden mantenerla dentro de los pantalones, pero como me gusta dar respuestas sencillas a preguntas complejas, no voy a atascarme intentando explicar cada uno de los motivos.

La regla básica es ésta: en general, si una relación es sana, es decir, si dos personas se cuidan mutuamente y entienden las necesidades del otro, ya sean sexuales o de otro tipo, un hombre no será infiel. Si algo va mal, si la relación se resquebraja, entonces es posible que el hombre (o la mujer; recuerde que ellas también engañan) sea infiel. Por supuesto, las relaciones pasan por altibajos, y la mayoría de hombres entienden esto y se comportan en consecuencia; es decir, correctamente y sin engañar a su pareja. Pero algunos no lo hacen.

Ni siquiera esta regla es fiable, porque algunos hombres que viven una relación feliz engañan a sus parejas.

Entonces, ¿qué tipo de hombre engaña?

Hay de todo tipo. Es decir, que no hay una clase determinada de hombres que sea infiel o no, de modo que es muy difícil dar una respuesta precisa a esta pregunta. Un tío que se haya acostado con montones de chicas en sus tiempos mozos, y que por tanto parece un candidato obvio para la infidelidad, puede conocer a una mujer especial y no volver a mirar a otra en su vida. De igual manera, un hombre que fue virgen hasta mediados de la veintena, que se casó joven y que luego se hizo rico y alcanzó el éxito, de repente puede descubrir que ahora le resulta mucho más fácil conseguir una mujer, y decidir ponerse al día a pesar de su condición de hombre casado. También podría mantenerse fiel para siempre. No hay patrón.

La conclusión es ésta: algunos hombres son infieles. Algunos hombres pueden tomar la decisión de «Voy a acostarme con otras mujeres», y otros no. El mejor consejo que puedo darle es que mantenga la salud de su relación en todos los sentidos que pueda, y que se fíe de sus instintos. Suponga que su hombre no la engañará, y sígalo suponiendo hasta que tenga (o si llega a tener) motivos para pensar lo contrario.

¿Están los hombres motivados sólo por el sexo? No. Pero si no disfrutamos del sexo suficiente, esto puede alterar nuestras mentes e incitarnos a hacer cosas raras, como engañar a las mujeres a las que amamos, porque, como ya expliqué antes, el sexo para los hombres no sólo es sexo. Es sólo la cobertura del pastel de la felicidad, si es que esto tiene sentido.

Hace poco leí un artículo en el *Daily Mail*, escrito por un dramaturgo, Peadar de Burca, que entrevistó a doscientos cincuenta hombres que engañaban a sus esposas. Sus conclusiones fueron fascinantes. Destacaré una en concreto: «Yo pensaba que sus vidas serían emocionantes, atractivas. Pero nada puede estar más alejado de la verdad. Una cosa está clara, y es que las aventuras no hacen feliz a nadie. Una vez que escarbé por debajo de la jactancia y la fachada de machote, me quedé impresionado al ver lo inseguros que eran la mayoría de esos hombres infieles. Muchos admitieron que ni siquiera los impulsaba el sexo. Sólo querían algo que llenase sus vidas vacías».

Estoy totalmente de acuerdo. Las únicas personas infieles son las infelices, y el hecho de engañar sólo consigue que sean más desgraciadas. Las respuestas que venían tras la versión *online* de la historia también eran fascinantes. Las típicas frases estilo «los tíos son idiotas» y «las mujeres son tan infieles como los hombres» (que seguramente son ciertas) iban seguidas del siguiente comentario de una mujer que quería simplificar las cosas:

> Los hombres engañan porque sus esposas dejan de tener relaciones interesantes con ellos. Punto final. Las mujeres piensan que pueden dejar el tema del sexo porque llevan casados equis años, pero los hombres siguen teniendo deseos. Por tanto, los hombres aguantan lo que pueden, y al final tiran la toalla y se buscan otra mujer. En realidad, es *así* de simple. Esta historia pasa esto por alto y se concentra en la pobre esposa, ya mayor, que, después de conseguir a su hombre, su casa y su estilo de vida..., renunció a mantener interesado a su esposo. Y sí, el caso es que depende de nosotras, no de los hombres. Los hombres son estúpidos comparados con nosotras, y los controla el cerebro que tienen entre las piernas, de modo que a nosotras nos toca dominarlos.

Este punto de vista es simplista, pero no es del todo impreciso. Si los hombres viven una relación feliz (que es aquella en la que, entre otras cosas, encuentran satisfacción sexual), la inmensa mayoría no será infiel. Si el hombre no es feliz, las probabilidades de que engañe a su pareja aumentan. Pero no es tan sencillo como el viejo adagio que sostiene que un hombre es fiel sólo en función de las oportunidades que se le presentan. Esto no es cierto. Somos mucho más complejos.

Entonces, ¿cómo conseguir que un hombre deje de ser infiel? Asegúrese de que su relación es feliz. Es lo único que puede hacer. Y lo único que puede hacer un hombre para impedir que su esposa o su pareja le engañe es hacer todo lo posible para conseguir una relación feliz. Le dije que me gustaban las respuestas fáciles para preguntas complejas.

Y si es usted la engañada, ¿cómo superarlo? Bueno, pues la única cosa útil que puedo decir sobre el tema es que no se lo tome de forma personal. Los hombres que engañan a su pareja lo harán estén con quien estén, y en cualquier momento de su vida. Un hombre que es infiel a los veintitantos años quizá no vuelva a serlo porque crecerá. Pero hay otros tipos que no crecerán nunca, y si resulta que usted está con uno de ellos, mientras haga todo lo que pueda para mantener la felicidad en la pareja, las infidelidades del hombre no tienen nada que ver con usted, y está claro que no son culpa suya.

Puede que esto no sea de mucha ayuda para las mujeres a las que las han engañado hace poco, pero me temo que es todo lo que puedo ofrecerles.

Demasiados celos son destructivos

Alguien me dijo en cierta ocasión que las personas que son demasiado celosas respecto a su pareja suelen tener algo que esconder, a saber: sus propias indiscreciones románticas.

¿Me creo esta teoría? Pues no.

La mujer más celosa que conozco solía comprobar mi móvil todos los días, consultar mis notas del trabajo para ver con quién había hablado, exigirme que le dijera exactamente dónde estaba en cada momento del día, y me acusaba de fijarme en todas y cada una de las mujeres con las que entraba en contacto. Incluyendo su madre. En serio, me acusaba de que me fijaba en su madre.

No creo que lo que la llevó a ese grado aberrante de celos fuera el hecho de que estuviera ocultando la existencia de otro novio. Algunas personas son así, sencillamente: no pueden impedir que salgan a la superficie sus inseguridades, y carecen de la inteligencia emocional suficiente como para entender que, si usted se comporta con su pareja como ella lo hizo (básicamente, intentando controlar todo lo que hacía, hasta el punto de decidir quiénes eran mis amigos), acabará haciéndolo sufrir y, casi inevitablemente, lo perderá. Y estoy seguro de que esto también funciona en el caso de las mujeres.

Fíese de la historia: Rita, Roger y Miss X

El novio de Rita, Roger, tiene una amiga íntima, Miss X, lo cual enfada mucho a Rita (por favor, dese cuenta de que estaba enfadada, no celosa). Rita se fía de Roger al cien por cien, pero cree que Miss X va detrás de él. Miss X intenta quedar con Roger cuando Rita no está, y no deja de acosarlo cuando ella está presente. Él no anima a Miss X, no habla con ella a espaldas de su novia, no finge que va a ver a otra persona cuando ve a Miss X (que casi siempre es el momento de un almuerzo rápido durante la jornada laboral), y le cuesta ver cuál es el problema. Para él, Rita es la mujer a la que ama, y Miss X es sencillamente su amiga. Pero la novia siente que Miss X intenta apartarla constantemente, de modo que pueda ocupar su lugar junto a Roger.

¿Qué debería hacer Rita?

En realidad, es bastante sencillo. Rita confía de verdad en Roger, y con razón. Esto quiere decir que no debería organizar grandes alharacas, porque él no ha hecho nada malo (Miss X era su amiga antes de conocer a Rita), y para Roger nunca serán nada más que amigos. Incluso si Rita no existiera, no querría enrollarse con Miss X.

Si hubiera una historia entre los dos, Rita tendría algo de qué preocuparse (en realidad, más si fuera algo informal que algo a largo plazo; en este caso hablamos de sexo), pero si no hay ninguna historia, no tiene por qué inquietarse, sobre todo porque confía tanto en su pareja. Rita nunca se ha cuestionado cómo se siente Roger, o el grado de sinceridad que le manifiesta.

Una vez dicho esto, si ella percibe un sentimiento mutuo entre su novio y Miss X, debería preocuparse. Hay un momento para escuchar a nuestros instintos. Conozco a una chica cuyo novio tenía una amiga íntima a la que conocía desde que eran niños. La novia raras veces coincidía con la amiga, a pesar de que ella y su novio se llevaban muy bien, y estuvo con él dos años. Cada vez que ella mencionaba a su amiga, el novio aseguraba que no había nada entre ellos, que sólo habían sido amigos y seguirían siendo exclusivamente eso.

Pero al cabo de dos años él la dejó, y muy pronto se había emparejado con su vieja amiga. La actual ex cree que la chica llegó a una fase de su vida en que estuvo lista para que su ex novio se convirtiera en su pareja, y que en cierto sentido ambos habían sabido que llegaría ese momento. Cuando llegó, mi amiga fue historia con efecto inmediato. Lo siento mucho por ella. Durante esos dos años, básicamente la estuvieron engañando. Una vez más, sus instintos le dijeron que algo no iba bien, y tenían toda la razón del mundo.

Unas últimas palabras sobre Rita y Roger: tarde o temprano pasará una de las siguientes dos cosas. O bien Roger se mostrará menos interesado en salir con Miss X cuando la cosa se ponga más seria con Rita, o, por increíble que le parezca a Rita, Miss X encontrará pareja. Cualquiera de las dos situaciones hará que Miss X vea menos a Roger. Eso debería alegrar a Rita. Por tanto, debería mantener la calma y seguir fiándose de Roger. Nada de montar un espectáculo por culpa de Miss X. Rita debería trascenderla. Roger la querrá más por eso. Rita no tiene que competir, porque Roger ya la ama.

Hay hombres que no se fían de los hombres

Mi amigo me contó esta historia: «Mi ex tenía un amigo íntimo al que conocía de muchos años. A mí me caía bien, porque era un tío divertido, pero no me fiaba de él. La cuestión era que él se la había tirado muchas veces durante todos aquellos años. Yo sabía exactamente lo que había pasado porque ella me lo contó; a ella siempre le gustó y quiso que fuera su novio, pero lo único que hacía él era aprovecharse de ella cuando estaba bebido y se sentía juguetón.

»No sé si él la invitó a nada o le dijo algo sobre convertirse en su pareja oficial, pero a pesar de todo, cuando es tan evidente que le gustas a una mujer, no está bien aprovecharse de ella durante cinco años, sobre todo cuando se supone que es una de tus mejores amigas. Para ser sincero, todos hemos salido con mujeres que no nos volvían locos, simplemente porque estaban dispuestas, pero no conozco a muchos tíos que lo hicieran durante cinco años, sobre todo con alguien que se supone que es una amiga. Aquello era muy excepcional. Incluso después de todo eso, cuando nos reuníamos, ella siempre se mostraba muy protectora con su amigo, siempre a la defensiva si yo hacía cualquier cosa que no fuera hablar bien de él. En realidad, lo peor de todo es que cuando él estaba por allí, ella me trataba como si yo fuera invisible. No intenté impedir que se vieran, porque no quería ser el tío celoso, pero al mirar atrás pienso que ojalá lo hubiera hecho, porque odiaba aquella situación. Debería haber dicho algo, porque aquello me reconcomió durante el tiempo que estuvimos juntos.

»Me creas o no, al principio intenté que él me cayera bien. Pero pronto fue imposible. Una vez, durante un juego estúpido, me preguntó cuál era el mejor polvo que había echado nunca, mientras mi ex estaba sentada a mi lado, porque ella participaba en el mismo juego. Él me miró y sonrió con aire de conspirador, y en aquel momento sentí deseos de romperle una silla en la cabeza.

»Verás, los tíos saben muy bien lo malos que pueden ser otros hombres. En ciertos sentidos todos somos iguales; simplemente, algunos tenemos límites diferentes, y no nos permitimos hacer ciertas cosas porque nos damos cuenta de que nuestra conducta puede hacer daño a las mujeres. Por lo que a mí respecta, a partir de aquel momento consideré a aquel tío un perdedor. Estaba allí sentado y, deliberadamente, me recordó que se había acostado con mi novia, dejando caer de paso que pensaba que ella aún le deseaba.

»Ahora ya hace años que rompí con mi ex, y no fue por culpa de él, aunque no creo que la actitud de ella contribuyese a la salud general de nuestra relación. No creo que ella me engañase con él (de hecho, estoy casi seguro del todo, tanto como es posible estarlo), pero siempre pensé que él era el tipo de persona que se hubiera ido a la cama con ella mientras estábamos juntos, si hubiera tenido ocasión, aunque sólo fuera para demostrarse a sí mismo que aún podía tenerla cuando quisiera.

»Era una chica estupenda, y de verdad espero que ya se haya librado de él, porque aquel tío era mala gente. Una de las cosas de las que más me arrepiento es de no haberle roto la cara. Me hubiera gustado.»

Por cierto, este amigo mío acabó siendo feliz. Pero con otra mujer.

Los hombres y otros hombres (no, no en ese sentido)

Si un hombre que tiene límites (véase la referencia anterior) conoce a otro hombre que no los tiene, no se fiará de él. Otro amigo mío conoce a un tipo con quien, literalmente, nunca deja sola a su novia. No porque no confíe en ella, sino porque aquel hombre, con quien mi amigo se lleva bien, no es digno de confianza ni cuando hablamos de las novias de sus amigos. Sus amigos hace años que lo saben.

¿Qué tipo de imbécil es? ¿Y por qué siguen sus amigos aguantándolo? No estoy seguro de entenderlo. Lo único que puedo decir es que los hombres que se conocen desde hace mucho tiempo son muy leales unos con otros.

Por qué los hombres se preocupan por otros hombres

Cuando a un hombre le gusta de verdad una mujer, y quiero decir que le gusta en serio, cada vez que la mire pensará lo impresionante que es, y no podrá creer la suerte que ha tenido (véase, por ejemplo, el modo en que David Cameron mira a su esposa, Samantha; ahí tenemos a un hombre que no deja de pensar qué afortunado es). Una extensión de esto para muchos hombres, en uno u otro momento, es pensar que si así es como se siente, entonces sin duda otros hombres se sentirán igual. Y si todos los otros hombres sienten lo mismo que siente él por esa mujer, tarde o temprano alguien intentará arrebatársela. Y cuantos más sean quienes lo intenten, más probable será que uno lo consiga. Éste es el proceso intelectual del hombre amado pero inseguro.

¿Las chicas a las que aman sienten lo mismo por ellos? Espero que sí.

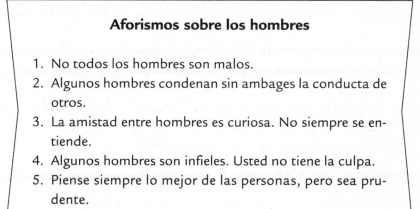

Aforismos sobre los hombres

1. No todos los hombres son malos.
2. Algunos hombres condenan sin ambages la conducta de otros.
3. La amistad entre hombres es curiosa. No siempre se entiende.
4. Algunos hombres son infieles. Usted no tiene la culpa.
5. Piense siempre lo mejor de las personas, pero sea prudente.

Conclusión

Cuando me senté a escribir mi última columna, me resultó un momento muy emotivo, algo infrecuente en mí. Me di cuenta de cuánto echaría de menos todo lo asociado con ella: escribirla, la diversión que me proporcionaba (normalmente, eran mis amigos quienes se reían de mí), el hecho de que la leían montones de personas y, no me importa confesar, el empujón que recibía mi ego al ver mi cara en un diario cada semana (a pesar de que la foto que usaban era espantosa). Así que, mientras mis lágrimas regaban el teclado (no es cierto del todo, pero seguro que se hace una idea), decidí compartir la experiencia que había obtenido durante los dos años anteriores. Llevaba veintiséis meses sin pareja, y esto fue lo que escribí:

Da lo mismo cómo conozca usted a una persona que le gusta. Simplemente, tiene que darse la mejor probabilidad posible de que suceda, y la mejor manera de hacerlo es dejar de preocuparse por el rechazo, que es la mayor lección que me ha enseñado esto. Prácticamente todo el mundo, hombre o mujer, tiene demasiado miedo de que le rechacen. Hombres, recuerden que no hay reglas sobre dónde, cuándo o cómo invitar a salir a una mujer. Si quiere hacerlo, hágalo y punto. Y si le dice que no, da lo mismo. Es mucho mejor probar y fracasar que no intentarlo en absoluto. Y, además, es muy divertido. Las mujeres deben entender que a veces no hay nada que puedan hacer, literalmente, para que un hombre cambie de opinión. Por endeble que suene el argumento, el momento (adecuado o no) casi siempre tiene la culpa de que él se enfríe, y eso no tiene nada que ver con usted. No se castigue. No vale la pena. Simplemente, siga divirtiéndose y siendo amable con la gente, y acabará ganando. Y esto va para todos: sean sinceros con todos, y no mientan ni engañen. No vale la pena.

El fin del principio

Durante aquellos veintiséis meses, la presión de escribir mi columna cada semana supuso que reflexioné *mucho* sobre lo de estar solo. Pensé en cómo conocer a las mujeres, por qué hacerlo, por qué abstenerme de hacerlo, cómo conocer a las que no me convenían, cómo localizar a la que sí, dónde debería intentar encontrarla, por qué no lograba hacerlo y, por último, por qué debería dejar de intentarlo.

Esto último me vino a la mente poco después de dejar de escribir la columna. En aquella época estaba solo (mis disculpas a cualquiera que la leyera y pensara otra cosa: le he inducido a error por amor a un buen final a casi dos años de historias sobre citas), y más o menos entonces tuve un bajón, cuando me di cuenta de que después de todo lo sucedido no había conocido a la chica adecuada: después de tantas reflexiones, charlas, artículos, citas, emparejamientos por cortesía de los amigos y demás, ¿cuándo iba a llegar esa mujer? ¿Qué más podía hacer? ¿Dónde la encontraría? No tenía ni idea.

No es que me esté compadeciendo de mí mismo ni me ponga dramático. Sinceramente, no tenía ni idea de dónde o cómo iba a conocer a la chica con la que quería pasar el resto de mi vida. No sabía de dónde podría salir. Como resultado, dejé de intentarlo, deliberadamente. Pensé: «Bueno, pues si nada de lo que has hecho hasta ahora ha funcionado, mejor que lo dejes correr, relájate y pon el corazón en manos de los dioses. Acepta que no depende de ti». Me encogí de hombros y decidí seguir con mi vida y pasarlo bien. Afortunadamente, eso no fue muy complicado, porque el trabajo estaba mejorando mucho, tenía un montón de amigos, era verano y tenía muchos planes divertidos. En general, la vida era muy buena.

Y entonces fue cuando sucedió algo inesperado.

A finales de agosto, casi dos meses después de que acabase la columna, fui a una boda. Iban montones de mis amigos, personas a las que hacía siglos que no veía y con las que no estaba en grupo desde hacía años, de modo que prometía ser un gran fin de semana. Estaba muy contento, y el hecho de que a esas alturas fuera una de las personas sin pareja en toda la fiesta no me molestaba para nada.

El viernes por la noche del fin de semana de la boda, sonriendo de oreja a oreja y sintiéndome muy animado al pensar en los días siguientes, entré en el *pub* donde se habían reunido todos para el trasiego alcohólico previo a la velada, vi en el grupo a una chica a la que no conocía, sentí una conexión inmediata con ella, incluso antes de haber hablado con ella y, para resumir una historia ya de por sí corta, eso fue todo.

Sin embargo, si le pregunta a Charlotte (y tiene algo que decir al final del libro), dirá que en realidad no hablé con ella hasta el final de la tarde del sábado, y que lo que rompió el hielo fue una mera colisión en la pista de baile. Esto es cierto, pero en parte. De entrada, la colisión no fue accidental (no bailo tan mal), y aunque nadie nos presentó, yo sabía que a lo largo de aquel día nos íbamos a conocer oficialmente. Simplemente me tomaba tiempo y esperaba el momento adecuado.

Sea como fuere, después de eso intimamos mucho y rápidamente, y descubrí algo que nunca pensé que tendría, y en un momento en que ya había dejado de buscarlo.

Aquella experiencia afectó a la redacción de este libro de un modo que, espero, sea evidente, porque una vez que conocí a Charlotte entendí mucho más claramente lo que había pasado por mi mente y por mi vida los dos años y medio anteriores; cómo había cambiado y crecido, y aprendido cosas sobre mí mismo y sobre el mundo. De repente, el viaje entre romper con la Novia Y y conocer a Charlotte tuvo sentido. Comprendí lo sucedido y, lo que es más importante, cómo pasó. Y me volví optimista. Ahora creo en los finales felices.

La lección central es ésta: si lleva sola durante un largo tiempo (al menos, más largo del que le gustaría), la mejor manera de acabar con la situación es dejar de quejarse sobre ella, centrarse en otras cosas, como disfrutar de la vida. Entonces, una vez que sea feliz y se lo pase bien sin tener pareja, es cuando pueden suceder cosas inesperadas. Grandes cosas, que incluyen corazones y campanas.

Sin que me diera cuenta, eso es exactamente lo que pasó en mi vida. Cuando conocí a Charlotte, era el momento adecuado para mí (llevaba solo el tiempo suficiente), y ya no escribiría la columna. Aquello me alivió de cierta presión, porque ya no tenía que pensar en que estaba sin pareja y por qué lo estaba *cada semana de mi vida* (la columna era divertida, pero al cabo de un tiempo resultaba un poco agotadora, créame).

Por tanto, en el telón de fondo iban encajando las piezas, preparándome para conocer a alguien; tenía una satisfacción general en mi vida, sin presiones, etc. Pero existe otro factor que ningún grado de preparación o de sabiduría emocional puede afectar ni imponer. Y es la suerte. La pura y simple buena suerte. El hecho es que yo tuve mucha, mucha suerte de que Charlotte llegara a mi vida, y más aún en el momento en que lo hizo. No fui yo quien la hizo surgir en ese instante. Simplemente apareció, por motivos que no pude predecir, controlar o ni siquiera comprender.

Por supuesto, lo que significa esto es que no puedo afirmar que he descubierto el verdadero secreto de las citas con éxito, porque no puedo garantizar que cualquier persona acabe donde estoy yo si decide seguir mis consejos y hacer lo mismo que yo hice. Nada de lo que diga puede garantizar que aparecerá la persona adecuada para usted, porque nadie puede controlar la suerte, y todos necesitamos acabar siendo felices. Lo único que pude hacer fue colocarme en un lugar donde, si aparecía la persona idónea, yo estuviera listo para ella.

Y creo que eso es todo lo que yo o cualquier otra persona sin pareja puede hacer: ponernos en el sitio correcto y esperar que la persona más adecuada llegue en el momento preciso, siguiendo el principio que dice que la suerte no es más que el encuentro perfecto entre la preparación y la oportunidad. Tengo la esperanza de que este libro la ayude a alcanzar ese lugar emocionalmente (el punto en que perciba que tiene confianza en sí misma, que es sabia y feliz con su vida y consigo misma), y físicamente (que salga a pasarlo bien y a conocer gente, en vez de quedarse en casa como un alma en pena); de modo que, cuando llegue su oportunidad, esté lista como yo lo estuve.

B

Como es lógico, quiero que sepa qué le pasó a B. Pues bien, durante el curso de mi vida como soltero, se llevó a la cama a montones de mujeres, como siempre. Y durante los primeros meses del tiempo que he pasado con Charlotte (que en el momento de escribir esto apenas supera un año), siguió en la misma vena.

Pero luego lo dejó. No hubo ningún motivo concreto, ninguna mujer que le hiciera cambiar. Simplemente, no le apetecía seguir así. No, aún no ha conocido a nadie especial, pero cada vez se acerca más al momento en que estará listo. Le pregunté si le importaba explicarme qué le estaba pasando, pero me dijo que no podía decírmelo, porque ni él mismo lo sabía. En ese sentido, es como yo era cuando acabé de escribir mi columna pero antes de conocer a Charlotte: pasaba por un proceso que sólo se puede entender de verdad cuando se llega al final.

Estoy seguro de que para B también llegará ese momento.

Unas pocas palabras para las mujeres sin pareja que están aburridas de estarlo

Si lleva un tiempo sin pareja y no encuentra al hombre adecuado, es probable que en realidad aún no esté lista para encontrarlo. Y si mira su vida y piensa que lo que necesita para que sea perfecta es a un hombre, entonces está claro que no está lista. Debe estar feliz consigo misma antes de encontrar la relación adecuada.

El hecho es que tiene que aprender a amarse a sí misma antes de que alguien pueda amarla. Sé que suena cutre, pero es cierto, tanto para los hombres como para las mujeres. No hay ningún libro que pueda hacerlo por usted, pero puedo ayudarla a señalar en la dirección correcta. Creo que amarse a uno mismo se deriva de aceptarse como uno es. Usted es como es, y cuanto antes lo asimile, mejor. No hay alternativas ni segundas oportunidades.

Por supuesto, si no le gusta algo de sí misma que puede cambiar, cámbielo. Puede que sea su trabajo, el color de su pelo o incluso su peso. Pero si no le gusta algo que no puede cambiar, deje de preocuparse por el tema, porque no puede hacer nada al respecto, y cuanto más tiempo permita que la haga sentirse mal, más tiempo seguirá siendo infeliz. Por tanto, acéptelo y acéptese. Tome el control.

Otra consecuencia potencial de no aceptarse a sí misma es que, si alguien bueno la ama y usted no se ama a sí misma, es posible que su falta de confianza la induzca a no confiar en él o a no creerle cuando le dice cómo se siente, y ésa es una situación muy peligrosa. Por tanto, respétese y quiérase, porque a cualquier persona le resultará difícil amarla del modo que usted desea si de entrada no se quiere a sí misma.

Y recuerde: la confianza es atractiva y hace que nos realicemos como personas. Parezca confiada y lo será. Si es totalmente necesario, finja esa confianza en sí misma hasta que la sienta.

Si no deja de toparse con los hombres inadecuados (tanto si son del mismo tipo o, sencillamente, diferentes pero inadecuados por diversos motivos), entonces quien necesita cambiar es usted. Primero échese un vistazo y formúlese algunas preguntas, como: ¿Sé lo que quiero de un hombre? ¿Dónde encuentra a esos hombres? Por ejemplo, si los encuentra en clubes, ¿qué se pone para ir a ellos? ¿Y en qué ambientes se mueve? Cuando acude a esos sitios, ¿se emborracha? Si es así, piense en esto: si tuviera que tomar una decisión importante para su vida (da igual que sea comprar un coche nuevo o una casa, dejar su trabajo o incluso emigrar a otro país), ¿la tomaría después de meterse entre pecho y espalda una botella de vino y un par de vodkas dobles con Red Bull? Por supuesto que no. Entonces, ¿por qué cree que podrá tomar una decisión decente cuando esté en ese estado y vaya a buscar a un hombre a un club nocturno?

Exacto: no tiene sentido.

La mayoría de personas que se han equivocado en la búsqueda de pareja (y la inmensa mayoría lo ha hecho), normalmente estaban demasiado bebidas como para darse cuenta de que era un error, y se despertaron lamentándolo. ¡No es de extrañar que las mujeres que se comportan así no logren encontrar a nadie! Por tanto, teniendo en mente que buscar a un hombre en un club no es probablemente la mejor manera de empezar, pero que salir y pasarlo bien siempre es una buena idea, cuando salga, deje de buscar pareja. Concéntrese en asegurarse de que se siente bien consigo misma, y disfrute de la velada sin ir de caza. Y, para su información, las mujeres borrachas no resultan muy atractivas para los hombres.

Cuantas más preguntas como éstas se formule, más aprenderá sobre sí misma, y más oportunidades tendrá para introducir cambios que la beneficien. Pero recuerde también esto: el tiempo que pasa con los hombres que no le convienen no es un tiempo perdido siempre que aprenda de él. Si no aprende de esas experiencias, las repetirá y nunca será feliz.

He escuchado decir a diversas mujeres que quizá no sepan lo que quieren en un hombre, pero sí saben lo que no quieren. Si usted es una de ellas (e incluso si no lo es, puede resultarle útil), escriba una lista de esas cosas que no quiere en una hoja de papel, y en el otro lado escriba una lista de las que sí desea. Si no se le ocurre nada, escriba lo contrario a lo que ha anotado en la primera lista. Por ejemplo, quizá no quiera un novio que se emborrache cinco veces por semana, de modo que escriba en la otra lista que quiere a alguien que beba con moderación. O si no quiere a alguien irreflexivo, escriba en la otra lista que quiere a alguien considerado y amable. ¿Ve adónde quiero ir a parar?

Cuando piense en el tipo de hombre que quiere, céntrese en lo positivo, no en lo negativo. Esa actitud la ayudará a seguir avanzando. Una vez que haya decidido lo que quiere, anótelo y guarde el papel en algún sitio. De esa forma habrá liberado sus pensamientos, y tendrá la mente clara. Ahora estará lista cuando aparezca el hombre adecuado.

No cambie por amor a un hombre, y no espere que él lo haga. No me refiero a cosas como el cabello, la ropa o la higiene personal (la mayoría de hombres se benefician de la atención que dedican las mujeres a estas áreas; al menos yo sí). Me refiero a la conducta, los amigos o esos otros pilares básicos de su personalidad. Si se da cuenta de que quiere cambiar cosas fundamentales en un hombre o descubre que su pareja quiere cambiarlas en usted, líbrese de él.

No permita que un hombre la trate mal. Si alguno lo hace, pregúntese cómo se sentiría si un tipo le hiciera eso a su hija, su hermana o su mejor amiga. Imagine que usted es su propia madre y descubre lo malo que está siendo con usted un hombre. ¿Cómo se sentiría?

Si crea normas para sí misma, que sean positivas. Por ejemplo, en lugar de «No te acuestes con él en la primera cita», escriba la regla: «Duerme con él después de al menos cuatro citas, y si es el momento adecuado». Dentro de este contexto no se permite el uso de «no quiero», «no puedo» o «no lo haré». Sea positiva, siempre.

Por último, tengo una anécdota. Un amigo mío estuvo solo y sin salir con nadie durante unos dos años. No hacía el menor esfuerzo para conocer a chicas. El motivo era, sencillamente, que no era feliz con su vida, y por tanto no estaba listo para una relación. Después de dos años, algo cambió en su interior, y se sintió bien. Decidió que le gustaría conocer a una mujer, de modo que se apuntó a un sitio *web* para conocer pareja, y durante un fin de semana quedó con cuatro chicas (el viernes por la noche, el sábado para comer, el sábado para cenar y el domingo para almorzar, si quiere más detalles). No le interesó ninguna de ellas. El lunes por la mañana llegó una chica nueva a su oficina, ¿y sabe una cosa? Dieciocho meses después se han comprado una casa juntos.

Todo esto demuestra que, si usted quiere una relación sentimental, tiene que situarse en los lugares adecuados para conseguirla, mental, física e incluso tecnológicamente: mentalmente, aprendiendo a amarse a sí misma; físicamente, al no enclaustrarse dejando el mundo afuera; y tecnológicamente, porque las citas *online* son la manera más fácil que se ha inventado para quedar con alguien.

Por tanto, colabore con el destino, y podrán sucederle cosas maravillosas.

Conclusión: los secretos, resumidos

A estas alturas ya ha leído todas las historias sobre citas que he recopilado, y ha escuchado mi opinión sobre todas ellas. Espero que la hayan ayudado las historias de las personas que cometieron errores mucho peores que las pequeñas indiscreciones que hizo usted, y que sepa que ahí fuera hay algunos hombres buenos, a pesar de que otros seamos unos cerdos.

Y espero que aún piense que estar sola puede resultar muy divertido. Estar sin pareja no quiere decir que pierda su capacidad de hacer reír a la gente, y sus amigos seguirán queriéndola incluso si no tiene a un hombre en su vida. La vida de soltería debería ser magnífica. Es su oportunidad de conocer y salir con todos los hombres que quiera, divertirse, cometer errores, reírse de ellos y aprender también, hasta que al final decida qué y a quién quiere.

Por lo tanto, para concluir, éstos son los puntos que considero más importantes de todo este libro:

1. Sea egoísta: no anteponga la felicidad de otros a la suya propia, a menos que sean sus hijos.
2. No excuse a los hombres que la tratan mal.
3. No permita que una relación empiece con mal pie: sea quien es desde el principio.
4. No existe un conjunto de reglas «talla única» para hombres, mujeres y citas. Todos somos diferentes. Descubra sus propias normas.
5. Parte de la diversión de estar sin pareja y de salir con gente consiste en cometer errores. Asegúrese de aprender de los suyos, y nunca se avergüence de ellos. Y siga en la brecha: Roma no se hizo en un día.
6. Fíese de su sentido común, de usted misma y de sus instintos. Ellos y usted son mucho más poderosos de lo que se imagina.

Y gracias por leer este libro, y buena suerte.

APÉNDICE A

Unas palabras de Charlotte

Hace un par de años, Pip, mi antigua compañera de piso de la universidad, iba a asistir a una fiesta de compromiso a la que me invitaron, aunque sabía que yo no iba a conocer *a ninguno* de los invitados. Su novio, Olly, había invitado a muchos de sus amigos, un par de los cuales no tenían pareja. Por supuesto, esto no impidió que la feliz y empalagosa parejita intentara transmitir parte de su regocijo a su amiga solitaria. ¡Ooooh!, se decían, ¿con quién la podemos emparejar? «Una chica tan maja y sin pareja, que siempre se cuela por los chicos malos, ¡vamos a emparejarla con un amigo de Olly! ¿Quién vendrá? ¿John? Mmm... Quizá demasiado bajito para ella... ¡Anda, ya lo sé! ¿Qué tal Humfrey?»

¿Humfrey?

¿En serio?

Pero ¿es que la gente se sigue poniendo esos nombres? A ver, que ya sé que provengo de un trasfondo con nombres chuscos: mis padres se llaman Peter y Piper, y nuestro apellido es Cockey; pero ¿Humfrey? ¡Qué raro! Me dijeron que echara un vistazo a la próxima edición del *London Lite*, la del martes, para ver su foto en la columna que escribía. Tenía que confirmarles que les permitía emparejarnos.

Dos días más tarde se me olvidó por completo comprar la revista, pero estaba tan entusiasmada después de que lo pusieran por las nubes que le dije a mi compañera de piso que me consiguiera un ejemplar cuando volviera a casa del trabajo (yo ya estaba en casa y además llovía, y no estaba *tan* desesperada). Así que Sunita llegó con un ejemplar húmedo del *London Lite* y pasamos las páginas rápidamente para encontrar la columna de Humfrey: y allí estaba. «¡Ahivá! —dijo Sunita—. Es mono.» Yo, por otro lado, opté por cerrar el diario y seguir viendo la tele, porque mis expectativas se habían disparado y me quedé decepcionada. (Era una foto espantosa; incluso cuando se la hicieron, Humfrey les dijo que usaran cualquier foto suya menos *aquélla*. Puñeteros.) Sunita pensó que de todos modos debía conocerle, pero no quería sentirme aún más decepcionada, de modo que decidí que no. Además, escribía una columna *sentimental*, así que ¿quién era, la versión masculina de Carrie Bradshaw? Había visto suficientes episodios de *Sexo en Nueva York* para saber que no quería que los detalles íntimos de nuestras citas se aireasen para toda la sociedad londinense. ¡Sería vergonzoso! ¿Y con cuántas otras mujeres salía? Está claro que no buscaba una novia formal. O sea, ¿qué sentido tiene escribir una columna del corazón si uno tiene relaciones con alguien? Por tanto, saqué mis propias conclusiones y decidí que era mejor salir con mis amigas que organizar una cita con él.

Adelantemos quince meses de más citas insoportables, y Olly y Pip se casaron. Siempre me acordé de Humfrey Hunter, y me planteaba si tendría que haber ido a una cita con él o no. Ahora, por fin, le conocería en persona. Subí al tren yo sola la noche antes, y Pip arregló que el fotógrafo me llevase al *pub* donde estaban comiendo y bebiendo algo como preludio a la boda, y al final Humfrey entró en el local. Pip me lo señaló sin perder un segundo. «Ése es Humfrey, con quien queremos emparejarte», me dijo.

Oh, pensé. Y luego: ¡Ayayay!

Como solía decir el antiguo anuncio de leche: «Cuidado, cuidado, que Humfrey se ha acercado...», y al final aquel Humfrey había llegado. Hice que esa noche me sentaran a su mesa, pero él no me dirigió la palabra (y sólo había una persona sentada entre los dos). Sin embargo, yo notaba que había química.

A la mañana siguiente, aunque Sunita no iba a ir a la boda, vino a verme mientras estábamos en su ciudad natal, y le hablé de Humfrey Hunter y de cómo sentí algo entre nosotros, y que no se parecía en nada a la estúpida foto de la revista. Era alto, tenía una sonrisa encantadora, unos ojos bonitos y una voz grave. Ni siquiera había hablado con él, y ya hablaba de su persona como una acosadora en potencia. Me daba cuenta de que Sunita se mostraba precavida: había soportado mis disecciones de hombres y de «relaciones» durante más de dos años, y de todo aquello no había salido nada, sobre todo porque yo siempre tendía a aspirar a los hombres que sabía que no podía alcanzar. Pero dos semanas antes de la boda había cambiado. Decidí dejar de hacer el tonto, dejar de hacerme daño, y me libré de aquellos tíos que me usaban para sentirse mejor y se aprovechaban de una chica que no sabía lo que quería. Había tenido bastante. No merecía que me tratasen así, y sabía que algún día encontraría a alguien que me querría por lo que era y no intentaría cambiarme. Había roto con todo aquello, de modo que debía eliminar a aquellos hombres. Y lo hice.

Y es cierto que, una vez que te libras de tus demonios, descubres qué quieres y empiezas a respetarte, el universo tiene una manera curiosa de recompensarte. Puede que tengas que esperar, o puede suceder en dos semanas, como en mi caso; lo único que sé es que sólo pasa de verdad cuando estamos listos.

Por tanto, durante todo el tiempo que duró la boda, la iglesia, las bebidas, la cena y buena parte del baile, el señor Humfrey Hunter no me dirigió la palabra (a pesar de que sabía que estaba completamente sola y no conocía a nadie). Me sonrió una vez, pero eso fue todo. Seguramente la noche anterior leí mal las señales: está claro que yo no le interesaba. Pero, entonces, ¿por qué salía siempre a la pista de baile cuando estaba yo? ¿Por qué seguía mirándome? ¿Por qué no me *hablaba* de una vez?

Al final me consiguió de la forma fácil: el tío con el que yo bailaba dio demasiadas vueltas, y yo acabé en brazos de Humfrey Hunter, y eso fue todo. Las chispas, esa sensación empalagosa de las mariposas en la barriga, las rodillas endebles y las letras tan cutres, que en aquel momento yo pensaba que eran *taaan* románticas. Y cuando nos besamos fuera, el novio salió y se puso a mear a nuestro lado, y dijo, con la voz pastosa por el alcohol: «¡Hace seis semanas predije que pasaría esto!»

Y eso fue todo. Ahora Humfrey es mi novio y mi mejor amigo. Nos respetamos mutuamente, nos queremos, no intentamos cambiarnos y, sobre todo, nos divertimos. Sólo dos meses después de ponernos los ojos encima fuimos de vacaciones a Antigua dos semanas, lo cual a los dos nos daba pánico. Cuando contratamos el viaje no éramos ni siquiera novios «formales». Me daba miedo espantarlo cuando le sugerí ir de vacaciones, pero él se apuntó, y claramente para mí fue toda una prueba. A menos que estuviera con mi familia, las vacaciones que he pasado con amigos han acabado todas en algún desastre. Pero con Humfrey fue perfecto, incluso a pesar de la intoxicación alimentaria que padecí al principio de las vacaciones. Y aún sigue aquí.

A veces me pregunto si estaríamos juntos de habernos conocido justo después de la fiesta de compromiso. No lo creo. En aquel entonces ninguno de los dos estaba listo para una relación seria; los dos llevábamos equipaje, y teníamos que aprender más lecciones de otras personas. Esto demuestra que una vez que dos personas se han librado del equipaje y han aprendido sus lecciones, el destino, o como quiera llamarlo, tiene una manera de guiarlos el uno hacia el otro. También me pregunto qué habría pasado si no me hubiera atrevido a ir sola a la boda, que duraba tres días. ¿Nos habríamos encontrado Humfrey Hunter y yo? Quizá no, motivo por el cual una de las cosas importantes que aprender cuando está una sin pareja es que debe ser valiente e ir a por todas. Hace poco leí en algún sitio que un 90 por ciento de lo que nos pasa en la vida es consecuencia de las decisiones que tomamos en ella. Por tanto, quizás elaboramos nuestro propio destino. Usted tiene que mirarse a sí misma y descubrir qué desea realmente para ser feliz. Pero, como aprendí yo, también tiene que estar dispuesta a dejar atrás el pasado y vivir en el presente, disfrutando de cada instante, sin perder el tiempo con los hombres que la usan o que usted sabe, en lo más hondo, que no le convienen. Y, por encima de todo, respétese.

Humfrey tiene dos hermanas a las que quiere mucho, de modo que sé hasta qué punto respeta a las mujeres, y todo lo que ha dicho en este libro es cierto: el punto de vista masculino no es tan complicado como pensamos las mujeres. Resulta bastante duro leer algunas de las historias y situaciones, dado que sé que todos hemos pasado por ellas en algún momento, pero creo que es bueno saber cómo se desarrollan estas cosas en las experiencias de otras personas, antes de que sea demasiado tarde, de modo que podamos pensar en cómo gestionarlas nosotros en el futuro.

Para ser sincera, me da vergüenza que este libro se publique ahora. Yo solía aborrecer las citas, y pensar en ellas me daba repelús. No se me daba muy bien; yo siempre salía con hombres a los que había visto una sola vez en un club en penumbra, y cuando ya era de día los encontraba repulsivos. En realidad, nunca tuve la confianza suficiente para ir a citas con hombres que me gustasen; estaba demasiado inquieta por si a ellos les gustaba yo o no, y odiaba tener que esperar que me enviasen un SMS para quedar. Se aprende mucho saliendo con diversos tipos de hombre, y con un libro como éste habría sabido mucho más y mucho antes, lo cual me hubiera resultado muy útil.

Siempre he creído que, cuanto más salga una con otros hombres, mejor descubrirá lo que quiere de verdad. Y pasar un tiempo sin pareja es muy importante. Todos hemos de conocernos a nosotros mismos, de modo que podamos comprender lo que nos hace felices. Conozco a un par de chicas que, al alcanzar la «provecta edad» de los 25, rompieron con sus parejas y les entró el pánico al pensar que iban a estar solas durante el resto de sus vidas, de modo que muy rápidamente salieron con el primer tío que apareció en sus vidas, sin pararse a reflexionar ni un instante sobre lo que había sucedido en la relación anterior. Por supuesto, acabaron siendo desgraciadas, y preguntándose cómo es que siempre salían con la persona inadecuada. Por si sirve de algo, mi consejo es no apresurarse, y tomarse un tiempo para comprender lo que una realmente quiere, aunque él tarde un tiempo en llegar.

Creo que a veces algunas de nosotras podemos ser bastante superficiales, y tener cierto tipo de ideal inalcanzable sobre nuestros candidatos para una relación, pero a veces es necesario que conozcamos bien a un hombre antes de emitir ningún juicio sobre su persona. Cuando llegue el idóneo, dará lo mismo si no le compra flores (pasó un año antes de que Humfrey me comprase un ramo, y le costaron 3,99 libras en Sainsburys; nada más que alegar), o si lleva pantalones verdes o calcetines con sandalias. Lo que importa, por encima de todo lo demás, es cómo la hace sentirse consigo misma.

Y algo muy importante, si sus amigos quieren emparejarla con uno de sus encantadores amigos, da lo mismo cómo se llame el sujeto, no le investigue de antemano ni le juzgue basándose en una foto cutre. Vaya a por él.

APÉNDICE B

Los hombres y las relaciones

Mientras investigaba para escribir este libro, formulé a incontables mujeres la pregunta: «¿Qué problema tenéis con los hombres?» Quería saber qué había en los hombres que más molestara, irritara, cabreara o frustrase a las mujeres. La mayor parte de las revelaciones que aparecieron en las respuestas ya las hemos tocado. Pero en este libro he dejado fuera una categoría: los hombres y las relaciones. Por tanto, a continuación veremos veinticinco respuestas a la pregunta: «¿Qué problema tenéis con los hombres que tienen una relación?», así como mis comentarios sobre ellas.

Algunas de las ideas que surgen en las respuestas son aplicables a todos los hombres, entre quienes me incluyo. Pero otras, claramente, dicen menos de los hombres y más sobre uno en concreto, a saber: el marido o el novio de la persona que envió la respuesta.

Por lo tanto, para completar su educación, aquí van los veinticinco problemas más frecuentes que tienen las mujeres con los hombres dentro de una relación...

1. Creen que las hadas caseras (o sea, las mujeres) lavan los platos y la ropa, vacían la basura y llenan la nevera

Quien escribiera esto debe replantearse la administración de su hogar. Parece que no se da cuenta de que a los hombres no les importa hacer su parte. Sin embargo, lo que sí les importa es que les diga que algo no lo están haciendo bien. Ya sea aclarar la colada con una temperatura de agua incorrecta, o doblar mal la ropa o comprar el tipo de pasta inadecuado, que nos digan que hacemos algo mal nos invita a dejar de hacerlo. O a hacer otras cosas. Por un lado, tenemos a las numerosas mujeres que tienen problemas para aceptar que su forma de hacer las cosas no es la única correcta (son muchas, admítalo), y por otro, tenemos a los hombres a quienes no les gusta que los traten como a seres inferiores cuando hablamos de llevar la casa (que somos todos, porque ya no somos críos). Y, sea como sea, es el siglo XXI, de modo que haremos nuestra parte la mar de contentos, e incluso más. Esta chica debería llegar a un acuerdo con su hombre: deje de tratarlo como a un empleado incompetente, y él hará más cosas en casa.

2. Esperan que los alaben por hacer una tarea pequeña, a pesar de haber tardado un montón

Pues claro que sí. Esto se debe a que hay tres cosas que nos encanta que nos den nuestras parejas, más que cualquier otra cosa, que son comida, elogios y sexo. Si se asegura de que su hombre tiene suficiente cantidad de estas tres cosas, entonces, sea quien sea el tipo que tiene la suerte de compartir su vida, será feliz.

3. Son incapaces de detectar su olor corporal, la basura que huele mal o los sumideros atascados, pero cuando hay algo en el horno, tienen la nariz de un perdiguero

Hay algunos olores que no provocan reacciones extremas en los hombres. Sacaremos la basura si apesta. Desatascaremos un sumidero si nos lo piden. Pero a menos que el olor nos esté fundiendo los senos nasales, literalmente, lo pasaremos por alto. Debe aceptar que el umbral de lo aceptable es diferente en la nariz masculina. Eso es todo: simple biología.

De igual manera, si olemos algo que nos gusta, como un asado, nos sentimos muy, muy emocionados, motivo por el que el adagio antiguo y cierto que dice que el camino al corazón del hombre pasa por su estómago ha pasado de boca en boca durante tantísimos años. Y si usted cocina algo especial y parecemos contentos, debería alegrarse también, porque si usted es quien preparó aquellos alimentos que huelen tan bien, bueno..., pues si no está ya en nuestro corazón, no andará lejos.

4. Nos proponen soluciones rápidas cuando sólo queremos que nos escuchen; parece que no entienden que nos gusta quejarnos

Esta queja ya la he oído antes, tanto por parte de hombres como de mujeres, de modo que sé que los culpables no son sólo los hombres. De hecho, me ha pasado cuando hablaba con mujeres, y sé lo frustrante que resulta cuando es uno quien intenta expresarse, y lo único que quiere es que le escuchen. Lo único que se puede hacer es decirle a su interlocutor que sólo pretende soltar presión, quitarse un peso de encima. Dígale que no necesita una solución, que lo único que quiere es decir lo que necesita decir, ser escuchada y esperar que, para la próxima vez, su interlocutor lo recuerde.

Si necesita un respaldo positivo mientras su pareja asimila la lección, recuerde que, si le ofrece soluciones, al menos intenta ayudarle, lo cual significa que usted le importa.

5. No logran pensar más allá de la semana que viene, ni organizar las vacaciones o actividades divertidas para nosotras

¡Anda ya! Los hombres pensamos a corto plazo en lo que hacemos, pero nos gusta hacer planes y tener puntos de referencia futuros. Quien dijo esto necesita planificar esas cosas de forma distinta con el hombre del que se queja. No le ponga en un compromiso diciendo que vaya a organizar algo divertido para hacerlo juntos. A los hombres no les gusta que los presionen. No funcionamos bien cuando una mujer nos presiona de esta manera. Hagan planes juntos. Compren una revista sobre ocio o busquen juntos en Internet. Hagan lo que hagan, ya sea la organización o la actividad en sí, háganlo juntos.

Y deje de quejarse, porque la actitud subyacente en la queja es un gran error. Si lo único de lo que puede quejarse es de que su novio la deja que organice las vacaciones, lo cual quiere decir que tiene que elegir un destino, entonces de verdad necesita dejar de ser tan negativa, y centrarse en las cosas positivas de su relación. ¿La engaña con otra? No. ¿Es bueno y sincero? Sí. ¿Que se relaja un poco a la hora de hacer planes para las vacaciones? Sí. ¿Quiere eso decir que, cuando salen de vacaciones, van exactamente adonde usted quiere ir? Sí. En serio, basta de quejas. Ahora mismo. Usted es una mujer con suerte.

6. No se acuerdan de cosas que hemos planeado, cumpleaños y aniversarios, o les da igual

El día de mi cumpleaños, antes de que mis amigos empezaran a asentarse y a casarse, siempre podía adivinar cuáles de ellos tenían pareja y cuáles estaban solos. ¿Cómo? ¡Fácil! Los que tenían pareja me enviaban tarjetas de felicitación e incluso algún regalo, mientras que los solteros venían con las manos vacías. ¿Me importaba? No, claro que no. El hecho es que los hombres no se compran unos a otros tarjetas de felicitación. Tampoco las esperamos. Pero cuando uno de nosotros tiene pareja, aparecen las postales, lo cual también es agradable. Las agradecemos. Pero si nuestros amigos no nos compran una, no nos importa. Por supuesto que nos gusta salir por ahí durante un cumpleaños y esperamos que vengan nuestros amigos, pero aparte de que nos inviten a una o dos copas, no esperamos nada más. Una vez dicho esto, si la persona que dijo esto de que los hombres se olvidan está con uno que, de verdad, no recuerda lo que han planeado juntos o ni siquiera el cumpleaños de ella, quizá sus actos le estén diciendo algo sobre cómo se siente. Después de todo, una acción habla más que las palabras.

7. Se equivocan con los nombres de los hijos/parejas de nuestros amigos, incluso de aquellos que acabamos de ver

Algunos hombres son un desastre para recordar nombres. No hay forma de evitarlo. Pero es mucho más importante lo que piensen de él sus amigos, sus hijos y sus parejas, y cómo se lleve con ellos. Si les cae bien y se llevan estupendamente, ¿por qué le importa si no se le da bien recordar los nombres? ¿Preferiría que recordase hasta el último detalle de todos ellos pero no les cayera bien? Claro que no. Deje de mirar el vaso medio vacío. Concéntrese en las cosas positivas que tiene él.

8. Les cuesta irse a la cama; siempre encuentran una distracción en la tele, en Internet o donde sea

Si esto le molesta de verdad, intente darle un motivo para irse a la cama. Ya sabe lo que quiero decir.

9. «Padecen» la gripe masculina y la hipocondría descarada

¿Cómo sabe que es hipocondría? Venga, vamos a ver, ¿cómo lo sabe de verdad? No lo sabe. ¿Y cómo sabe que esa «gripe masculina» no es ese tipo de espantoso resfriado que roza la gripe y que te deja tirado una semana en la cama? No lo sabe. No puede saberlo porque usted no es la enferma. Así que cálmese y sea lista. Cuide de él cuando esté enfermo. Si no lo está de verdad, pronto se cansará por sí solo. Pero no le diga que no está malo y que debe estar de pie y haciendo cosas. Eso le molestará, y entonces estará enfermo *y* malhumorado. Mejor sígale la corriente. O simplemente trátelo como le gusta que la traten a usted cuando está enferma.

10. Se gastan los ahorros en artilugios ridículos y caros

Sí, nos gusta la tecnología. Además, queremos tener lo mejor, lo último, y nos parece fascinante. Para explicar esto no tengo que meterme en la compleja psicología masculina. En pocas palabras, los aparatos de electrónica son juguetes para adultos, y a los hombres les gustan los juguetes. Fin de la explicación. Como nos gustan, a veces nos gastamos dinero en ellos. De vez en cuando, demasiado dinero. Pero antes de que le salte al cuello, intente comparar la cantidad que usted se gasta en ropa a lo largo del año con lo que él se ha gastado en aparatitos varios. ¿Cuánto le costaron esos zapatos? ¿Que estaban a mitad de precio en las rebajas, me dice? ¿Y cuántos pares se compró? ¿Tres? Recuerde cuántas veces al año hay rebajas, y luego siéntese y haga cálculos.

11. En la ducha se limpian hasta la nariz

¿Ha encontrado evidencias de esta práctica en la bañera? Lo dudo. ¿Por qué? Por el modo en que funciona una ducha: el agua que sale del teléfono se lleva todo por el desagüe. Así que da lo mismo si él se limpia la nariz en la ducha de vez en cuando, ¿no? Sí, da igual.

12. Dejan montoncitos de monedas por todas partes, como los solteros

A diferencia de las mujeres, no tenemos monederos donde meter las monedas, de modo que tenemos que llevarlas en el bolsillo, y nada molesta más que un bolsillo lleno de calderilla. Las monedas pesan, hacen ruido, son incómodas y, seguramente, ni siquiera podríamos pagarnos un café con ellas. Así que encontremos una solución. ¿Por qué no le regala algún tipo de contenedor donde meter esas monedas? Que sea bastante grande (una botella o algo parecido), y cuando esté llena vayan al banco (personalmente, me gustan esas básculas para monedas de Sainsbury), conviertan las monedas en billetes; se llevarán una grata sorpresa. Un par de cientos de libras que no sabían que tenían.

13. No tienen nada de paciencia para ir de compras, a menos que sea para ellos, y entonces se obsesionan

No es cierto. No nos importa ir de compras algunas veces, mientras sintamos que tomamos parte activa en el proceso, lo cual quiere decir que nuestras opiniones signifiquen algo de verdad. Pero tenga en cuenta que, cuando se trata de complementos del hogar o de su ropa, a nuestros ojos un cojín se parece mucho a otro, y si usted es la persona a la que amamos, nos resultará atractiva se ponga lo que se ponga mientras no la haga parecer una puta o una bibliotecaria (lo ideal es un punto intermedio). También nos gusta ir a comprar televisores y cosas así. Electrónica, básicamente. A por ello. Y recuerde quién carga con las compras pesadas de vuelta a casa.

14. Se pasan horas en el baño. ¿De verdad les hace falta tanto tiempo?

No es que haga falta mucho tiempo, es que es relajante. Estar sentados leyendo en una habitación donde nadie puede molestarte es una forma muy agradable de pasar unos minutos. Nos gusta la tranquilidad y el silencio. Eso es todo. No tiene más misterio. Y no olvide que esos escasos momentos de soledad nos parecen una joya porque los lavabos de los hombres son mucho más públicos que los de las mujeres (supongo que sabe qué aspecto tiene un urinario). Recuérdelo.

15. Nos envían SMS crípticos, porque no los han pensado lo suficiente

El tema de la comunicación masculina tiene fácil solución. Si hay algo que usted quiere saber, formule preguntas que exijan respuestas senci-llas, como «sí» o «no». Si un hombre no está de humor o le agobia algo como el trabajo, es probable que no sea muy eficaz tomando decisiones o facilitándole rápidamente la información que usted quiere. Se concen-tra en el trabajo, de modo que formule preguntas sencillas o déjelo en paz. Y si no obtiene una respuesta de sí o no, es porque o bien a él no le importa el tema de la pregunta, o bien desconoce la respuesta.

16. Cuando esquían, siempre parece que quieran romperse el cuello

A menos que tengamos un accidente grave haciendo algo peligroso, creemos que somos inmortales, lo cual sin duda también es peligro-so. Y entonces, si tenemos ese accidente grave y nos recuperamos, cree-mos que podemos superar cualquier lesión, lo cual también es peli-groso. Sí, resulta molesto y a veces un poco estresante. Pero ¿no es una buena forma de vivir? Seguir intentando cosas, disfrutar y aceptar que a veces uno se caerá y se hará daño, pero decidido a levantarse y a se-guir adelante a pesar de todo. Sí, es una gran manera de vivir. Por tanto, deje a los hombres ser hombres. Yo soy un buen ejemplo: me lesioné gravemente la rodilla en un accidente de esquí. Tres años y cuatro in-tervenciones más tarde volvía a esquiar, jugar al rugby y a *squash*. ¿Que si soy idiota? Puede. Pero al menos soy feliz.

17. Conducen como pilotos de Fórmula 1 por la autopista porque creen que nunca los pillarán

Una sanción o un par de multas por exceso de velocidad enseñan a la mayoría de nosotros una lección clara. Si no la aprendemos, merecemos que nos sancionen y nos multen. Pero asegúrese de dejarnos aprender por nuestra cuenta. Si su forma de conducir la asusta, dígaselo. Si no le hace caso, niéguese a sentarse en el asiento delantero hasta que empiece a hacer un esfuerzo. Si eso no funciona, póngase una venda en los ojos. Asegúrese de que él tiene una explicación plausible que darle a la policía en caso de que los paren.

18. Su «copa rápida» estropea sus móviles y los trae a casa hechos polvo a las cuatro de la mañana

Esto es cierto. Pasa con frecuencia. La mejor manera de abordarlo es aceptar que, en ocasiones, saldremos con nuestros amigos y volveremos borrachos. A menos que pase con demasiada frecuencia (y esto significa que afecte a nuestro trabajo y a nuestra vida familiar), no debería preocuparse. Una o dos veces por semana está bien. Lo que necesita hacer es gestionar la situación. Acepte que estará fuera de casa hasta tarde. No le llame cada cinco minutos. Reconozca antes de que se vaya que está bien que le diga que no está seguro de a qué hora volverá, y que se lo pase bien. Puede que esa noche sólo caigan un par de cervezas, o bien esté fuera hasta que cierren el bar, o no le vea hasta las tres de la madrugada. La cuestión es que a menudo los hombres no saben cuánto tiempo estarán por ahí. Nuestras noches adquieren vida propia. Personalmente, si estoy de marcha pasándolo bien con mis amigos, no quiero tener que mirar el reloj debido a un toque de queda, autoimpuesto o no. Y no debe preocuparse por lo que andará haciendo. La inmensa, inmensa mayoría de los hombres hablarán de chorradas con sus colegas, quitándose la palabra el uno al otro como llevan años haciéndolo. Nada siniestro, sólo lo que hacen los hombres. Déjenos serlo.

19. Odian los conflictos e interiorizan las cosas

No es que prefiramos dejar que las cosas creen mar de fondo. Sencillamente, no se nos da bien hablar de nuestros sentimientos, de modo que adoptar la técnica del avestruz (esconder la cabeza en la arena) es la opción fácil (nos gusta este tipo de opciones). Si no quiere que tomemos esta opción fácil, pregúntenos amablemente qué sucede. No exija que lo digamos, sea cariñosa. No resulta fácil sacar a flote las emociones de algunos hombres. Exige paciencia y una manipulación cuidadosa.

20. Eructan y se tiran pedos ruidosamente y con orgullo

Cierto. Pero los eructos y los pedos son graciosos, y si no se da cuenta es porque el problema lo tiene usted. Su sentido del humor es demasiado maduro. Póngase en contacto con su niña interior. Disfrutará mucho más de la vida. ¿Las mujeres no eructan ni se tiran pedos? Claro que sí. De hecho, algunas son bastante buenas (no diré nombres).

21. Nunca hacen la cama porque «necesita airearse»

Por supuesto que las camas necesitan airearse. Cualquier hombre que diga esto tiene toda la razón. Si quiere que él haga más la cama, no le agobie. Deje de hacerla usted y verá qué pasa cuando tenga que acostarse en una cama revuelta cada noche. Sospecho que empezará a hacer el esfuerzo, y bastante rápido. Esta táctica me la aplicaron con éxito hace poco tiempo. Tardé unas semanas, pero al final ella se salió con la suya, y ahora soy un hacedor de camas comprometido. A la edad de 33 años.

22. No me deja elegir el programa que quiero en la tele

También es verdad. Los hombres tienen mejor gusto que las mujeres en programas televisivos, y nos gusta ver lo que nos gusta, sobre todo deportes en directo. Y, por favor, dese cuenta de que, aun teniendo Sky+, nos gusta ver los partidos en directo. Eso es lo que hace que el deporte sea distinto a, digamos, *Mujeres desesperadas* o *Gossip Girl* (dos programas que me gustan, por cierto), que se pueden grabar para verlos más tarde. Si realmente le molesta mucho, mucho que él no la deje elegir canal, ingénieselas.

Negocie. Use sus artes y encantos femeninos. A los hombres se les puede atar al dedo meñique de sus parejas con mucha más facilidad de lo que se imagina. No, no voy a decirle cómo, pero le daré una pista: repase la número 2.

23. Adoran a su madre

Pues claro que adoramos a nuestra madre. Nos trajo al mundo y cuidó de nosotros cuando éramos demasiado pequeños como para hacerlo solos. Y siempre nos querrá, pase lo que pase. ¿Por qué no deberíamos quererla? ¿Qué puede tener eso de malo? Además, las chicas sienten exactamente lo mismo por sus padres, y con razón. Según mi experiencia, son muy pocas las mujeres a las que les importe que sus parejas estén muy apegadas a sus madres y tengan un concepto muy alto de ellas. Yo creo que eso es sano. También pienso que no es bueno que una mujer se sienta amenazada por la madre de su novio o su marido. Y, además, ¿querría estar con un hombre que no adorase a su madre? No, no lo creo.

24. Babean por cualquier cosa con minifalda y pechos grandes

Primero, eso de «babear» no me gusta. Nos hace parecer una manada de animales que no pueden controlar sus impulsos. No somos así. Pero sí que nos gusta mirar a las mujeres atractivas. Somos hombres, de modo que claro que nos gusta. Sobre todo en verano. No lo puedo negar. No podemos evitarlo. Sinceramente, no podemos. Es tan natural como tener hambre o estar cansado. Pero hay límites al grado de aceptación que deba manifestar usted. Si un hombre se fija manifiestamente en otras mujeres mientras está con usted, no debería tolerarlo, porque ese tipo de conducta es irrespetuosa. Y si le molesta, dígaselo. Tiene toda la razón al esperar que la trate mejor. Al mismo tiempo, tendrá que bregar con el hecho de que todos los hombres sanos miran a las personas que les resultan atractivas. No podemos evitarlo. Pero existe un punto medio entre que él le falte al respeto y que usted acepte cómo son los hombres. Si esto le causa un problema, debería establecer cuál es el punto medio. No se lo guarde para usted: dígale que no le gusta lo que hace.

25. Creen que las actrices y las modelos son naturales al cien por cien

No es cierto. Si los hombres nos embobamos con las chicas famosas es porque sabemos que lo que vemos es una ilusión. Sabemos que a esas chicas las han retocado, y sabemos que en la vida real las modelos son chicas normales que bien pudieran ser puñeteras o mimadas, o que pueden tener muchas otras cualidades indeseables. Sabemos que lo que vemos en las páginas de una revista o en la tele es un espejismo. No es necesario que se sienta amenazada por ello, porque nos limitamos a disfrutar de la ilusión. Un comentario: siempre he pensado que las mujeres se sorprenderían mucho si supieran con qué respeto y cariño hablan los hombres de sus esposas o sus novias cuando éstas no están presentes. Es cierto, nos gusta mirar las fotos de chicas guapas. Pero ¿las amamos? ¿Nos gustaría compartir nuestra vida con ellas? Por supuesto que no.

Lo que siente un hombre por su esposa o pareja es real. Lo que siente por las chicas de las revistas no lo es.

Agradecimientos

A Carly Cook, Sam Eades, Jo Whitford y a todos los demás de Headline: gracias por aceptar mi libro y por ser tan listos y entusiastas.

Gracias a mi brillante agente, Rowan Lawton de PFD. Y a Lucy-Anne Holmes (escritora de grandes libros) por presentármela.

Jane Mulkerrins y Tracey Blake, mis editoras de la tristemente abandonada *London Lite*, gracias por empezar todo esto al permitirme escribir mi columna. Fue muy divertido.

Gracias por demasiadas cosas como para mencionarlas a mi madre Thea, mis hermanas Rachel y Sarah, y mi cuñado Dave.

Gracias a las siguientes personas por su ayuda en diversas etapas del libro: Sarah Emsley; Andreas Campomar; Celia Walden; Chrissie Manby; Olly y Pip Saxby; Clare Conville; Magnus Boyd; Giles Vickers-Jones; Tim Andrews; Matt Potter; Martel Maxwell; Dominic Gill; Oli y Nicola; Dan y Claudine; Josh y Vanessa; Terence y Angela; Guy Dennis; Max y Mareike; Pally y Emily; Charlie y Sherradan; Ross, Lara, Noah y Kitty; Sean y Carla; Knighty y Vicky; Georgie y Nick; Matt Nixson; Debbie; Jon y Sophie; Charlotte y Hamish; Nick y Astrid; y Lucy Abrahams.

Gracias a todos los que me contaron una historia sobre ellos, me dieron consejos, me preguntaron qué pensaba sobre alguien o hicieron cualquier cosa que contribuyera de algún modo a este libro. Sois demasiados como para mencionaros a todos (y algunos no querríais que lo hiciera, de todos modos), pero os estoy muy agradecido. Y si he molestado u ofendido a alguien por el camino, lo siento de verdad. No era mi intención.

Por último, Charlotte, gracias por la última y mejor parte de esta historia.